笔记侠系列丛书

受用一生的高效笔记术

水晶 著

机械工业出版社
China Machine Press

图书在版编目（CIP）数据

受用一生的高效笔记术 / 水晶著 . -- 北京：机械工业出版社，2021.8（2023.1 重印）
ISBN 978-7-111-68690-3

I. ①受… II. ①水… III. ①工作方法 IV. ①B026

中国版本图书馆 CIP 数据核字（2021）第 137548 号

本书介绍了如何提升知识处理的速度，如何用笔记管理时间和工作，如何用笔记锻炼大脑思维，如何打造自己的知识资料库等几十个日常工作和学习中的典型问题。本书将带你从笔记的心法、实操到进阶，一步一步走进笔记的世界，逐步成为笔记高手，并学会总结出适合自己的一套笔记方法。

受用一生的高效笔记术

出版发行：机械工业出版社（北京市西城区百万庄大街22号　邮政编码：100037）
责任编辑：岳晓月　　　　　　　　　　　　责任校对：殷　虹
印　　刷：河北宝昌佳彩印刷有限公司　　　版　　次：2023年1月第1版第4次印刷
开　　本：170mm×240mm　1/16　　　　　印　　张：18.25　　插　　页：1
书　　号：ISBN 978-7-111-68690-3　　　　定　　价：79.00元

客服电话：(010) 88361066　68326294

版权所有·侵权必究
封底无防伪标均为盗版

推荐语 REFERENCES

笔记侠见证了水晶在笔记上的迅速提升和个人成长，她用较短时间完成了普通人需要长时间才能取得的进步，这和她所践行的笔记方法不无关系。这本书给我们带来了她的笔记心得，可以帮助我们更高效地工作和生活。

——柯洲，笔记侠 & 更新学堂 CEO

我们可以运用笔记，做自己的个人造命师、私人教练、经纪人，以专注、效率、行动创造多维度的人生，这本书将带给你实践的方法。

——李欣频，"华语世界文案天后"、畅销书作家

普通人看书是翻书，翻过去记住多少是多少，其实很可惜，大部分都忘了。有心人读书会做笔记，今天会做笔记的人可不满足于抄录，而是做视觉化笔记。想学，这本书能帮到你。

——秋叶，秋叶品牌创始人

笔记，是记录和实现成长的重要工具，也是学习、工作、生活的一项重要能力。无论你是职场达人、学生还是作家，本书的笔记方法都将成为你的得力助手。

——彭小六，"洋葱阅读法"创始人、游戏化课程设计及创新教育专家

好记性不如烂笔头，记录下自己的所思所想能够帮助你系统、全局地考虑问题。记笔记已然成为一种职场核心能力。水晶是一位特别用心的老师，心能源满满，相信大家都能从这本书中学有所获。

——汤霞玲，巴比特副总裁、主编

我曾经以为离开学校就和笔记说再见了，却发现生活和工作中时时刻刻离不开笔记。我们需要用笔记记录下每天学习到的新知识，更需要用笔记去记录工作中的每一次讨论和每一点成长。

在我认识的朋友中，水晶懂得如何科学地记笔记，她的笔记方法不仅能教你如何高效记录，更能学习如何用好笔记过人生。

——蒋斯妮，德意志银行投资银行董事

记笔记，也是一门科学。本书中给出了容易实践的6大笔记方法和工具，认真运用其中的实效方法，能够让你在工作、学习、生活中更加得心应手，诚意推荐给追求学习成长的朋友们。

——林传科，高维学堂创始人

笔记在我生命中一直是非常重要的存在，读书时助我梳理知识，工作中助我记录信息。水晶的笔记形成了一套系统方法，能够帮助你构建自己的成长系统，愿你的每个人生阶段都能有一份适合的笔记陪伴你成长。

——王浩之，速溶综合研究所创立人、国内前沿图解出版人

如何活出我们想要的人生？这是我们一生都在思考的问题，作为笔记达人，水晶在这本书中给出了非常容易实践的6大笔记策略，带领你运用这些能够落地的工具，听从自己的内心，寻找真正的热爱和天赋。

我自己是水晶的"乐写人生"笔记法的受益者，透过我笔写我心，写出了一条独特的生命道路，相信你也会从这本书中受益，运用科学的笔记方法高效成长。

——语千，幸福读书会负责人、婚姻家庭咨询师、
中国注册OH卡咨询师

能够把自己的思想,通过笔记的形式传承,并且能够分享给其他人。通过传递产生更多有价值的、有创造力的创新思想。记笔记,就是不断打磨思想的精华,创造更好的内容。在本书中,水晶教你如何更好地打磨和创造。

——剑飞,《极速写作》作者、语写创始人、千万级语音写作导师

目录 CONTENTS

推荐语

推荐序　为什么记笔记

前　言　笔记能力：人生发展必备的底层能力

第 1 章　重塑思维心智的认知笔记法　/ 1

　　1.1　觉察阻碍人生的限制性信念　/ 3

　　1.2　历程笔记：找到自己的信念模式　/ 9

　　1.3　调频笔记：10 分钟释放情绪压力　/ 17

　　1.4　富裕笔记：越写越快乐的书写练习　/ 25

　　1.5　生活宝箱：存储日常的幸福记忆　/ 30

　　本章要点回顾和行动练习　/ 33

第2章　规划未来方向的梦想笔记法　/ 35

2.1　生命之轮笔记：合理平衡工作和生活　/ 37

2.2　人生终极剧本：厘清生命中的真正要事　/ 41

2.3　梦想九宫格笔记：有效评估梦想的维度　/ 46

2.4　梦想宝地图：让热情和动力持之以恒　/ 49

本章要点回顾和行动练习　/ 55

第3章　提升学习能力的知识笔记法　/ 57

3.1　怎样为人生不断积累知识和能力　/ 58

3.2　知识萃取TRAP四步法　/ 62

3.3　便签笔记：即时记录的灵巧工具　/ 67

3.4　语音笔记：加快信息的输出速度　/ 73

3.5　思维导图笔记：系统化你的逻辑思考　/ 79

3.6　卡片笔记：有效提取知识精华　/ 89

3.7　课程笔记：高效提升信息处理质量　/ 99

3.8　读书笔记：四步实现创造性阅读　/ 112

3.9　观影笔记：收获多维度的人生视角　/ 131

3.10　数据化笔记：打造独家的知识库　/ 136

本章要点回顾和行动练习　/ 149

第4章　快速迭代改进的工作笔记法　/ 151

4.1　经验笔记：累积职业能力的宝典　/ 153

4.2　沟通笔记：精准交流复杂事务　/ 158

4.3　日程笔记：规划高效的每一天　/ 166

4.4　会议笔记：持续为职场发展加分　/ 172

4.5　复盘笔记：延续成功和避免错失　/ 179

4.6 灵感笔记：发掘独特的商业价值 / 186

本章要点回顾和行动练习 / 202

第 5 章　让想法落地成真的行动笔记法 / 205

5.1 想到又做到的 7 大关键 / 206

5.2 行动路径图：科学拆分行动阶段 / 212

5.3 阶梯规划笔记：张弛有度的目标管理 / 220

本章要点回顾和行动练习 / 226

第 6 章　实现个人增值的价值笔记法 / 229

6.1 觉察笔记：找到制约价值创造的根源 / 233

6.2 财务笔记：为人生拟订财务计划 / 238

6.3 职业发展笔记：找到潜在的优势和价值 / 249

6.4 个人商业模式笔记：做自己人生的 CEO / 255

本章要点回顾和行动练习 / 262

结语　创造笔记 + 人生的无限精彩 / 265

致谢 / 269

为什么记笔记

在过去几年,如何记笔记成为一个热门话题,很多人学习了各种新奇的笔记方法,在特定圈子中还出现了囤积漂亮的手账本、花费大量时间绘制精美手账笔记的热潮。在移动互联网时代,我们的电脑和手机上都安装了不少笔记应用软件或文档协同软件。在这些层出不穷的笔记方法与笔记应用背后,有一个问题很多人并没有仔细想过:**为什么记笔记——你记笔记是为了达到什么目标?**

与这本书的作者水晶相识于"笔记侠",在我看来,笔记侠是一家将峰会名家演讲或商学院教授授课内容变成可学习知识的笔记文章的机构,是中国新商业知识共享社区。**这是笔记的第一层级,将信息进行梳理以有条理的形式记录下来。**

此后,我又在笔记侠遇到另一群笔记达人,他们以类似思维导图的图示化形式将知识形象化。在我看来,图示是形式,萃取精华是实质。**这是笔记的第二层级,笔记的记录者深入地理解知识,抓住要点,并以自己的语言(主要是图示语言)呈现出来。**

当几年前水晶开始推出"乐写人生"笔记课程时,我觉得她在以自己的方式尝试**笔记的第三层级,用或文或图的形式梳理自己学到的、做的、体悟到的,但目的不再是记笔记,而是提升自己。**

管理学家彼得·德鲁克曾经从一个有趣的角度讨论过记笔记的问题,他建议我们观察自己的学习方式:有的人通过读学习,有的人通过听学习,有的人通过说学习,有的人通过做学习,有的人通过写学习。

德鲁克专门写过通用汽车的知名 CEO 斯隆的故事。斯隆是一个通过写学习的人。每次重要的管理会议一开完,斯隆就会回到办公室,花几个小时给参加会议的一个人写一封信,他其实是随机选一位写信。在这封信中,他会记下来:在这个会议中,我们讨论了什么关键问题,形成了什么决策,发现什么待解决的问题等。为什么要写这些信呢?斯隆说:"如果在会后,我不立即坐下来思考会上讨论的内容,然后以书面形式记下来,我就会在 24 小时内忘得一干二净。"

给我们留下几十本著作的德鲁克,很显然也是一个主要通过写来学习的人。特别要说的是,这里的学习指的可不是学习已有的知识,而是掌握那些未知的知识——斯隆做出商业上的重大决策、德鲁克创造关于管理的新知识。这在笔记的第三层级中处于最靠近顶端的部分。

从第三层级看笔记时,我们会发现,笔记的目标变了。笔记不是记录下我们听到的、读到的、学到的,以供事后复习,笔记发挥的作用是帮助我们提升自己。

就我自己的体会而言,这些笔记又可分成两种:方案类与知识类。借讨论这两种笔记的机会,我也把我记笔记的一些经验教训分享给大家。在本书中,你将读到很多关于在此层级上记笔记的方法与技巧。

第一种笔记,记录自己的认知,通过记录进行梳理。在梳理的过程中,我们的认识将变得更清晰,并形成决策——我准备这么做。在事后,记录下来的笔记又会发挥独特的作用:我们用实践后的结果与事前、事中的笔记进行对照,看看实际结果与预想的差距,分析自己的认知、行动的对与错。这是我们在工作中用得最多的笔记类型,我们写的计划、总结、方案多是这一类。

第二种笔记，超越具体的事务，对知识进行总结。比如，记录下对一个问题的理解，详细记录一个任务的操作过程，梳理一个领域的知识与对它的理解等。这样的笔记通常也不是一次就能完成的，随着认知的提升，我们间隔一段时间会回过头来进一步修订自己的笔记。通过这样的记录与迭代，我们能大幅提升自己的认知与实践水平。我经常鼓励朋友们用所谓列表式的"个人知识指南"，记录在一个细分领域学到的知识。通过一份份个人知识指南把认知记录下来，记录与迭代的过程中既可以提升自己，记录的结果又可以对他人有所助益。实际上，作为写过几本书的作者，我所写的书是大一号的个人知识指南，记录了我在一个领域学到的知识并将其传达给读者。

在快速变化的时代，笔记是重要的工具，我们用它与自己沟通、与他人沟通。但我们不应该迷失在各种新奇的笔记方法与软件之中，而应该花一点时间去思考自己记笔记的目标。水晶对笔记目标提出了全新的构想，希望我做的这番讨论能让你在读本书时注意到这一点。

方军

《穿透式学习》作者

"2017年中国好书"获奖图书作者

前 言
PREFACE

笔记能力：人生发展必备的底层能力

经常情绪低落，一遇到困难就害怕退缩……
处于迷茫状态，觉得很难实现心中梦想……
什么东西都不擅长，不知如何培养专长……
每天被杂事追着跑，希望提升工作效率……
渴望行动有所改变，但常常半途而废……
希望实现人生价值，但缺少财富资源积累……
以上烦恼，我们或多或少都经历过，它代表了人生6大层面的问题：
如何调整情绪和自信？（认知层）
如何实现心中梦想？（梦想层）
如何培养学习能力？（知识层）
如何提升工作效率？（工作层）
如何勇敢行动并坚持？（行动层）
如何实现人生价值？（价值层）
想要过上自己喜爱的人生，"认知、梦想、知识、工作、行动、价值"

这 6 个方面要相互配合，缺一不可（见图 0-1）。若要改变，要从这 6 个问题开始。

图 0-1　人生的成长地图

什么工具可以帮助我们实现想要的人生

日本的熊谷正寿，曾是高中辍学的穷小子。21 岁生日那天，一贫如洗的他突发奇想，在笔记本上写下："15 年后，拥有一家上市公司。"之后，**他开始通过笔记本管理自己的梦想、时间、工作和职业生涯，居然真的扭转了人生的困境**……36 岁那年，熊谷正寿如愿以偿，成为日本最有影响力的网络公司 GMO 集团创办人。

无独有偶，美国畅销书作家凯文·克鲁斯研究了几千名各行业的专家，并采访了数百位成功人士，包括亿万富翁、奥运会冠军、名校尖子生、世界 500 强公司企业家，出版了《高效 15 法则》，书中有一章专门指出了笔记对成功人士的重要性：

身家 40 多亿美元的英国维珍集团创始人理查德·布兰森接受采访时被问：什么是最重要的物品？他回答说："听起来也许很可笑，但我总会在背包里放一个小小的笔记本。旅行时，首先想到要带在身边的就是笔记本。没有这一页页纸，我绝不可能将维珍集团扩展到如今的规模。"

亿万富翁、希腊船王亚里士多德·奥纳西斯，在他的"价值百万的一课"中提道："随身带个笔记本，把突然闪现的想法、对新见的一些人的了解，以及有趣的事情都写下来。如果不写下来，你就会忘记。这是你在商学院学不到的、价值百万的一课。"

成功者都有自己的一套笔记规则，笔记不仅有记录的功能，而且能重塑思考，影响生活，是记录和实现人生的重要工具。

1. 笔记是成长积累的绝佳方法

在学生时代，好的笔记是考出好成绩的利器，大家争相传阅。在我们进入职场后，这个高效工具却被遗忘了。职场也是考场，只是考核标准从考试成绩变成了工作效率和业绩。

职场笔记的重点不再是学生时代的考试要点，而是我们在工作中的成长积累，它可能是你对实践经验的复盘，对知识技能的学习增补，对工作发展的分析思考，或是对个人成长的总结，这些点点滴滴的记录，汇聚成职业发展的基础。笔记能够提升工作和生活的效率，不断累积个人的职场优势。

2. 笔记是构建知识体系的有力工具

真正的专家都有一套自己的知识体系，这套体系如同心中一张不断丰富的大网，每当新的知识进来时，他们知道把这个知识放在体系的什么位置，我们可以将其称作知识管理。通过笔记，你可以对信息和知识进行分门别类的整理，建立自己独家的知识体系。笔记可以悄无声息地为人生发展加分助力，这项技能是工作单位不会教给你的，需要自己不断地学习实践。

3. 笔记是个人品牌的放大器

再小的个体也有个人品牌，这个时代多元化的传播方式给打造个人品牌带来了很多可能性。打造个人品牌的方式多种多样，分享你的笔记是呈现个人品牌的一种方式。笔记内容可以是你整理的知识精华、与他人分享精简的学习智慧，或者是个人独特的观察和思考。你可以通过笔记向世界输出你想要表达的内容和价值。在这个终身成长的时代，大家都渴望学习知识干货，通过持续输出有价值的笔记，可以帮助你链接到许多爱知求真的伙伴。一篇优秀笔记将是你的社交货币，它无形之中能展现个人实力。

笔记能力是人生发展必备的底层能力，拥有笔记能力，能让你的成长步伐更加踏实和自信。

为什么要阅读本书

笔记可以说给我平凡的生活带来了蝴蝶效应，让我的生活有非常大的改变。

6年间，作为笔记侠的创始笔记导师之一，我和众多笔记达人一起把笔记侠发展为超百万决策管理者的新商业知识服务商、国内头部笔记达人社群。我依靠系统笔记方法，实现了人生历程的改变，从默默无闻的职场小白成长为高效能人士，实践了笔记达人、社群运营官、知识产品项目经理、笔记学苑苑长、笔记课程导师等多元的人生历程。

我经常被问："如何把笔记应用于工作和生活？怎样用笔记提升自己的能力？怎样用笔记实现心中的梦想？……"

每个人都有自己独一无二的成长轨迹，但人的成长逻辑有着共通性，我将其提炼为：**认知自我—聚焦梦想—知识升级—高效工作—行动突破—创造价值**，并总结出一套系统笔记方法，应用于人生的6大方面。

1. 认知自我：认知笔记法，重塑思维信念

改变的第一步是认知自我，知道自己有怎样的思考习惯和思考模式。大多数人无法改变的真正原因是"根深蒂固的思考习惯，心理学家称之为"信念"，它指的是受过往经历的影响而留存于内心深处的固化思考。

人的行动范围往往受未觉察到的事物的限制，若我们对自己的认知行为没有记录和反思，也就无法清楚地觉察自己的重复模式。信念是无意识的思考，是你未觉察到的限制，它建立起了人生的正向或负向循环。若无法改变信念，只会不断地重复相同的人生。我们可以通过第1章的**"认知笔记法"**，觉察和改变自己的信念。

（1）梳理自己的生命历程（工具：历程笔记）。

对于过去的经历，如果采取无视或回避的态度，不好的事就会重复发生，我们就无法从过去中学习。今天所有的信念都来自过往的人生经历，我们可以通过笔记梳理当中的重大事件，找出失败、成功背后的信念和重复模式，从事件中汲取经验和教训。

（2）觉察、调整日常的负面情绪（工具：调频笔记）。

在快速变化的时代，我们每天应对大量的人、事、物，难免有意外或不顺心的事发生，容易产生担心、焦虑、抑郁、恐惧等负面情绪，如果不能有效接纳和释放这些情绪，将直接影响到我们工作和生活的状态。通过笔记的记录梳理，我们可以看到自己经常因为什么情况而出现情绪问题，然后总结应对类似问题的方法，避免相似的情绪困境循环出现。

（3）越写越幸福的书写练习（工具：富裕笔记、生活宝箱）。

改变不是一蹴而就的，如果你过去习惯于消极思考，那么可以通过信念和行为的转变练习，形成新的思维习惯。通过笔记的每日转变练习，你会逐渐成为一个容易寻找到美好的人，你会看到更多积极的事物，你的内在力量会越来越坚韧。无论外界的境遇是什么，我们都可以学习倾听内心真实的声音，累积信任自己的力量，勇敢尝试做出调整和改变。

2. 聚集梦想：梦想笔记法，规划未来方向

在瞬息万变的时代，一不留心就会陷入生活的旋涡，如果只知道埋头苦干，渐渐就会忽略生命中最重要的事情，比如曾经的梦想、人生的不同面向、可能的机遇等。我们以为只要埋头前进就可以获得一切，但常常会留下太多的遗憾。时间是公平的，每个人每天都是 24 小时，1 分钟不多，1 秒钟不少。人与人的差距就在于，工作、睡觉之外的时间选择做什么。

生命是一个创造的过程，信念无时无刻不在编写各式各样的剧本。我们是自己人生的编剧和导演，要想人生这部剧精彩，可以通过第 2 章的**"梦想笔记法"重新编写自己的人生剧本。**

（1）厘清生命中的要事（工具：生命之轮笔记）。

人生价值的实现需要不同方面的支持，通过笔记，你可以梳理现在人生的不同部分是否相互冲突。比如，工作和生活中的情况如何，哪些部分与你的希望有差距？是否在某个部分投入的时间和精力过多，导致了在其他部分投入不足？

通过生命之轮笔记的梳理，可以避免单一发展导致的人生失衡。

（2）绘制人生的蓝图（工具：人生终极剧本）。

不要让你认为不可能的事情限制了自己的未来。你可曾想过：在想要的人生里，你会做什么，能实现什么？你可以从人生的终点出发，不断思考自己想要的未来是什么样的，不要等到生命的最后时刻才后悔。你现在就可以运用笔记厘清繁杂，创作自己的人生终极剧本，把有限的时间更好地分配，不让人生留有遗憾。

（3）制订图像化的行动计划（工具：梦想九宫格笔记、梦想宝地图）。

除了付诸行动外，图像化是一个很有帮助的方法，可以让实现梦想的热情和行动持之以恒。我们可以通过笔记，将梦想与现状进行对比，制订图像化的落地行动计划。时时真切地感受梦想的可能性，激发你前进的动力，实现你想要的变化和进步。

3. 知识升级：知识笔记法，提升学习能力

每天，五花八门的碎片信息如洪水般涌现，新知识、新概念、新课程层出不穷。我们总是忙于收藏各种资料干货，过后却又忘得一干二净。知识是相互联系的，有效学习的本质是理解和创造关联，笔记有助于厘清大脑的思路和知识的关联。

应对信息碎片化的问题，我们可以通过第3章的**"知识笔记法"**，高效地进行处理，分辨信息的重点，掌握核心的知识，使所学东西真正用于提升自己的能力。

（1）进行知识萃取（工具：便签笔记、思维导图笔记、卡片笔记、课程笔记）。

知识笔记的作用是什么？当信息太多时，大脑不能全部记下来，随着时间的推移，我们最先接触的信息会被遗忘。记笔记不仅可以减缓遗忘，在记录的过程中还会让我们更深入地思考。运用笔记可以提升信息的处理质量，萃取出精华知识，为己所用。

（2）培养有效输出的能力（工具：语音笔记、读书笔记、观影笔记）。

学习一门学科、一项技能之后，能不能用自己的话表达出来？我们可以

在理解的基础上，重新归纳，输出自己的理解，唯有如此，才能真正掌握一项知识。整理笔记的过程，也是刻意学习的过程，它可以帮助你深刻理解一项知识究竟表达了什么、重点在哪里，训练日常的输出力和洞察力。

（3）构建个人专属的知识库（工具：数据化笔记）。

我们可以运用数据化笔记方法，结合纸质笔记和云端记录，搭建系统有序的个人知识宝库。当有了自己的体系和结构时，你便能搞清学习的重点，所有新吸纳的知识都可以归入自己的体系当中，避免陷入不知道该学什么、该怎么学的迷茫，在需要的时候能随时调取出来。

4.高效工作：工作笔记法，快速迭代改进

有人感叹：在学校时成绩和能力差不多的同学，为什么工作 5 年后，能力、职位发展的差距那么大？为什么有的人能在短时间内快速成长，升职加薪，有的人即使工作了 10 年还是止步不前？

进入职场后，学习环境、学习方法和输出成果相较学生时代有很大不同，但许多人依旧沿用之前的方法。我们可以运用第 4 章的**"工作笔记法"**，提升日常工作和学习的效率，持续累积职场上的发展优势。

（1）提升信息传递能力（工具：沟通笔记、会议笔记）。

职场的信息传递要达成以下三个目标：

- 一目了然（简明精准地传递）；
- 易于理解（逻辑清晰有条理）；
- 增进互信（利于彼此沟通）。

简短且富有魅力地表达，即提炼信息、精准表达的价值将日趋突出。如果把观察到的信息、知识和方法有效地记录下来并传递出去，后续就能更有节奏地开展工作，老板将有信心让你承担更重要的任务。

（2）持续累积工作经验（工具：经验笔记、复盘笔记）。

在职场中，有些人的职位不断上升，仿佛没有边界，两三年就会换岗，在每个岗位都做得很出色；有些人一直局限在初级岗位，日复一日地做着同样的工作。为什么有的人能够跨界参与不同的项目和工作？因为核心工作能力是可以迁移的，当你掌握了核心工作能力，便可以胜任大部分工作岗位。

我们可以运用笔记，培养应对变化的知识迁移能力，通过定期回顾，把经验和知识转化为能力。

（3）提升在职场的工作效率（工具：日程笔记、灵感笔记）。

高效率的创新者会跨领域学习不同的资讯，他们会定期查看过去的笔记，反思做过的事情，重新思考曾经的想法，以及那些当时未能解决的问题。他们会用新的眼光看待过去的记录，思考过去的情况与当前变化之间的联系，找出解决问题的新方案。通过笔记的记录和规划，我们还可以合理地规划时间，并在日常累积素材、灵感和思考。当我们记录的信息转化为探索和行动时，笔记将能发挥其独特的价值。

5. 行动突破：行动笔记法，让想法落地成真

实现人生梦想的过程如同赶路，你要时刻注意自己应该使用什么样的交通工具，要到达的地方是不是心中的目的地。在提升行动力的过程中，要注意工具和规则的运用。我们可以运用第 5 章的**"行动笔记法"**破除低效和拖延，养成持续行动的习惯。

（1）科学拆分行动步骤（工具：行动路径图）。

成功坚持不是依靠强大的意志力，而是要采用科学的拆分方法，就像爬山，一步登顶很难，但沿着阶梯步步登攀则容易得多。我们可以运用笔记科学地将目标拆分为不同的阶段，从最小可执行的行动开始，一个步骤接一个步骤地完成。

（2）学会对目标归纳分类（工具：阶梯规划笔记）。

你有很多想要实现的目标，分属于不同的类别。为了方便行动，可以把目标归纳分类，进行优先级排序，并运用笔记制定"里程碑、月、周"三种类型的时间规划，方便在繁杂的事情中迅速做出选择和行动。步步为营，设定好前进速度，能增加你完成目标的可能性。

6. 创造价值：价值笔记法，实现个人增值

怎样用自己的价值创造财富，为自己的生活构建基石，这是我们一生都绕不开的话题，它涉及三个方面内容：财富信念、科学的理财方法，以及如何开创多元化的价值变现路径。

我们可以通过第 6 章的**"价值笔记法"**，梳理制约自己价值创造的根源，探寻自己潜藏的热爱和优势，并为人生拟订财务计划，为持续发展奠定基础。

（1）找到制约价值创造的根源（工具：觉察笔记）。

金钱是市场的交换价值，也是内在价值的一个缩影，开发你和别人的内在价值，你的外在金钱财富将随之增加。许多人漏财，一部分是因为长久以来的信念，另一部分是因为日常的理财习惯。我们可以通过笔记深挖自己是否不相信自己能够创造价值，或者对金钱有错误的信念，从源头觉察并改变。

（2）养成科学理财的习惯（工具：财务笔记）。

现今铺天盖地的消费广告希望说服你买买买，如果日常没有记录和觉察自己的消费习惯，没有清理自己的金钱出入通道，逐步进行财富的积累，赚再多的钱也会在不知不觉间流走。减少无意识的浪费，你才能积累财富。学会运用笔记规划收支，用今日的花费和积累，打造想要的明天。

（3）创造多元化的价值路径（工具：职业发展笔记、个人商业模式笔记）。

人生是一个漫长的过程，真正能让一个人在财富上不焦虑的办法，是拥有让价值持续变现的技能。我们可以运用笔记找到自己的职业发力点，同时围绕主要专长，拓展多元化的价值创造路径，做自己人生的 CEO。

如果你心中仍藏有想要实现的人生，也许本书能帮助你。

本书特点

本书将带你：从笔记的心法、实操到进阶，一步一步走进笔记的世界，逐步成为笔记高手，并总结出一套适合自己的笔记方法。本书有以下特点。

1. 全面系统

本书将笔记方法分为 6 章，包含思维、方法、工具和实操，将为你详细介绍笔记系统的构建流程，分享如何重塑信念、高效工作、快速行动、达成梦想、实现价值，如何与自己的内在力量建立连接，如何在实践反馈中迭代和优化。

我们将一起探讨：如何提升知识处理的速度，如何用笔记管理时间和工作,如何打造自己的知识资料库,如何为人生不断积累能力等日常工作和学习中的突出问题。

2. 案例具体

许多人都觉得别人优秀、幸运,而自己没用、倒霉。人生好比一场马拉松,大部分人常常在自信和自卑中彷徨,在希望和焦虑中徘徊。只是有的人在短暂停歇后继续坚持,有的人选择半途而废。只有生命,才能抵达生命,本书分享了突破人生难关的方法和案例,不仅希望你能够收获成长的方法论,也希望你从中获得一些启发和力量。

3. 工具落地

除了具体的方法介绍,本书更是给出了与方法配套的28种实用笔记工具,帮助你从0到1地构建自己的笔记系统。这些工具包括历程笔记、思维导图笔记、卡片笔记、课程笔记、复盘笔记等,大部分是我使用多年、久负盛名的效率工具。本书配有相应的笔记工具模板,并在每章的最后列有行动练习,通过持续实践,你将完成对笔记从茫然到高效运用的转变。

人要有一个由内向外打开的过程,寻找真实的自我。勇敢的人不断跳出既有框架,找到自己独一无二的潜能。作为全网首创的系统人生笔记方法,六大笔记方法将助你突破人生路上的六大难关。

最后,欢迎关注我的**微信公众号"乐写人生"**(回复关键词"高效笔记",可领取本书的知识地图电子版)和**"笔记侠"微信公众号**,里面将持续分享笔记方法、知识管理和个人成长规划等内容。让我们一起乐写笔记,点亮人生!

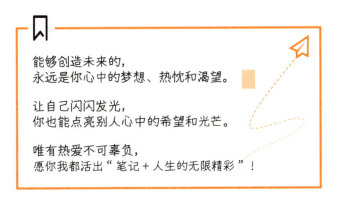

能够创造未来的,
永远是你心中的梦想、热忱和渴望。

让自己闪闪发光,
你也能点亮别人心中的希望和光芒。

唯有热爱不可辜负,
愿你我都活出"笔记+人生的无限精彩"!

第 1 章

重塑思维心智的认知笔记法

| 本章解决的问题 |

没有自信,不敢尝试,经常情绪低落,一遇到困难就害怕、退缩。

改变的第一步是认知自己,
你相信什么,
就会得到什么。

首先问大家两个问题：

- 你觉得人可以决定自己的未来吗？
- 人有没有既定的命运版本？

对于获得工作、爱情、金钱和健康等方面，大多数人希望如愿以偿，却常常事与愿违，不知不觉朝着迷茫的方向发展，日复一日地陷入烦恼之中，甚至觉得这辈子就这样了。

为什么生活中总是发生相同的事情？

为什么学习那么多知识，依旧无法改变？

过去的我一样没有自信，不敢尝试，容易退缩和情绪化。在很长的一段岁月里，我不相信自己，每次碰到考试或重要机会都会紧张，甚至睡不着觉。遇到优秀同学或长辈，不敢和对方说话，生怕自己说错什么。内心总觉得自己不配得到好机会。

印象最深刻的是高一时，在校园里，一位我敬佩的前辈和我打招呼，我居然下意识地转身跑开了！

多年后回想起来，当时自己是那样的不自信，连面对的勇气都没有……

这件事激发了我要改变的心。此后，我开始了 10 年的自我探索之路。一方面，我不断尝试新的可能：挑战校园广播站主持人；大学时创办新闻报，担任文学社负责人；读研究生时，参加全国前沿的学术活动，拓展多元的视野；开始负责组织笔记侠和知识产品的各项工作，通过讲课分享心得，帮助他人。

另一方面，我开始学习心理学，认知自我，用笔记梳理自己过往的经历和模式，找到人生的受限点，反转了否定自己的信念，收获了人生新的机会。

留意观察，生活当中，像"我做不到""这太难了""那不可能""没希望"之类的话，我们是不是常常脱口而出？这是因为，我们从小无意识地被家庭、社会和周围环境灌输了某种信念。**改变的第一步是认知自己，知道自己有怎样的思考习惯和重复模式。这也是为什么把认知笔记放在第一个模块，这个部分的梳理非常重要。**

想要改变自己的命运，先要改变信念。

1.1 觉察阻碍人生的限制性信念

几乎全人类都面临同样的困境。我难道没有告诉过你？得不到你想要的，你会觉得苦；得到的不是你想要的，你会觉得更苦；哪怕是已经得到你想要的，你依然觉得苦，因为你担心不能一直拥有。

所以，让你受苦的是被困在苦里的心，它想免于改变，免于痛苦，免于生和死的必然性。

然而，改变是一项法则，再怎么努力，都不能改变这个事实。

——丹·米尔曼，《深夜加油站遇见苏格拉底》

大多数人无法改变的真正原因是"根深蒂固的思考习惯"，心理学家称之为"信念"，它指的是受过往经历的影响而留存于内心深处的固化思考。

1928年，社会学家威廉·托马斯提出了社会心理学中的重要命题——托马斯定理：如果人们把某种情境定义为真实的，那么这种情境就会造成真实的影响。20年后，社会学家罗伯特·K.默顿对托马斯定理进行了思考，提出了"自我实现预言"：好的自我实现预言会带来好的影响，不恰当的自我实现预言可能会带来消极影响。

许多研究已经发现信念的影响，我们把注意力放在与自己的信念相符的信息和事情上，并自动过滤与信念不一致的信息和事情。信念是无意识的思考习惯，它建立起了人生的正向或负向循环。若无法改变信念，只会不断地重复相同的人生。

如何才能觉察和改变自己的信念？

☞ **觉察信念形成的 4 种途径**

过往的自身经验、信任之人的灌输、自我思考的总结、外界或媒体的影响。

☞ **了解阻碍人生的限制性信念**

关于自我、梦想、感情、金钱、比较的限制性信念的特征。

一、觉察信念形成的 4 种途径

人的行动范围往往会受到未觉察到的事物的限制,如果我们对自己的认知行为没有记录和反思,就无法清楚地觉察重复的模式。首先,要知道因为什么形成了自我限制的信念(见图 1-1)。

图 1-1　信念形成的 4 种途径

1. 过往的自身经验

过往的成长经历对信念的形成有重要的影响,每个人在童年时都很难避免被批评:或许是你做错一件事,被大人责骂"怎么这么笨,什么都做不好";或许是考试考砸了,被老师批评;或许是事情没做好,强烈自我谴责;或许是你生命中重要的人忙于生计,对你关心较少,让你觉得自己不重要。

信念源于家庭、过往经历,特别是在小时候,我们对他人观点没有辨别能力,容易全盘接受别人对自己的定义。在小时候,如果你获得的是"这也不够好,那也不够好"的批评,其影响要远远大于"你很好"的肯定,一个成年人长期在否定的环境里,尚且容易产生自我怀疑,何况是还没有建立世界观和自我认知的小孩。你无法抵抗,只能认同外在的评价,并将其内化为自我评价和信念,渐渐认定是自己不够好、不配得。

2. 信任之人的灌输

信任之人告诉我们不能去做某些事。在成长过程中,长辈会向我们灌输很多信念，教我们怎么做、怎么应对一些事情，久而久之我们接受了这些观点，并将其变成了自己的信念，比如"做生意很难成功""人这辈子就是这样，无法改变"等。

你从信任之人那里接收到的反馈如果太过消极，这些信念会根深蒂固地存在于你的大脑中，甚至你都觉察不到，它们都是你根据他人的反应、评价形成的，并非真正的事实。

3. 自我思考的总结

"盲人摸象"的故事，我们从小就听过，在认知世界的过程中，自我思考的总结不一定客观，有时不免陷入偏见的误区。就像一双手无法触摸世间万物，一双眼睛不能看尽人生百态一样，一个人不可能知悉天下事，我们常常只看到事情的碎片，就以为了解了全部真相。

身边亲人朋友的负面经历可能会使人形成某种偏见，比如：父母分开的情景，可能会让你形成"感情会伤人"的看法，担心投入感情会受到伤害；父亲的生意惨败，可能会让你觉得"赚钱很难"，害怕挑战。有时，你只是根据一两件独立的事件，就形成了某种信念，并对此深信不疑。一件事背后可能有不同的因素在起作用，我们常常只看到表面的现象就自己下了定论，人一旦形成了对于自己或某一事物的看法，就不再全面而会选择性地看待现实。

4. 外界或媒体的影响

社交媒体正在改变人们看待他人、看待自己的方式。社交媒体24小时不间断地发布谁过得好、谁过得不好，谁进步、谁退步，什么是对的、什么是错的，各媒体都在表达自己的价值观。如果媒体说什么，你就相信什么，那你就会失去自己的思考判断能力。

除此之外，你的信念会受到学校、社团等外界群体氛围的影响。你和老师、同事、朋友、同学交流，他们都会对你产生影响。当你向周围群体学习时，你更倾向于认为他们告诉你的事情是真实的。

限制性信念是一副有色眼镜，我们会透过这副眼镜看待世界。

二、了解阻碍人生的限制性信念

信念是由某一特定经验产生的，一个信念也许适用于某个情境，但在另一个情境中就不适合了。如果信念不能随情境改变，我们就称其为"限制性信念"。限制性信念是一种固执的偏见，它在某种程度上限制了你，阻碍了人生拓展新的可能，就如同电脑病毒影响电脑的运行一样。

李欣频在《人类木马程序》[一]一书中用了一个很形象的词——"木马程序"，来比喻阻碍人生的限制性信念：

电脑木马程序从表面上看是有用的软件，里面却包含着恶意程式，从网络进入电脑系统后，会在使用者没有注意到的时候启动，破坏或夺取个人私密资料，进而控制用户的整个电脑系统。

许多人也被隐藏的限制性信念影响，如同电脑中毒，人们会在毫无觉察的情况下被篡改潜意识，被控制自主性行为，在相同的情绪情景中一再受困，不断制造出无意识的事件轮回，在不快乐中挣扎，这些木马程序即是人生的框架。

限制性信念有 5 种类型（见图 1-2）。

1. 关于自我的限制性信念

认为自己不够好、不配得、不自信，时常进行自我否定、自我批判。遇事总是想到最坏的结果，面对机遇和挑战，不是想着怎么提升技能，而是把时间和能量消耗在自我怀疑上：我能行吗？

美国心理学家班杜拉提出的"自我效能感"，是指一个人对自己完成某一事情的推测与判断。换句话说，就是"人们对自身能否利用所拥有的技能完成某项工作行为的自信程度"。

关于自我的限制性信念，让你"自我效能感"较低，不相信自己，甚至觉得自己不可能得到好的事物、机会，常常陷入自我否定的低潮情绪之中。

㊀ 李欣频. 人类木马程序 [M]. 北京：北京联合出版社，2019.

图1-2 限制性信念的5种类型

2. 关于梦想的限制性信念

保罗·柯艾略在《牧羊少年奇幻之旅》一书中有一句形象的描述:"人总是害怕去追求自己最重要的梦想,因为他们觉得自己不配拥有,或者觉得自己没有能力去完成。"

关于梦想的限制性信念:一种是认为自己没能力实现梦想,找不到热爱的事情,就算遇到机会也会退缩,看不到自己的成绩,常常低估了自己的能力;另一种是对梦想的茫然,想做的事情很多,每样都做一点点,但做到一半就觉得没兴趣了,没有一个能够坚持实现,不知道什么是自己真正想要的,陷入茫然的状态。

关于梦想的限制性信念，让你怀疑、犹豫、彷徨，容易逃避和放弃，浪费人生大把的时光。

3. 关于感情的限制性信念

关于感情的限制性信念：一种是认为自己不配得到感情，害怕失去，或是认为感情不值得信任，比如"怀疑对方不爱自己""担心对方出轨""觉得对方看不起自己，或者自己配不上对方"；另一种是有很强的控制欲，内心有很多标准，觉得对方必须符合自己的标准和期待，把自己的快乐寄希望于他人。

关于感情的限制性信念，让你不敢信任他人，以防被人背叛，在生活中患得患失。若是没有觉察到这种信念，就会产生一连串损害关系的反应和争执。

4. 关于金钱的限制性信念

认为金钱是坏东西，有钱人是通过不正当手段获取财富的，人有钱就会变坏，或是认为自己没能力创造价值，必须做自己不喜欢的工作才能保证收入，觉得自己不配拥有财富。金钱的限制性信念的另一种极端是，认为金钱代表一切，有钱才代表自己有价值，对钱有很强的控制感。

实际上，金钱是一个人价值创造的体现，反映着你与自己、外界环境、资源的关系。关于金钱的限制性信念会让你陷入对金钱与关系的焦虑中。

5. 关于比较的限制性信念

不自觉地与别人比较，与他人争输赢，却不知道自己真正想要什么，只是看到大家都这样做，别人追求什么，你就追求什么，就算不需要，也一定要得到或者非要证明自己是对的。得不到、做不到时，就担心自己落后，陷入自责焦虑中。

关于比较的限制性信念，会让你丧失独立思考，用外界或者他人想要的标准来建立自己的价值感，结果常常是赢了某样东西，却不是自己真正想要的，浪费了大量的时间和金钱。

回想一下你的童年，是否还记得自己无所畏惧的状态？孩子们活在当下，不追究过去，不担心未来。我们出生时拥有真实自我，有信心、有勇气、有创造力，对世界充满好奇。当你开始慢慢成长的时候，你会受到父母及周围成长环境的影响，限制性信念会顺道藏在一些观点和行为的外套下，混进你的认知世界。平时它们伪装得很好，轻易不被察觉，因而得以悄悄影响你的人生。

如何改变限制性信念？你需要持续记录和觉察的笔记工具。

今天的所有信念都来自过往的人生经历，你要梳理当中的重大事件，找出自己失败、成功背后的信念和重复模式。**你相信什么，就会得到什么。只有当你不再拥有某个信念时，它才不会继续影响你的生活。**

本章接下来将介绍改变信念的 4 个笔记工具：

- 历程笔记：找到自己的信念模式。
- 调频笔记：10 分钟释放情绪压力。
- 富裕笔记：越写越快乐的书写练习。
- 生活宝箱：存储日常的幸福记忆。

1.2 历程笔记：找到自己的信念模式

电影《奇幻人生》的主人公哈罗德每天过着极具规律的单调生活，旁白的声音却打破了这一切——他发现耳边常常响起某个人的说话声，"她"能洞悉他每日的生活规律，甚至能预测他在不久的将来将死去，他深感惶恐。

"她"是作家凯伦·埃菲尔，悲观颓唐，从来不让笔下的主角逃过死亡的命运，她正为如何安排主角死得伟大而烦恼。她不知道，她笔下的那个男主角和现实生活中的哈罗德完全吻合，而男主角的剧情在哈罗德身上得到了一一应验。

当哈罗德知道凯伦·埃菲尔正在设计主角最后的死亡方式时，哈罗德找到了她，两个人就这样奇迹般地见了面。哈罗德当然不想死，但那部小说十分出色，哈罗德看后，觉得自己可以死得其所，获得生命的价值，他再也没有惊恐和反抗，坦然接受了这一切。他的选择让作家有了新的顿悟，故事也随之峰回路转。

这部电影像是生活的隐喻，我们人生的剧本到底由谁来编写，可以决定自己的未来吗？人有没有既定的命运版本？

李欣频在《十四堂人生创意课II》[1]一书中介绍了找出惯性思维的方法：

我自己的做法是，先列一张空白的表格，把自己从出生到现在，所遇到的重大挫折一一写下来，像是一份大事纪要，包括：发生了什么事；自己的受挫感觉是什么；如果要帮这件事分类或列一个标题，那会是什么。

首先将何年、何事逐一写下来，并回想受挫的感觉是什么，等到全部写完了，再去逐一思考这些事件的标题。比如，这是一个关于信任与背叛的事件，这是一个加害者与受害者的事件，这是一个爱与被抛弃的事件，这是一个控制与自由的事件，这是一个误解与百口莫辩的被冤枉事件……然后再把同一类的事件标题放在新的单子中。

受此启发，我开始梳理自己从小到大失败、成功的事件，从中发现重复发生的信念模式是什么，总结和建立了自己的历程笔记。

请大家回忆一下：从出生到现在，有没有哪种相近的情况、事件总是重复发生？

这可能是你的重复模式，每次都会伴随情绪而来。有时候，我们还陷在过去的故事里，用悔恨来诠释自己的行为，或者因为曾经的创伤而一直否定自己的价值。如果找不到解决办法，就会把过去遗留下来的东西带到未来，破坏未来的人生。

对于过去的经历，如果采取无视或回避的态度，不好的事就会重复发生。 悔恨的意义不是让你一直停留在过去，害怕改变，而是让你更好地思考现在。你不应该无视这些经历，或是装作若无其事，否则就无法从过去中学习，并在当下采取有帮助的行动。

我们可以运用历程笔记，把自己的重复模式找出来：

---

[1] 李欣频. 十四堂人生创意课II [M]. 南宁：广西科学技术出版社，2009.

☞ 历程笔记 4 步书写法

回顾、思考、总结、重写。

☞ 历程笔记的具体案例

如何梳理过往成功和失败的事件。

☞ 历程笔记的书写要点

汇总阶段性的同类事件，找出固化的信念和反应模式。

一、历程笔记 4 步书写法

请至少列举 10 个从出生到现在的重大事件，比如人生中重大的失败、挫折，好的、坏的事情都可以，你可以从中看到人生的信念模式。在你把这些事件列出来之后，再想一下：对于每个事件，现在的自己会给出什么样的建议，如果替换当时的反应和做法，会有哪些不同的人生故事？历程笔记书写步骤分为回顾、思考、总结、重写（见图 1-3）。

图 1-3　历程笔记

1. 回顾：事件细节

回忆和写下事件的细节。回想一下从出生到现在的重大事件，比如，过往重大的失败、挫折、创伤或者成功事件，为每个事件写下简明的描述。

2. 思考：事件带来的感受和信念

从人生经历中思考，当时事件带来什么样的感受、情绪和信念，背后是不是有潜藏的限制性信念，比如不自信、自我贬低。

信念伴随着经历发展，特别当你是孩子时，你通过觉察自己的喜恶以及他人的态度来发展自己的信念。之前有一位学员和我聊起了困扰，在我看来她非常优秀，研究生毕业，能力强又漂亮，但她常常陷入自我否定的情绪之中。

她生长在重男轻女的家庭，不被长辈重视。她印象最深刻的一件事情是：小学六年级时，有一次爸妈给弟弟买了小熊，她也很想要，围着父母要，结果父母回答："你都这么大了，要什么玩具！"她难过地哭了起来，结果还被父母训斥："你怎么这么讨厌，再不听话就把你送走！"

我问她当时是什么感受，她说："当时觉得很难过，觉得是自己不够好，所以爸妈不给自己买小熊，爸妈更喜欢弟弟，担心自己不被父母喜欢。"这件事虽然过去了很多年，但事件带来的创伤和"自己不好"的信念一直在她的内心深处。别人觉得她很优秀，但她脑子里总有个严厉苛刻的声音不停地告诉她"你怎么这么差"。

通过思考，我们可以找到隐藏在创伤背后的信念。

3. 总结：成功或失败模式

总结自己的成功或失败模式，经常因为什么原因而失败或成功？

生活中，我们遭遇过大大小小的挫折，挫折带来的感受和信念，像一根扎进心里的刺，不时发作，影响着现在的生活。如果你也像上面那位伙伴一样，小时候的创伤挥之不去，就容易陷入"自卑""不配"等模式，总觉得自己不够好、会失败，不断在自我否定中循环。

通过对失败、成功事件的梳理，我们能够总结自己人生的模式，从每件事中汲取经验和教训，分析自己的优点和缺点。**如果不曾换一种视角来审视，你的人生总是困在限制的框架之中，就无法迎接新挑战，唯有自我觉察，找出自己的重复模式，才能真正改变。**

4. 重写：现在给予过去的自己的建议

从现在的视角回看，给予过去的自己建议。把关注点放在"改变"上，而不要放在"失败"上，从现在全新的视角来重新审视曾经的问题，重写自己的人生故事。

再回头看看所写的内容，在你的人生故事里，你通常扮演什么样的角色，是正面人物，还是受害者？你是自己故事里的主角，还是别人故事里的配角？请你放弃受害者或反面人物的角色，从积极的视角重写你的人生故事：自己可以通过怎样努力，应对困难考验？注意，重写仍然要忠于事实。

举个例子来说，以下是男生小彬重写关于演讲的人生故事：

小彬小学时上台讲故事，由于准备不充分，讲得并不好，他觉得在老师和同学面前丢脸了，当时觉得很羞愧。这个事件给他形成了一个信念：上台讲话是有风险的，自己没能力在人多的地方讲话。

小彬下意识地恐惧上台或者在人多的场合讲话。每次上台讲话，他都会因为紧张而搞砸，然后招致更多的嘲笑，进一步加重了他的创伤。当我们经历一些事情时，会在头脑和身体里留下印记，这些印记叠加起来塑造了我们的模式、信念，进而影响我们对事情的反应，反应又引发新的经历。

想要真正改变，就必须从过往经历里走出来，练习以全新的视角、信念来看待问题，用一个新的思考角度来覆盖旧的反应版本。这个新的版本会产生新的反应，让你在今后遇到相同的事情时，开始思考不一样的路径，做出不一样的选择和行动。

有什么是你过去没法完成，但现在可以做的？有什么是你过去觉得遗憾，如果时间倒流，你希望去改变的？现在，你就可以行动了。 当我们明白了问题的来源，坦诚面对过往的经历，问题就会开始解决。

小彬在历程笔记的第四步"现在给予过去的自己的建议"中这样写道："我对上台讲话的恐惧，源于小学讲故事失败的经历，由此形成了否定自己表达能力的信念，后续演讲失败也是受到这个信念的影响，但这并不代表我真实的能力。一方面，我可以通过学习演讲技巧，提升自己的表达能力。另一方面，我可以加入演讲俱乐部，通过社群里的演讲锻炼，战胜恐惧。"

再如，有人说到自己关于理财的遗憾：毕业到现在没有存钱理财，钱都花光了，又错过了买房子的时机……那现在是不是就放弃存钱理财？时间是复利的，总结过去的经验，从现在就可以开始存钱理财，什么时候开始都不算晚。

二、历程笔记的具体案例

历程笔记的具体示例如图 1-4 所示。

历程笔记示例

📅 日期	📋 事件细节	☆ 事件带来的感受和信念	✓ 成功或失败模式	⊗ 现在给予过去的自己的建议
X年	高考失利	怕父母失望,不自信,容易紧张	遇到重要机会就容易紧张,影响正常发挥	相信自己,放轻松,高考不是人生唯一的机会
X年	错失人生重大机会	不相信自己的能力	遇到重要机会就容易紧张,影响正常发挥	用心准备,轻松发挥,只要努力了都是一种经历
X年	情感问题	不配得到,不被爱,不信任感情	遇到心仪对象,一方面期待,另一方面害怕受到伤害,不敢尝试	敞开心扉,勇敢去尝试,不要患得患失或乱想,用心感受和相处
X年	大学时成功当上学生会干部	一件件事不断给予自己信心	主动帮助他人,不计较个人得失	帮助他人,持续成长

图 1-4 历程笔记示例

案例 1:针对高考失利

第一步,回忆和写下高考失利事件的过程。

第二步,找出事件带来的感受,这背后是不是有潜藏的限制性信念:可能是怕父母失望,不自信,造成自己容易紧张。

第三步,总结自己的失败模式:遇到重要机会就容易紧张,影响正常发挥。

第四步,从现在的视角回看,重写人生故事,给予过去的自己建议,想想如何打破这种失败模式:相信自己,放轻松,高考不是人生唯一的机会,一次失败并不代表自己能力不行。终身学习的时代,学习的方式有很多,可以制订提升计划,继续学习深造,攻读硕士学位,考取行业证书,提升自己的学历和能力。

案例 2:针对错失人生重大机会

第一步,回忆和写下错失这次机会的整个过程。

第二步,找出事件带来的感受,这背后是不是有潜藏的限制性信念,比如,不相信自己的能力,因慌乱紧张而错失了机会。

第三步，总结自己的失败模式：遇到重要机会就容易紧张，影响正常发挥。

第四步，从现在的视角回看，重写人生故事，给予过去的自己的建议：用心准备，轻松发挥，只要努力了都是一种经历，总会有收获和成长。学习调整自己的情绪，做好准备，迎接下一次机会。

案例 3：针对情感问题

第一步，回忆和写下感情事件的经过。

第二步，找出事件带来的感受，以及当时自己的心情，是不是有不配得到、不信任感情的信念。

第三步，总结自己的失败模式：每次遇到心仪对象，一方面自己会期待，会想象很多美好的画面；另一方面，自己只是沉浸在想象中，又因为害怕受到伤害，所以和对方接触时总是小心翼翼，无法敞开心扉。

第四步，从现在的视角回看，重写人生故事，给予过去自己的建议：敞开心扉，勇敢去尝试，不要在没开始前，自己就预设感情的发展版本，胡思乱想。不要否定自己，不要患得患失，要用心感受和相处。

不仅针对失败事件，过往的成就事件也可以通过历程笔记进行梳理，总结成功经验，分析是什么信念或什么行动带来了这种成功，以便在今后的人生中加以应用。

成就事件，对于认识自己的能力以及总结战胜困难的方法具有重要作用，将会增加我们面对未来的信心。这种成就，可能是自己挑战了有难度的目标，比如跑完了马拉松，或者是完成一件觉得很有收获的事情，比如成功组织一次活动。

案例 4：针对大学时成功当上学生会干部

第一步，回忆和写下成功当选的过程。

第二步，回忆事件带来的感受：实现目标提升了自己的信心，要勇敢尝试。

第三步，总结自己的成功模式，分析让自己成功当选的原因：大学时，帮助别人，不计较个人得失，主动承担工作，在实践中提升能力。

第四步，从现在的视角回看，给予过去的自己的建议：帮助他人也是在帮助自己，积极主动会带来更多的收获，要持续个人成长。

回到本章一开始问的那个问题：人可以决定自己的未来吗？

人的行为是可以预测的，通过你的惯性可以知道你的未来，但你要知道自己的觉知程度，如果你没办法知道有哪些需要改变的信念、模式，一次次错过改变的机会，那就没办法改变未来。之前的学员案例：有位女生已经谈了三次恋爱，每次都遇到同一类型的男生，每次都是在相似情况下分手。有个男生，每逢重大考试和机会，前一天晚上都会拉肚子。

信念的转变非常重要，人生要掌握在自己的手里，如果没有觉察和转变，就没有掌握自己人生的主动权，你将重复做同样的事情。

三、历程笔记的书写要点

历程笔记适合按年度使用，因为将同类事件放在一起，有助于找到类似事件中自己固化的信念和反应模式，这种模式往往会把你带入相同的结果你却不自知。

如果你是第一次书写，可以先梳理人生成长中的重大事件，至少列举10个从出生到现在的重大事件，比如人生中重大的失败或者成功，然后从中找出失败或成功背后的原因和信念。在这之后，你可以每年梳理一次，列举本年度10个重大事件，看看自己是否有改变。

你害怕、担忧的东西并不一定真的有害，而是可能源于童年或者过去某次经历留下的信念，"一朝被蛇咬，十年怕井绳"说的就是这个道理。不妨借着历程笔记思考一下：

第一，过去害怕、担忧的东西，是真的有害，还是自己的想象、偏见？现在有没有可能尝试一下？

第二，如果过去的模式走不通，是不是可以试一试逆向操作？

有位女生因为小时候父母关系不好，一直担心自己在感情中会受到伤害，不敢打开自己的心扉，但屡屡遭受相似情感挫折。我建议她用历程笔记梳理一下过去的情感挫折事件，看看其中的信念和情感相处模式是什么。

这位女生梳理之后才发现，每次她的模式都是担心对方伤害自己，对别人很冷淡，结果感情都无疾而终，她就更觉得感情很危险。其实每段相遇中，对方并没有伤害她，而是她自己想象了很多情节，自己伤害了自己。

我建议她：过去的感情模式走不通，是不是可以逆向操作一下，面对不错的对象时，勇敢打开自己的心扉，去尝试表达感情，试着信任他人？这位女生决定勇敢试试，虽然一开始没成功，但最终找到了相知的人生伴侣。

找我咨询的另一位女生的情感模式则相反，她每次都是冲动表达，主动追求，双方在一起没多久，她就觉得没意思，主动分手了。我建议她采取相反模式：每次恋爱前先考虑清楚，给双方相处的时间，看看自己是否真的喜欢，两个人在价值观、兴趣、习惯和相处方面是否合适。

如果不早一点跳出旧有的信念模式，我们就会受限于过去记忆所产生的信念和反应模式，即使面对再多新的机会、人和事，依旧是害怕、逃避，用同样的方式面对未来，循环反复，非常浪费人生。

若没有改变信念，问题只会一再重演。
找到源头，接纳自己，才有机会改变。
下定决心，规划反转人生的新方式。

1.3 调频笔记：10 分钟释放情绪压力

在快速变化的时代，我们每天都要应对大量的人、事、物，难免遇上不顺利的情况：工作被领导批评，与同事意见不合，与家人朋友因为琐事争吵，遇到不可理喻的人……

各种情况引发了这样那样的情绪，如果不能及时清理这些情绪垃圾，它们就会像灰尘一样逐渐落满我们的心房。日积月累，内心会变成一个情绪的垃圾场。除此之外，你会发现，那些情绪不稳定的人，生活常常受到影响。情绪的开关一旦按下，就如同开闸的洪水，会产生一连串令人惋惜的后果。不要再让健康和人生为情绪牺牲。

☞ **情绪是送信人，每一封信都来自内心**

所有的情绪都有意义，生气、嫉妒、焦虑背后隐含着丰富的信息。

☞ **情绪选择，每时每刻都可以创造不一样的版本**

选择学习者心态或评判者心态，发现新的可能性或者停滞不前。

☞ **调频笔记，随时随地可用的内耗清理**

通过笔记，辨认出自己的惯性情绪，找到相似问题的解决方法。

一、情绪是送信人，每一封信都来自内心

每个人都有情绪，情绪有正面的也有负面的，有我们喜欢的也有我们不喜欢的。我们很容易根据自己对情绪的感受进行评判，对于那些不愉快的、不喜欢的情绪，就称其为负面情绪，但实际上每一种情绪都是一种语言，都带着信息来与我们沟通。

当我们带着觉知，而不是无意识或批判地去看这些情绪，就会发现：情绪是送信人，每一封信都来自我们的内心，如果你愿意收下这则信息，理解和接纳，送信人就会离去。负面情绪有时候是提醒我们：内心还有伤口，请求释放伤痛，重获自由。为什么过去的伤口会导致负面情绪？这与上一节讲的信念有关。

如果你曾经历过伤痛，比如，小时候因为一件事情没有做好，被信任的亲人责备，你可能会认为自己表现不好，亲人就不爱自己，甚至就把它诠释成自己不值得被爱，尤其是当做不好的情况接二连三发生时，你会形成一个"自己很差"的限制性信念。

久而久之，你就会编出一个故事：我做不好事情，被长辈指责。我不够好，因此我不值得被爱。长大以后，一旦在工作和生活中有类似做不好的情景出现，过往的伤痛和信念就会涌现出来，引发内在的情绪。

越强的情绪，包含的信息越重要，如果你不接受、不解读它，它就会反复出现，提醒我们看见。如果你处于强烈的负面情绪中，先不要自我批判、谴责，这绝对不是什么坏事，而是让你看到自己的信念和惯性。

我们日常的情绪有很多种，最为常见的有生气、嫉妒、焦虑等。

生气：让你看到自己的内在伤口，什么情景会刺伤自己；当生气的时候，我们内心的声音是什么。虽然每个人生气的理由千差万别，但生气背后往往隐含着某种渴求——想要得到爱、尊重或安全感。

嫉妒：告诉自己想要什么，以及多么想要。嫉妒源于自己想要却暂时没有的东西，或者自己觉得不屑但又没能获得的东西。简言之，嫉妒就是我们没能看见、回避、逃避的内在需要。

焦虑：焦虑是现在很普遍的一个现象，让人备受煎熬，甚至觉得害怕，但它本身包含着极有价值的东西。如果我们能在焦虑中安静下来，看看焦虑本身，它会告诉你：是否有地方做错了，哪里的界限有问题，是不是该停下来，调整一下，不要一个劲儿地向前冲。

当我们用接纳的方式去对待自己的情绪时，会发现：所有的情绪都有意义，解决情绪问题的方法，不是抗拒，不是逃避，而是如实看待，接纳它们。

二、情绪选择，每时每刻都可以创造不一样的版本

高管教练梅若李·亚当斯在《改变提问 改变人生》[⊖]一书中提出了"学习者心态"和"评判者心态"，并且把这两种心态比喻成两条道路（见图 1-5）："学习者道路"，在此道路上的人会愉快地到达自己想要去的山峰，实现自己的目标；"评判者道路"，在此道路上的人最终深陷泥潭无法自拔。

图 1-5　选择地图

⊖ 梅若李·亚当斯. 改变提问 改变人生（原书第 2 版）[M]. 秦瑛，译. 北京：机械工业出版社，2019.

- 学习者心态：聚焦于如何正确地解决问题和克服困难。
- 评判者心态：往往只会指责、抱怨、批评、推卸责任，或者给自己贴上负面标签。

相信每个人都希望保持学习者心态，但事实是我们经常在两种心态中来回切换。如果观察并记录一下，你会发现：有时候，一天中我们会进入评判者心态好几次。短暂的评判者心态，对于每个人来说都是正常的，但问题是，你在评判者心态停留多久，能不能尽快地切换回学习者心态？

生活的每时每刻都在做着选择，这些选择将我们带上学习者道路或评判者道路。当选择学习者心态时，我们会发现新的可能性。当陷入评判者心态时，我们将深陷泥潭，无法自拔。如果总是处于"评判者心态"，会影响我们的行为，使我们停滞不前，达不成目标。

怎么做才能从评判者心态转变成学习者心态？如何才能调整自己的情绪，终止内耗？这时候就需要运用情绪调频的笔记工具。

三、调频笔记，随时随地可用的内耗清理

美国社会心理学家费斯汀格曾说："生活中的10%是由发生在你身上的事情组成的，而另外的90%则由你对所发生的事情如何反应决定。"每一个想法、行为、事情都会导致不同的方向，方向不同，最后的结果就会完全不同。现在所做的每件事情，都导向不同的方向，所以一定要保持觉知和有意识的选择。

在工作和生活中，因为各种遭遇而产生的负面情绪包括嫉妒、焦虑、生气等。情绪来临时，你如何应对？有人通过买醉来逃避，有人通过买买买来回避，这些都不是根本的方法。如果不能有效地接纳和释放这些情绪，将直接影响到工作和生活的状态，我们需要用最好坚持的方法，去调整和转化情绪问题。在这里为大家介绍日常可用的调频工具：调频笔记。

调频笔记，你可以随时使用，可以写在表格里、笔记本上，或是使用手机记事软件，不限格式，可能只需要10分钟就可以让你的内心平静下来。在情绪爆发时，采取以下4个步骤（见图1-6）：**如实写下事件，观察情绪问题，尝试转念思考，事后记录结果。**

调频笔记

📅 日期	X年X月X日	X年X月X日	X年X月X日
⏵ 事件			
❓ 情绪问题			
💭 转念思考			
📄 结果			

图 1-6　调频笔记

第一步，如实写下事件

如实写下事件本身，不指责自己，不批判当下的情绪感受。

观察、记录不舒服的感觉，需要一点勇气。对多数人来说，趋吉避凶是正常反应，遭逢难受之事，自然会想逃避，急着转移注意力，例如喝酒、购物、找人抬杠、把怒气投射在其他事情上，这样就可以与不舒服的感觉暂时分离。

然而，一次不面对、两次不面对，甚至一直不面对，伤痛并不会过去，只会愈藏愈深，之后连自己都不知道为何自己因为一桩不起眼的小事而失控。当涌现不舒服的感受时，要勇敢地面对它，客观记录那个让你焦虑、害怕、生气的事件，试着触摸它。它就像你内心的小孩，它其实也是你的一部分，需要被接纳和关注。

第二步，观察情绪问题

写下当下内心的情绪，观察自己的情绪，感受其带来的不愉快，发掘其背后的问题，分析是不是有潜藏的限制性信念。

遇到同一件事，不同的人有不同的行为反应。我们每天都在经历各式各样的事情，心灵与身体都在经历不同的感觉，有些与当下经验直接相关，有些则与过往联结。我们需要思考两个问题：当下强烈的情绪来自哪里？这样的状况是否会经常发生？

一个人的情绪起伏强度常常和 3 个方面有关：一是过去积累的创伤没

有得到疗愈，与信念有关；二是自己的心理承受能力；三是当下人和事的刺激程度。

之前有位学员小维，在日常生活中，一旦老公没有给她预期的回应，她就会生气、焦虑，并为此很苦恼。我仔细了解后发现，小维的情绪问题，跟自身的信念和原生家庭经历有关，也跟现在的生活环境有关。

小时候父母太忙，她是寄养在亲戚家长大的，成长中很少得到父母的关爱，这段经历使得她内心敏感，渴望被关注。婚姻生活当中，老公不善于表达。如果她重视的老公没有回应，就容易让她回想起儿时不被关注的感觉，激起内心的不安全感，导致情绪失控。

有时候一件很小的事，却能引发很强烈的情绪，这背后的原因往往是复杂的，过去的人生经历和未曾处理好的创伤会影响情绪的走向和激烈程度。**我们管理情绪的方式在于：辨认出自己的惯性情绪，找到相似问题的解决方法。学习调整情绪，为自己的反应负责。**

第三步，尝试转念思考

问问自己：想做"评判者"还是"学习者"？转念思考，换一个积极视角来看待，想想能否通过这件事情学到什么。

事情发生时，我们会先去想是谁的错，这样容易陷入"评判者"的思维中。用评判者的心态生活，代价是巨大的，未来只是过去版本的重复，如果每天都是一样的思考和行动，怎么可能会有不一样的明天？当我们不断地陷入责备、批判、内疚的情绪里，将会错过很多美丽风景。

如果我们不是执着地追究谁对谁错，而是在发生的当下问问自己："这件事情是否有积极的一面？既然事情已经这样，我还能采取些什么行动去改善？我能从中学到什么？"不要一再使自己陷入"我不够好""我当时应该怎样""都怪……"这类的评判思维，让自己回归学习者的心态思考。如此一来，内心就会慢慢平静下来。

学习信任自己是安全的，接纳当下的情绪，不要将其发泄到自己或别人身上。每当负面情绪升起时，如果我们愿意转念思考，持续这种练习，内心就会越来越有力量。

第四步，事后记录结果

记录后续的结果，你会发现很多情绪都是不必要的，事情并没有你想的那么糟糕。

为什么要持续记录结果？

从古至今，人类演化出了生存模式：不断督促大脑寻找可能出错的事情，或者可能对生存构成威胁的事物。这种生存模式总是不断寻找可能伤害自己的东西，导致大脑演化成为很快从"坏经验"中学习，而从"好经验"中学习则很慢，坏事比好事更能引起人们的关注。

这种模式是进化的选择，它是在数十万年间，不断演变而来的保护人类安全的武器，令我们更好地生存繁衍。试想，丛林时代，人类是更多去关注树上挂着的浆果还是凶猛的毒蛇？如果没更多关注危险，人类很难存活下去。这些都存储在人类的记忆中，指导我们如何避免潜在的威胁。另外，坏事的后果往往比好事更严重，积极的体验会从思绪里很快溜走，而坏事体验则会牢牢"粘在"思绪里。

我们需要通过客观记录结果，用事实让大脑看到自己的情绪是不必要的。当我们持续发掘、强化积极的体验，有意识地训练大脑接受正面经历越长，就越容易转变成一种新的思维方式。

调频笔记的示例如图 1-7 所示。

调频笔记示例

日期	X年X月X日	X年X月X日	X年X月X日
事件	今天因工作疏忽被批评	男友出差没打电话	公司把重要工作交给同事
情绪问题	自我否定、内心自责	不被重视、不被爱	受到威胁、不自信的感受
转念思考	早日发现问题，复盘吸取今日教训，下次一定能做得更好	不是不重视，男友最近加班忙得没时间休息	我们是同一个团队，要互相帮助
结果	吸取经验，提升能力	第二天开心通话	同事感激，领导夸奖

图 1-7 调频笔记示例

案例1　工作事件：今天因工作疏忽被批评，你觉得很难过。

第一步，如实写下事件过程：因为什么事情、原因导致工作疏忽，自己被领导批评。

第二步，写下当下的情绪感受，如实接纳自己的情绪：当下冒出了自我否定的情绪，内心非常自责。发掘其背后的情绪问题：经常性的自我批评。

第三步，尝试转念思考，换一个积极视角来看待：早日发现问题，复盘吸取今日教训，下次一定能做得更好。

第四步，记录后续的结果：自己通过对这件事的总结，吸取经验，提升能力，避免之后在相同的事件中做错。

案例2　感情事件：男友出差没打电话，你内心很生气，产生很多不好的想法。

第一步，如实写下事件过程：以往你每天都要和男友联系，而今天男友出差，一直没有回应你。

第二步，写下当下内心的情绪感受，如实接纳自己的情绪：生气、焦虑，当下涌现出什么样的不好想法。发掘其背后的情绪问题：是否有不被重视、不被爱的限制性信念。

第三步，尝试转念思考，换一个积极视角来看待：男友最近加班忙得没时间休息，不是不重视，要学会信任对方，相信自己值得被爱。

第四步，记录后续的结果：第二天两个人开心通话，解开误会。

案例3　竞争事件：公司把重要工作交给同组的同事，你觉得很焦虑。

第一步，如实写下事件过程：公司把原本要给你的项目，交给了同组的同事。

第二步，写下当下内心的情绪，如实接纳自己的情绪：觉得很焦虑、嫉妒，担心自己的重要性被替代。发掘其背后的情绪问题：是否有不自信的限制性信念。

第三步，尝试转念思考，换一个积极视角来看待：为什么公司把项目交给这个同事，他身上有什么值得学习的地方？他并不是恶意地抢占项目，我们是同一个团队，我有什么地方可以帮助他？

第四步，记录后续的结果：和同事协作，很好地完成这个项目，同事非常感激你，领导夸奖你顾全大局，表现出色。

为什么我们要调整情绪频率，觉察当下？因为当下影响未来，此时此刻的每一件事情、每一个心念都非常清楚地影响未来的方向，包括你所想的事情。

同时，信念模式无法一两次就能调整好，我们总希望自己一直处于一种美好的状态，但人的心情犹如潮起潮落、月圆月缺，经常性的变化才是它的本质。我们要觉察到"不是我很糟糕，而是当下的情绪不舒服"，并学习接纳：不是自己不够好，而要培养接纳情绪的耐力。

面对创伤，你可以选择逃避，但它仍会回头找你，唯有一次又一次地耐心接纳情绪，好好陪伴自己，并通过调频笔记的记录，观察分析是什么情况造成情绪问题，总结应对类似问题的处理方法，这样就不会在相似的情绪困境里轮回。

我们可以通过对情绪进行调整和练习，让内在变得越来越有力量，无论外界的境遇如何，都能静下来倾听自己内心真实的声音，拥有信任自己的力量，勇敢尝试不同的改变。

1.4　富裕笔记：越写越快乐的书写练习

上一节提到，人类为了生存，大脑演化成容易关注和感知坏事情，持续辨认、放大可能的威胁，导致内心充满压力、焦虑，这种机制让人类天生善于生存，却不擅长快乐。

信念是在过往中日积月累形成的，你希望自己是什么样子、什么样的状态，那就要打破旧的习惯，以新的时间线和希望的状态来生活。这种改变不是一蹴而就的，需要通过信念和行为上的练习，一点点地转变。我们可以透过每天"富裕笔记"的练习，让自己渐渐成为一个容易寻找美好的人，看到更多积极事物，构建新的思维习惯。

☞ **什么是每日富裕笔记**

每日睡前回顾：今日小成就→今日感恩→今日感悟→明日目标。

☞ **富裕笔记书写的 4 个小技巧**

聚焦感恩和喜悦的频率，专注当下体验，并结合视觉化的方法，持续建立好习惯。

一、什么是每日富裕笔记

富裕笔记，即以感恩、喜悦的视角回顾记录今天，规划明天。富裕笔记适合在一天快要结束时书写，在睡前找一个安静的地方，写下如图1-8所示的4个方面内容。

图 1-8　富裕笔记

第一步，记录今日小成就

写下今日的任务完成情况，回顾当天的成就和效率。

当我们完成一天的任务，需要停下来进行成果的回顾，思考今日的目标完成情况。如果你想获得成长，有一个简单有用的方法：每天都坚持学习一点、进步一点，这些微小但确实的进步，长期累积下来就能创造不小的成绩。

每天都进步一点，这种进步不一定是什么了不起的成就，可以是很微小的进步。以读书来说，许多人希望一个礼拜读几本书，但常常因为这样那样的状况，一周下来没读几页，最后索性不读了。一开始，每天都阅读

30分钟就好了，长久坚持下来，就能有一定的阅读累积。养成每天阅读的习惯，后期的阅读效率就会提升。只要确保每天都比昨天更好一点、多学一点，每天都能取得一点小成就。

练习每天睡前回顾和肯定自己的小成就，累积点滴的收获和自信，人生就会朝着持续成长的方向前进。

第二步，记录今日感恩

写下当天值得感恩的"小确幸"，即对美好的人和事的感谢。

"小确幸"一词源自村上春树的随笔集《兰格汉斯岛的午后》，意思是心中隐约期待的小事，刚好发生在自己身上的那种微小而确实的小幸福与满足。"小确幸"可以是自己期待的、感兴趣的、快乐的小事情。感恩今天发生的"小确幸"，感谢带给你帮助、快乐的人和事，会给生活增添光辉。

美国著名心理学家马丁·塞利格曼创立了积极心理学，对人类的幸福最大化和生活满意度进行了数十年的研究。在一项研究中，他邀请了近600名被测试者参加提升幸福感的一些项目，其中有两项最为有效：一项是写下当天值得感恩的好事情，另一项是以感恩的形式表达感谢。

值得注意的是，感恩练习的效果非常惊人。一个星期后，被测试者明显比以前更快乐，更令人惊讶的是，在后续的测验中，坚持感恩，无论是一星期、一个月、三个月还是六个月后，全部显示这些被测试者每一次都能比第一次测验时更开心。

研究表明：从长期来看，懂得感恩的人能够享受积极的情绪，经历负面情绪的程度也比较低。感恩的人有较高的自我价值感，也有较强的能力去应付日常生活的压力。如果你懂得感恩，会更容易与人合作，强化与他人的关系。

有趣的是，你并不需要通过语言把感恩表达出来，才能得到这种益处。马丁·塞利格曼的研究表明：光是写下感恩的事物，也能对你的幸福有实质的影响，而且不管你是非常感恩，还是一点点感恩都没有关系，要对你的幸福产生效果，最重要的是经常心存感恩。

这里需要一点点的练习和努力，才能变成习惯。一旦你建立起了这种习惯，感恩成了你的态度，积极正向的循环就开始了。一开始，如果你觉得书写感恩有些困难，哪怕是简单写几句话，或是拍下一两张照片配上几行文字。写下生活中让你喜悦的小事，比如，做成了一道可口的菜，或是买到自己喜欢的东西。

举例，我的感恩记录：

今日老公特地为我做了美味的牛排，每一口都是幸福的味道，感谢老公的用心准备！

今天写文章时，好友分享一篇文章给我，启发了新的灵感，谢谢好友总是分享好东西给我。

上班途中一路畅通，在项目上又得到同事的协助，真是幸运的一天……

感恩，就是不要认为所拥有的东西理所应当。我们关注什么，就会放大什么，创造什么。当我们开始感恩，就会看见许多被忽略的美好。美好的事物会因为感恩而不断增加，更多地来到我们的生活中。当我们不去感激，它们就会流失，从身边悄悄溜走了。

生活中微小的体验，经过挖掘和强化，都将帮助积极情绪渗入，从而平衡生活中的负面情绪。当我们有意识地去觉察和强化感恩的体验时，更多的喜悦和宁静便会流入我们的日子。

第三步，记录今日感悟

用一小段或一两句话总结当天感悟，把学到的新知、收获、启发记录下来。

面对每天重复的工作，许多人的思维已被制约成"例行公事"地应付，缺乏改善的思维。在一天结束时，将每一天的方法或是获得的新知、启发，梳理记录一下。你会因为需要回顾一天的"感悟"，开始有意识地让每天都有收获，让日子过得更加充实，更有意义。

第四步，记录明日目标

规划明日的重要目标。

睡前先设定第二天要实现的"最重要"目标，让自己在繁杂思绪中梳理出一个最高优先级项目，这也是克服拖延症、提升效率的好方法。写下来之后，等于释放了脑袋里面的杂念，心无挂碍，更有利于睡眠。

二、富裕笔记书写的 4 个小技巧

1. 聚焦感恩和喜悦的频率

富裕笔记的关键是聚焦感恩和喜悦的频率，至于自己做的事情是不是很完美，文字表达是否优美，并不重要。我们常常活在过去和未来，懊恼过去的忧伤，担忧未来的变化，却无法好好活在当下。通过持续练习感恩和喜悦的能力，让自己身心安住在当下，提升对生命的觉察力。

2. 专注当下体验将带来喜悦

如果把每日富裕笔记当作应付的任务，会渐渐流于形式。每天睡前，找出一个独处的时刻，当我们全神贯注，专心致志地去书写，全然沉浸在当下，就会感受到一种发自内心的宁静。同时，每天可以找出一两件事，无论是听 10 分钟的音乐，还是专心吃好一顿饭，全身心地投入当下，专注会让你感受到全然的喜悦。

3. 视觉化会让内心的幸福更深刻

科学研究表明，回忆快乐的经历，会提升我们的幸福感。当我们感恩时，想象一幅幅美好经历的画面，会让我们再一次经历快乐的峰值体验。

富裕笔记可以用纸笔、电子笔记、微博或朋友圈记录。如果是用电子笔记记录或者发在朋友圈、微博时，可以配合插入几张图片。如果用纸笔记录，可以配合画上图像或者几个代表心情的简单小图标。

4. 好习惯能节省意志力

2010 年，伦敦大学的菲利帕·兰利博士进行了一项有关新习惯养成的实验，招募了 96 名学生，平均年龄为 27 岁，让他们选择一项新习惯，每天重复一次，持续 84 天，看看有多少人可以养成新习惯。

其中，27 人选择"吃"（用餐时吃水果等），31 人选择"喝"（喝一瓶水等），34 人选择"运动"（跑步 15 分钟或做 50 个仰卧起坐等），4 人选择冥想。结果表明：养成习惯平均需要 66 天。其中，有些人只需要 18 天，而有些人则需要 254 天。越是简单的习惯，越是坚持练习，养成习惯所花费的时间就越短。

富裕笔记的特别之处在于，每天睡前只要通过四步简单书写，慢慢就会发展成为一个有益习惯。如果你能够坚持下来，将在生活中编织起好习惯的网络。因为一旦你养成一个好习惯，它通常会成为土壤，会持续滋养众多好习惯生根发芽，就如同向人生的银行里存入存款，起到持续增值的作用。

1.5　生活宝箱：存储日常的幸福记忆

有一个叫作"1000 个美妙时刻"的博客，曾经被评为全球最受欢迎的博客。博主在创建博客时正处于人生的低谷——和妻子刚刚离婚，好朋友因抑郁症自杀。为了让自己重拾对生活的热爱，他决定开一个博客来激励自己，取名"1000 个美妙时刻"，记录自己生活中感到快乐的瞬间。

作者曾在博客里写下这样一段话："生命比起永恒来说太过短暂，所以当你经受伤害的时候，记得专注于生活隧道尽头的那道光，它会指引你一直向前！"

每个人都曾经历人生的低谷，不妨从痛苦的旋涡中抽出一点时间，回顾和记录生活中的幸福，坚持记录下来，它们将会成为指引你走出黑暗的光亮。

☞ 什么是生活宝箱

它记录的是生活中的"大确幸"，即特别值得记住的幸福事件。

☞ 怎么记录生活宝箱

设立一个生活宝箱记事本，以年度为单位，按事件发生的时间顺序，依次记录下来。

☞ **生活宝箱的记录频率**

最好在事情发生的当下记录。如果当下没有空，养成最少 1 个月回顾记录一次的习惯。

一、什么是生活宝箱

"富裕笔记：越写越快乐的书写练习"介绍了如何记录每天的"小确幸"，即每天微小而确实的幸福满足。对比"小确幸"，"生活宝箱"记录的是生活中的"大确幸"，即你觉得难忘、感动，值得记住的幸福事件，可以是一次全家旅行，或是你实现的一个年度梦想，或是你取得的特别成就，或是伴侣为你做的让你特别感动的事情。

华盛顿大学的社会心理学家约翰·戈特曼和妻子在长达 40 年的时间里，致力于研究长期亲密关系。他们发现，很多情侣一开始都非常相爱，甚至人生中的重大困难都没让他们的爱减少，可到了一切都顺风顺水的时候，却觉得两人关系无法维系了。

约翰·戈特曼和妻子想要知道，在一段长期关系中，到底是什么在后期依然影响两个人的爱。他们的研究发现了最重要的因素：在亲密关系中，双方相处的细节。幸福的伴侣会自动搜索和发现对方身上值得欣赏、感谢的部分，建立彼此尊重和欣赏的习惯。

对于亲密关系而言，你可以在"生活宝箱"记录两个人的幸福时刻，对方为你做的事情，这会培养主动搜索和发现对方值得欣赏、感谢的部分。比如，两人吵架的时候，可以看看这个生活宝箱，回忆相处的幸福时刻，内心的怒气会减少不少。特别是对爱没有安全感的女生，每次吵架担忧对方是否爱自己的时候，不妨拿出生活宝箱看一看两人的幸福努力，不要让限制性信念和负面情绪影响自己。

没有及时记录，快乐的感觉是一时的，但记录在生活宝箱中可以让我们不断回味，细碎事情变得具体，抽象感觉变得温暖，日复一日的生活将变得回味悠长。

二、怎么记录生活宝箱

我们可以设立一个"生活宝箱笔记本"，用于记录日常幸福难忘的事件，可以使用纸质笔记本，也可以运用线上云笔记汇总记录。我的做法是在"印象笔记"App 里面，建立一个生活宝箱的线上笔记本（见图 1-9），用文字 + 图片持续记录，方便回看。记录方法是，以年度为单位，按事件发生的时间顺序，依次记录下来。

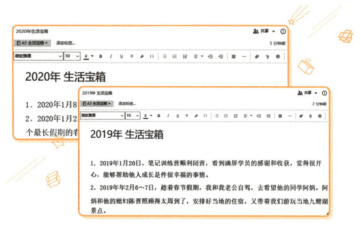

图 1-9　生活宝箱笔记本示例

三、生活宝箱的记录频率

最好在事情发生的当下，趁着记忆鲜活的时候，记录在生活宝箱里。如果当下没有空，最少一个月记录一次当月幸福事情。如果你不记录下来，可能事情发生当时，你很开心，但随着时间的流逝，这些事情将湮没在记忆阁楼的凌乱角落，不久就会被遗忘。若我们能及时记下这些感动的瞬间，幸福的感觉便能延长、持续。在你觉得情绪低落或遇到困境时，回看生活宝箱，会激发你的勇气和动力。

难过焦虑时，你觉得自己特别差，问题特别大，这其实是认知方式骗了你。如果你觉得过去的记忆充满痛苦，这可能是信念和记录方式存在偏差，对信息进行筛选记忆，只注意痛苦的地方，认定自己哪里都不好。

对于过去的痛苦记忆，以及经常性抨击自己，你可能用几千字都写不完，但要你肯定自己，回想开心的事情，你可能一年都懒得写一两次。很多人认为否定自己才能有变好的动力，其实不然，我们只有认为生活有希望，才愿意锦上添花，成长进步。如果你觉得生活一片灰暗，又哪来的力量努力？重要的是你如何看待自己，如何看待生活。如果总是聚焦在不满的地方，又如何有动力继续前行？

只要你愿意静下心来，肯定自己，记录幸福，一切就会变得不一样。当你细细梳理日常的事情，会发现在自己的生命中，确实存有某种被忽略或习以为常的幸福：健康的身心，亲友的关怀，以及工作实践的种种收获……只要将一个个难忘的事件与一份份真挚的情感串联起来，持续记录在"生活宝箱"当中，这种幸福快乐的感觉在生活中就会如影随形，伴随我们的人生，持续照亮前行的道路。

本章要点回顾和行动练习

■ 要点回顾

改变的第一步是认知自己，知道日常有怎样的信念和重复模式。今天的所有信念都来自过往的人生经历，有限制性信念并不可怕，重要的是看到它、觉察它，不让它继续影响自己的人生。当你有了觉知，一切就大不相同。

通过**历程笔记**，梳理当中的重大事件，找出自己失败和成功背后的信念和重复模式。看清自己的模式，接纳自己有时会因此反应过激，下决心做出改变。

情绪波动的时候，通过**调频笔记**的4步法，让自己平静下来，不再陷入情绪纠缠的旋涡，找出相似问题的解决方法。

通过**富裕笔记**的每日练习，并结合**生活宝箱**，持续记录幸福的事情，让自己养成寻找生活美好的习惯，不断增强内在的力量。

▪ 行动练习

（1）建立自己的历程笔记，梳理从出生到现在的至少10个重大事件，比如人生中重大的挫折或是成就，好的事情、坏的事情都可以，从中总结自己的信念模式，可使用纸笔或表格记录。

（2）建立自己的调频笔记（可使用纸笔或笔记App），每当情绪来临时，通过调频笔记的4步法，辨认出自己的惯性情绪，让自己回归宁静。

（3）建立自己的富裕笔记和生活宝箱（可使用纸笔或笔记App），每日睡前记录富裕笔记，每月最少记录一次生活宝箱。

通过认知笔记法的梳理，希望能够帮助你破除负面认知的框架，如果你不能跳出原有的信念和限制，学再多的知识也没有用。就像心理学家卡罗尔·德韦克在《终身成长》中所说："真正的自信，是有勇气敞开心扉去欢迎新的变化和想法，不管它们来自何方。真正的自信来源于你的思维模式：你已做好了成长的准备！"

第 2 章

规划未来方向的梦想笔记法

| 本章解决的问题 |

人生处于迷茫的状态,厘不清梦想和生活方向,觉得很难实现自己心中的梦想……

生活在瞬息万变的世界，一不留心就会陷入生活的旋涡，如果只知道埋头苦干，很多时候就会忘记最重要的事情，比如曾经的梦想、人生的不同面向等。我们以为只要埋头前进就可以获得一切，却常常留下太多的遗憾。

几年前，澳大利亚一名临终关怀从业者发表了一篇调研文章《弥留之际最后悔的事》，她发现那些走到生命尽头的患者都表达了相似的遗憾：

我希望自己没有那么拼命工作。
我希望能够跟朋友保持联系。
我希望能够有勇气表达真实的自己。
我希望能够让自己过得更快乐。
我希望能真正忠于自己的梦想，而不是按照他人的期待去生活。

时间是公平的，每个人每天都是24小时，一分不多，一秒不少。人与人的差距就在于工作、睡觉之外的时间，你选择做什么。

在佐治亚理工学院的毕业典礼上，可口可乐的前总裁布莱恩·戴森说了一段有关工作和生活关系的话，意味深长："想象生命是往空中抛出5个球的游戏，把这5个球分别取名为工作、家庭、健康、朋友和心灵，你要努力不让它们落地。你很快会了解到：工作是一个橡皮球，如果你让它落地了，它还是会反弹起来；但是家庭、健康、朋友和心灵这4个球是用玻璃做成的，如果你让它们掉到地上，将会不可避免地遭到磨损，留下印记、划痕，摔破甚至碎落一地，它们将永远不会跟以前一样。"

如何才能让自己的人生不失衡？本章将介绍合理规划人生梦想的4个笔记工具。

- 生命之轮笔记：合理平衡工作和生活。
- 人生终极剧本：厘清生命的真正要事。
- 梦想九宫格笔记：有效评估梦想的维度。
- 梦想宝地图：让热情和行动持之以恒。

2.1 生命之轮笔记：合理平衡工作和生活

在斯坦福商学院的领导力课上，有一个叫作"生命之轮"的练习。每个人的内心都有一个生命之轮，里面有我们最核心的价值观、最在意的东西。通过为自己生命中最重要的几个方面（比如工作、财富、梦想、家庭生活、亲子关系、健康等，你觉得重要的方面）的满意度打分，分析人生发展的不同面向。

分值范围：0～10分，10分为最满意，0分为极不满意。一个领域的分数越高就越靠近外圈，分数越低就越靠近圆点。然后把这些分数连接起来，就可以全面观察自己的生命之轮的形状。"生命之轮笔记"是个很好的工具，它能够帮助我们分析现状，看清生命的全貌。

☞ **如何绘制个人的生命之轮笔记**
将一个圆分成8等份，分别填入生命中最重要的8个方面。

☞ **生命之轮笔记的划分维度**
生命之轮笔记划分为人生梦想、人际情感、工作事业、健康锻炼、投资理财、心灵成长、学习技能、休闲娱乐8个维度。

☞ **运用生命之轮笔记，进行回顾调整**
适用于阶段性回顾，在每月末或年末进行回顾，找到提升的方面。

一、如何绘制个人的生命之轮笔记

生命之轮的绘制方法：将一个圆8等分，分别填入生命中最重要的8个方面，并在每个月末或者年末评估生活状态。

第一步，画出生命之轮

在一张白纸上，先画上一个圆，然后画出交叉于圆点的X轴和Y轴，再画两条分别与X轴和Y轴成45度角的斜线。圆圈分成了8等份，一个空白的生命之轮就绘制成功了。

第二步，依次填上人生最重要的 8 个方面

思考自己人生中最重要的 8 个方面是什么，依次填入。

第三步，打分分析，找出目标与现实的差距

请给每个方面打分（0～10 分：0 分最差，6 分及格，10 分最满意）。

问问自己：目前这 8 个部分是什么样的状态，分别给出分数，用黑色标出分数。然后思考：自己希望达到什么状态，得到什么样的分数，用黄色标出分数。

黑色线代表目前的状态，黄色线是你希望达到的状态，看看两种颜色分数的差距。

整理完之后，你可以仔细审视一下：对现在的生命之轮感到满意吗？哪个部分与希望达到的状态有差距？

同时，要检视一下：是否有什么重要的东西被舍弃了，是否对某个部分投入的时间和精力过多，导致对其他部分投入不足？不同部分之间是否相互冲突？你准备获得一样东西，就要为之做出相应的付出。大家可以通过生命之轮好好梳理一下上面的问题。

二、生命之轮笔记的划分维度

举例：生命之轮笔记的维度划分。 我将其分为人生梦想、人际情感、工作事业、健康锻炼、投资理财、心灵成长、学习技能、休闲娱乐 8 个维度（见图 2-1）。

第一个维度"人生梦想"： 在这个维度你特别希望实现的事情是什么？自己为这个梦想做了什么事情和努力，成果如何？个人兴趣爱好方面的收获可以归类到这个维度。

第二个维度"人际情感"： 包含两个方面：一个方面，你为家庭成员或亲密伴侣的关系投入了多少时间？另一个方面，你在社会交往中，和同事、朋友、师长的互动关系如何？

第三个维度"工作事业"： 现在所从事的职业，你投入了多少精力，取得了怎样的成就，当下发展的状况如何？

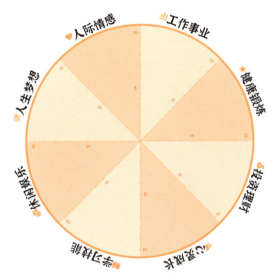

图 2-1　生命之轮笔记

第四个维度"健康锻炼": 当下健康状况如何? 是否经常因为工作牺牲自己的健康? 日常的休息和锻炼情况如何, 是否安排时间给自己的健康?

第五个维度"投资理财": 指自己的财务管理情况, 有没有做什么投资, 日常是否存在浪费或者过度消费? 理财方面都可以呈现在这个维度。

第六个维度"心灵成长": 指自己的情绪觉察力和面对挑战的内在力量, 面对忙碌的生活和压力, 你是否给自己调整心情和内在宁静的时间? 对生命、心理的新体验和领悟都可以视为心灵成长的内容。在繁忙的现代生活中, 总有各种压力扑面而来, 内心有力量的人, 才能持续走下去。

第七个维度"学习技能": 主要是指学习吸收知识、掌握专业技能、提升思维水平方面, 通过学习、阅读、实践、交流或者其他学习方式提升自我。

第八个维度"休闲娱乐": 让自己放松的方式, 包括看电影、吃饭、旅行等, 适度奖赏自己。我一般会在两种时刻进行自我奖赏: 一种是遇到困难的时候, 给自己设定一点奖励, 鼓励自己加把劲, 坚持下去; 还有一种是完成阶段性目标时, 奖励一下自己的努力。

三、运用生命之轮笔记,进行回顾调整

生命之轮笔记适用于阶段性回顾, 比如月末或年末, 通过评估和回顾,

找到自己需要提升的方面。例如，图 2-2 是月末用生命之轮笔记进行回顾。

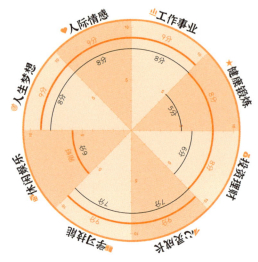

图 2-2　生命之轮笔记示例

（1）进行整体的打分评估（0～10 分：0 分最差，6 分及格，10 分最满意）。

先问自己：目前处于什么样的状态，给自己一个分数，用黑色标示。再问自己：希望达到什么状态，用黄色标出分数。

黑色线代表目前的状态，黄色线是你的期望，看看两种颜色分数的差距。

（2）找到下一个月要调整的部分。

在生命之轮中，你注意到了什么？思考分配在不同项目的时间和精力是否需要调整，以及自己待改善的地方。

应用生命之轮笔记的意义在于：

- **避免发展单一**。人生需要不同方面的相互支持，好比一辆自行车的车轮，需要一根根辐条长短一致，才能协调转动。同样，要想实现人生价值，各方面需要相辅相成。
- **使目标更清晰**。生命之轮笔记就像一部照相机，可以拍摄某一个时刻的真实情况。
- **聚焦结果**。通过生命之轮笔记，你可提前做好准备和规划，推动结果朝着自己想要的方向发展。

生命之轮笔记是动态变化的，我们要用长远的眼光进行评估，比如，在"工作事业"方面投入较多，身体频频出现健康问题，"健康锻炼"的分数较低，你就可以做相应的调整，在"健康锻炼"方面增加时间和精力投入。人生原本就是多维立体的，各个方面相互协调才能促使我们朝着更好的方向发展。

2.2 人生终极剧本：厘清生命中的真正要事

哈佛大学脑神经学博士鲁道夫·坦奇说："如果你想要的是无所不能，就要让大脑相信你真的无所不能，因为大脑很强，你的心智能力更强。"《超强大脑》一书中提到了一项研究：

- 第一组被测试者每天在脑袋中演练单手弹钢琴2小时，一共持续5天（实际上他们未曾碰到任何琴键）。
- 第二组被测试者真正在钢琴键盘上弹琴2小时，持续5天。

只在大脑中演练的第一组被测试者的大脑变化，跟实际弹琴练习的第二组人几乎相同：脑功能扫描显示，所有的被测试者都活化扩张了大脑相同部位的一群神经元。在大脑中演练的第一组被测试者和实际弹钢琴的第二组被测试者产生了几乎相同数量的大脑神经回路。

这项研究指出两个重点：第一，我们可以依靠不同的思考和规划改变大脑；第二，当你专心致志时，大脑无法分辨你的内心活动与外在遭遇的经验有何不同。也就是说，通过想法练习可以成为经验。一旦你能深信一个感官还无法看到或体验到，但在心灵中已经用了足够时间去思考未来经验，并使得大脑回路切实发生改变，仿佛该经验已经提早于外在环境发生了，此时你的大脑里就不再只是过去的记录了，而是已经进入未来的地图了。刻意想象和思考练习将帮助你创造想要的未来版本，当你对自己在未来事件中的样貌已经十分清晰时，大脑就不再只是想象的模式，而是演化成了生命真实。我们可以运用"人生终极剧本"，构建梦想人生需要的大脑神经回路。

☞ **从"人生终极剧本"开始倒推你的人生**
厘清繁杂，思考自己想要怎样的人生。
☞ **如何创作自己的人生终极剧本**
思考 3 个问题，规划 9 个方面。
☞ **创作人生终极剧本的要点**
从人生的精彩结局回望，定期审视，进行阶段性调整。

一、从"人生终极剧本"开始倒推你的人生

如果你开始思考人生的意义，向你推荐一部电影《最后的假期》：

黑人销售员乔姬娅喜欢钻研厨艺，对做菜有独特的天分，她却不觉得自己做得好；她喜欢一个男同事，始终不敢表明心意；她不敢对上级表达她的工作想法……她有太多不敢做的事，直到有一天不小心被撞晕，到医院才发现自己得了绝症。于是，她决定去做自己梦寐以求的事。在出发之前，她留下一封遗书，写道："我的一生都是在盒子里度过，不想死后还在盒子里。"

人生最后时刻，她终于有勇气钻出囚笼。从未为自己活过的她，这一次真正地活成了自己想要的样子。在这段完成自己想做的事的旅途中，她身上的闪光点被一一发掘。她开始放开对自己的定义和束缚，完成了那些未竟的梦想。之后，女主角发现自己是被误诊，和喜欢的男同事结了婚，开了自己梦想的小饭馆，连明星都是饭馆的客人。

在影片中，乔姬娅说了一段发人深省的话："我浪费了太多时间，不敢说想说的，也许是因为害怕，你们知道那种顾虑，你低着头，不停后退，然后突然有一天抬头看着天，才意识到我怎么就到了这个地步了？"

如果没有乌龙误诊，乔姬娅不知道要在自我设定的囚笼中待多久，有很多事情是我们限制了自己，拘束了自己。生命是一个创造的过程，我们的信念无时无刻不在编造各式各样的剧本。你是自己整个人生的编剧和导

演，想要这部人生剧精彩，需要重新编写自己的人生剧本。不要让你认为不可能的事情限制了未来。你可曾想过：在想要的人生里，你会做什么，实现什么？你可以从人生的最终时刻出发，不断思考想要的未来是什么样的。

《生命向前》[一]一书中分享了一个有意思的规划未来的方法——**"设计遗产"**：

"当我们思考遗产时，需要从结尾开始，假设今天逝去，想象追悼会上读出的悼词，这是强有力的锻炼，能帮助人们做好准备，来创建一份有意义、强有力的人生规划。为什么？这项工作与头脑和心灵建立联系，而我们发现这两者对人生规划能否产生真正和持久的改变至关重要。想象一下，当你参加自己的葬礼时，听到什么样的对话？别人如何聊起你？问问自己会为他人留下什么样的遗产。你现在的人生决定了遗产的内容，你对周围每个人都有影响。"

无须等到最后的时刻才后悔，我们现在就可以运用"人生终极剧本"，厘清生命的真正要事。

什么是"人生终极剧本"？

想象这是你人生最后的告别仪式，回望此生，写下重要的人，以及你可以为他人做的事情，就像电影《最后的假期》主人公一样向死而生，到了人生最终时刻，你会用心思考到底什么对自己是最重要的。史蒂夫·乔布斯在他著名的 2005 年斯坦福大学毕业典礼演讲中说道："在死亡面前，那些不重要的纷纷被我们放下，仅仅留下对我们最重要的事情。"

人生终极剧本帮助我们：

第一，厘清繁杂，开始梳理人生事物的先后顺序。

第二，有勇气梦想未来，思考自己想要怎样的人生。

第三，面对现实，提升生活和时间的敏锐度。

第四，积极创造更多可能，不让人生留有遗憾。

[一] 迈克尔·海厄特，丹尼尔·哈卡维. 生命向前 [M]. 陈默，译. 北京：北京联合出版公司，2019.

二、如何创作自己的人生终极剧本

人生终极剧本的创作形式，可以是绘制一个表格或是写成一个故事。如果用表格的形式创作，可以用一张 A4 纸，将纸的左边分成 9 个部分，或者用 Excel 画出 9 个格子，将纸的右边分成 3 个部分。

拿出一张纸，我们用表格法来举例说明（见图 2-3）。

（1）在纸的右边，想象这是人生的最后时刻，写下对 3 个重要问题的思考。

第一步，列出你生命中最重要的人，比如家人、朋友和伙伴，写出具体名字。

第二步，想象他们如何回忆你，写下大家因何记得你，你为他人做了什么有益的事情。

人生终极剧本

◎人生梦想	♡人际情感	口工作事业	1. 列出你生命中最重要的人（列出人名）
⊙健康锻炼	?回顾此生	◎投资理财	2. 写下他们因何记得你（具体写出）
♢心灵成长	☆学习技能	8休闲娱乐	3. 你觉得此生最重要的事情是什么

图 2-3　人生终极剧本

第三步，写出你觉得此生最重要的事，你希望度过怎样令人怦然心动的一生。

（2）在纸的左边，画出 9 个格子。

根据自己希望的人生，设定关键的 8 个方面（可以对照"2.1 生命之轮笔记：合理平衡工作和生活"中梳理的 8 个方面），写下在这 8 个方面希望经历什么样的人生体验，并在九宫格最中间一格写下一两句话，代表此生体验的回顾总结。

三、创作人生终极剧本的要点

要明白创作者是你，阅读对象也是你，必须从精彩的人生结局回望。当你思考死亡的时候，脑袋中一下蹦出来的事情，往往是心中最重要、最想要的。写下自己的"人生终极剧本"，你会发现生活变得简单起来。那些踌躇的、犹豫的灰色地带开始变得分明。同时，人生终极剧本不是一成不变的，需要定期审视调整，每年可以重新审视一下自己的剧本，或者进行阶段性调整。图 2-4 是人生终极剧本的示例。

人生终极剧本示例

人生梦想	人际情感	工作事业	1. 列出你生命中最重要的人（列出人名）
笔记事业助力自己和他人成长	家庭幸福，能够温暖关怀自己爱的人和爱自己的人	从事笔记相关产品工作、课程导师、知识产品运营、社群运营、成长教育、出版个人书籍	妈妈、爸爸、老公、弟弟、事业伙伴、好朋友、笔记达人、乐写玩家学员
健康锻炼	回顾此生	投资理财	2. 写下他们因何记得你（具体写出）
身体健康，坚持每周锻炼，到了年老时身体健壮，依然可以四处旅行	世界是我的游乐场，我度过了丰富多彩的一生	财富自由	妈妈、爸爸、老公、弟弟：温暖和爱 事业伙伴：彼此成就发展 好朋友：鼓励陪伴 笔记达人、乐写玩家学员：共同前行成长
心灵成长	学习技能	休闲娱乐	3. 你觉得此生最重要的事情是什么
每天做富裕笔记和音乐冥想，持续情绪调频，内在宁静有力量	终身学习，持续学习阅读、讲课、写作、观影、知识产品和社群运营	认识有趣伙伴，组织大家聚会，每周看电影，每年旅行	终身学习，助力自己和他人成长，探索精彩世界

图 2-4　人生终极剧本示例

如果一开始你觉得创作自己的人生剧本很难，可以思考别人是如何设计的，比如自己欣赏的榜样人物、偶像故事或人生电影，都是很好的学习思考对象。特别是电影，对人生成长有非常重要的作用，一部电影可以帮你度过不同版本的人生。我们可以通过看电影训练自己的思考和解决问题的能力。如果你的人生当下只有一个版本，通过电影可以虚拟不同角色的应对和抉择。电影是人生最好的模拟场，如果你看过百部电影，就等于你体验过了百次人生。

通过人生终极剧本，你可以知道对自己最重要的人和事，没有那么多烦琐的人或事来争抢有限的时间，你更容易明确自己的梦想。如果你的人生剧本足够精彩，足以改变未来，这样的剧本势必让你用脑思考，用心思量。好好设计人生终极剧本，掌握人生的主导权，勇敢成为自己想要成为的那个人。

2.3 梦想九宫格笔记：有效评估梦想的维度

光有人生终极剧本还不够，我们需要将梦想与现实状况进行对比，并制订落地行动计划，实现你需要的变化和进步。梦想九宫格笔记，将帮助你有效评估梦想的维度。人生终极剧本主要用于人生的规划思考，梦想九宫格笔记主要是针对年度梦想的规划制定。

☞ **绘制九宫格，规划年度梦想**
梳理9个格子，制订落地行动计划。
☞ **以不遗憾的角度来审视梦想**
什么是今年不做，此生就会特别遗憾的？
☞ **区分真假梦想**
不以别人评价为标准，只有你知道什么最适合自己。

一、绘制九宫格，规划年度梦想

4步绘制梦想九宫格（见图2-5）。

第一步，拿出一张A4纸，在纸的左边画9个格子，或者使用Excel

画出 9 个格子。

梦想九宫格

人生梦想	人际情感	工作事业	梦想画册
健康锻炼	精彩一年	投资理财	
心灵成长	学习技能	休闲娱乐	

图 2-5　梦想九宫格

第二步，分别在格子里面写下人生终极剧本梳理出来的人生最重要的 8 个方面，比如人生梦想、人际情感、工作事业、健康锻炼、投资理财、心灵成长、学习技能、休闲娱乐，最中间那个格子写上"精彩一年"。

第三步，分别在 8 个方面的格子里写下这一年怎么行动，在最中间"精彩一年"格子里写下对这一年的期望，自己希望怎样度过这一年。

第四步，在纸张或 Excel 表的右边，制作你的梦想画册，选出能够代表你这一年梦想画面的几张图片（见图 2-6）。

图 2-6 是我的梦想九宫格，我在表格左边写下人生最重要的 8 个方面"人生梦想、人际情感、工作事业、健康锻炼、投资理财、心灵成长、学习技能、休闲娱乐"的年度规划，右边的梦想画册里面，放入自己对新一年的憧憬画面图片。梦想画册更多的制作方法，在"梦想宝地图"一节将做详细介绍。

梦想九宫格示例

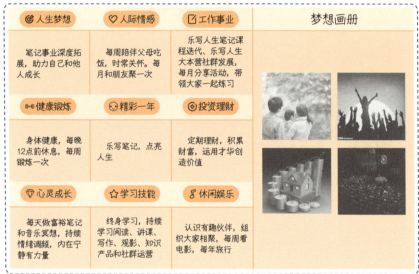

图2-6 梦想九宫格示例

二、以不遗憾的角度来审视梦想

每年年初，我们常常会构筑一堆的梦想，希望能真正忠于自己的心，而不是按照他人的期待去生活。那么，不妨从生命终点的角度思考，在那么多梦想之中，什么是今年不做此生就会觉得特别遗憾的？什么是发自真心想去做的？

真心指的是发自内心的热爱，不以别人评价为标准，只要尽全力去做了，即便最后没有实现，也觉得没有遗憾。到目前为止，你收获的成果都是你选择的结果，生活质量往往取决于你的选择。"不去选择"也是一种选择，但要知道，这是一次选择，也是一次机会，不去选择就代表着不会改变。

在书写梦想九宫格笔记的时候，请以不遗憾的角度来审视和构筑年度梦想：如果是你生命的最后一年，你想怎么度过？哪些事是你真心想实现的，哪些事只是因为别人的标准，哪些又是蹉跎了时间，还有哪些是你平日忘记顾及，再不做就后悔的？

三、区分真假梦想

梦想，有真梦想和假梦想之分，有时候假梦想只是一时的欲望。怎样区分真梦想和假梦想？怎样辨别哪些是内心的真梦想，哪些只是对他人的羡慕，或者只是自己一时的欲望？

真梦想，是做事情本身就让你感到快乐，你愿意数十年如一日地行动坚持。比如，许多人喜欢画画、做笔记，只要动笔就很快乐，只要单纯做就能开心，和是否赚到钱，是否取悦别人无关。真实的梦想在实现的过程中，你会越来越自信和有力，灵感和创造力会不断涌现出来。

假梦想，是你看到别人在做，拿自己和别人做比较，觉得自己应该做到，应该追逐，否则就会落后于他人。

一位创业的朋友在找到人生梦想后，在朋友圈发了一段感悟："在过去的三年，我一直都在'嫌弃自己'当中度过，始终在焦虑，永远在追问这么做到底能不能成功。800遍的商业推论，只是让我自己更受挫和失败。后来我问自己：什么事情令你充满热情，哪怕过程艰苦，你也愿意坚持到底？当内心指引着我找到答案的时候，商业世界的天花板也打开了。"

真梦想是一个方向、一个追求的过程、一个经过努力有可能到达的目的地，你很享受这个过程，结果如何并不会影响到你的快乐。假梦想则是一种欲望的需要，比如名与利的欲望、获得多大的成就、赚取多少钱财才能满足。欲壑难填，我们常常说要成为更好的自己，如果自己的匮乏感一直都存在，那么什么是更好的自己呢？如果你永远处在觉得自己不够好的信念之下，永远拿别人的好来批判自己，这种欲望就很难满足。

不要因为和他人比较而贬低自己的价值，正是因为彼此不同，所以每个人都很特别。

不要因为别人看重哪些东西而把它们设定为自己的梦想，只有你知道什么最适合自己。

2.4 梦想宝地图：让热情和动力持之以恒

《哈佛商业评论》有一期是讲述领导力的，研究冠军领导者应该具备哪些能力：有什么比竞技场比拼更加残酷激烈？是什么让冠军脱颖而出的？

研究发现，有 4 项能力对赢得比赛至关重要："看见"信念的能力、与压力同行的能力、高效学习的能力、给出信任的能力。"看见"信念的能力就是一种梦想图像化的能力。运用梦想宝地图，将帮助我们在实现梦想中保持热情和动力，直到将想象转化为现实。

☞ **"看见"心中图景，构筑信念的力量**

冠军领导者善于想象目标实现时的情境，将目标变为心中可视化的图像。

☞ **梦想宝地图的独特作用**

梦想图像化的过程，时刻提醒我们创造想要的人生。

☞ **制作梦想宝地图的方法**

思考画面，寻找素材，制作地图，时常观看。

☞ **梦想宝地图的 3 种制作形式**

梦想画册、梦想看板、梦想电影。

一、"看见"心中图景，构筑信念的力量

前中国女子游泳运动员庄泳在 20 岁时收到美国高校的录取通知书，她提出退役。教练找她谈心："你还有一块金牌没有拿到——奥运会金牌！"庄泳最终选择留下。她说影响自己的是心中的一幅画面，无论如何挥之不去："脖子上挂着奥运会金牌站在领奖台上，五星红旗在身后升起，国歌奏响。"

庄泳心中出现一幅画面就是"看见"目标图景的状态。1992 年巴塞罗那奥运会 100 米自由泳决赛场上，21 岁的庄泳夺冠，中国游泳运动员历史上第一次登上了奥运冠军领奖台。

赢得胜利，信念是重要的因素，竞技赛场和商界都是如此。有很强的信念，是我们从冠军领导者身上看到的共同点。2016 年里约奥运会，中国女排一路战胜强敌，逆袭夺冠，主教练郎平和团队"永不放弃"的信念发挥了决定性作用。李宁带领李宁体育用品公司经历低谷后复起，他说心中"做中

国自己的运动服装品牌"的信念是自己最大的动力。

　　冠军领导者构建信念时并不是靠简单地自我打气或利弊权衡，而是采取了一种途径：将目标变为心中可视化的图像，不断完善与充实它，让它丰满清晰如同真实，从而根植于心，他们善于想象目标实现时的情境。

　　前英国女子 400 米栏选手莎莉·冈纳尔由于不断在脑海中想象自己夺冠的一刻，以至于 1993 年她在世锦赛上第一个冲过终点线时对这个场景已经非常熟悉，因此感到迷惑："这到底是我的想象，还是真实发生的事情？"

　　一些顶级运动员构建自己的画面时，如同电影《盗梦空间》里对梦境的构建一样，画面丰满而真实，包括了自己的肌肉记忆、情绪体验等各种细节。1992 年巴塞罗那奥运会前，庄泳每天都在大脑中模拟演练比赛夺冠的整个过程：跳下泳道、抬头呼吸、冲刺时抬高手臂划入水中……心率检测仪记录的结果显示了她的想象到达了何等真实的程度：此时躺着的她心跳速度和比赛时一样快。

　　部分卓越企业家也有近似心得，世界 500 强日本京瓷集团创始人稻盛和夫对此有令人印象深刻的描述："我在大脑中对产品进行'模拟实验'，直到产品的外观、形状等各个细节都清楚地显现在脑海中，而且是彩色的。"他认为这种"看见结果"的状态有助于完成开创性或极度困难的事业。

　　一个典型的例子是塞巴斯蒂安·科对目标图景的应用。这位获得过两枚奥运金牌的前英国中长跑运动员，退役后担任 2012 年伦敦奥组委主席。运动员时期的经验让他明白，如果团队成员看不到目标图景，任何技术改良都无济于事。于是，他上任后的第一项工作是不停地问同事们一个问题："我们为什么会这么做？"引导他们描述自己理想中的 2012 年伦敦奥运会场景，直到构建出了一幅完整清晰的图景，才开始后续的具体工作。

　　当一位冠军领导者制定团队目标时，往往带领团队成员一起构建图像化的目标，让它们更易于被大家理解与认同，以此推动团队协同一致。

二、梦想宝地图的独特作用

　　心理学认为，当人在内心"看到"一个事物时，更易于真正认同它，之后内在的"创造性机制"就会自动承担持续行动的任务，这常常会胜过有意识的努力或者意志力。日本的望月俊孝提出了"宝地图梦想实现法"[一]，这种方法也是将梦想图像化的过程。

梦想宝地图是将梦想图像化的有力工具，时刻提醒我们创造想要的人生，使用梦想宝地图的 4 大作用。

1. 坚定达成梦想的信念

成功者的脑袋里存着"明确的梦想"，或者实现梦想所需的导航工具（梦想宝地图），梦想和愿望越明确，就越会成功。这些人因为具有"梦想好像已经全都实现"的感觉，所以能欢欣雀跃地开展行动，就算行动过程中遇到阻碍和波折，他们也不会轻易放弃，能勇敢面对挑战，直到最后实现梦想。

2. 让想法具象化

我们常说"百闻不如一见"，图画或照片有更直观的感染力，让梦想变得更真实。梦想的画面越清晰，对梦想的想法就越具体。经常观看梦想宝地图，你会自然而然去思考：到底怎么做才能实现梦想，需要怎样的资源和协助？你会开始留心身边相关的机会，灵感也会源源不断地产生。

3. 聚焦相关资讯

通过每天观看梦想宝地图，让梦想深植于潜意识，在不知不觉中，你对有助于实现梦想的资讯会变得更敏感。面对海量的资讯，梦想宝地图会提醒你，根据对实现梦想是否有帮助，或者与自己的人生是否相关进行取舍，思考与选择梦想所需的资讯，舍弃无关的行动。

4. 养成努力的习惯

知道自己真正想要实现什么，态度或行动也会跟着改变，一步一步朝梦想前进，实现每个阶段的小目标，这么做能够让人感受到成就，让动力和热情持之以恒，有一天你会猛然发现，梦想居然已经实现了。

[一] 望月俊孝. 秘密没教你的宝地图梦想实现法 [M]. 谢佳玲，译. 台北：智富出版社，2012.

三、制作梦想宝地图的方法

第一步，思考梦想实现的画面

按照图 2-5 所示的梦想九宫格的方法，梳理出自己的梦想，然后闭上眼睛问自己：梦想实现后是什么样的感觉？会给谁带来幸福？梦想实现时会在哪里，是什么样的场景？安静下来，看看有什么样的画面和感受浮现；带着喜悦的心情，想象梦想实现后的画面。

第二步，寻找梦想画面的素材

心中有了梦想画面之后，在网上搜寻代表梦想画面的照片，或者把喜欢的杂志图片剪下来。比如：梦想是寻找伴侣，可以用一张情侣幸福场景图片代表；梦想是去某个地方旅行，可以选取当地漂亮风景照；梦想是新年累积财富，可以选取代表财富增长的图片。

第三步，制作梦想宝地图

把梦想画面的素材、照片进行组合拼接，可以使用拼图软件，并在照片上添加相关的词句，这个词句能够代表你实现梦想后的心情或者想说的话。比如，情侣照片上可以加上"找到知心伴侣，每一天都很幸福 ^-^"，漂亮风景照上可以加上："终于来到这里，实在太美啦！"

第四步，放在常看到的地方时时观看和感受

制作好梦想宝地图后，要时时观看，感受梦想实现后的喜悦，坚定自己实现梦想的信念。心中的视觉画面尤为重要，在别人没有梦想时，你在心里看见，现实中朝梦想一步步努力，你就成为远见者，坚信、笃定。

四、梦想宝地图的 3 种制作形式

1. 梦想画册

选取代表梦想画面的几张照片，用拼图软件拼接成一张照片（见图 2-7），或者直接插入梦想九宫格当中。如果使用手机版拼图软件（比如

美图秀秀），软件一般会有一些漂亮的模板，可以选取符合你心中意境的风格模板。

制作好梦想画册，可以设定成手机的壁纸、锁屏、电脑桌面，或者可以像照片一样，缩印并放进皮夹中或贴到记事本上，随身携带。

优点：方便携带观想。

2. 梦想看板

购买一块软木板，可以选择挂在墙上或者放在桌面的样式（见图2-8）。把梦想图片打印出来，用小钉子把图片钉在软木板上面。软木板要放到每天必经的地方，比如客厅、卧室或办公室。

优点：软木板醒目，上面可以贴梦想相关计划或者日常备忘事项。

图2-7　梦想画册拼图示例

图2-8　梦想看板示例

3. 梦想电影

选取代表梦想画面的几张照片或者视频画面，用视频软件制作成动态视频，视频上面可以添加文字，并配上一首喜欢的音乐，这就是你专属的梦想电影（见图2-9）。手机视频软件方面，美图秀秀、抖音、快手都可以很简便地制作出视频。如果使用快手、抖音等平台制作了视频，只想自己观看，还可设置为私密视频。

优点：动态画面能够带来更加直观的感受，再配合音乐、文字，会提

振心情，可以每天睡前观看，坚定实现梦想的决心。

图 2-9　梦想电影示例

我在梦想宝地图的使用上，把梦想画册的拼图照片打印出来，钉在软木板上面，同时在客厅和办公桌上都放了一个软木板。无论是在家中，还是在办公室，我都可以经常看到梦想实现的画面。我又把代表梦想画面的几张照片用视频软件制作成动态视频，睡前观看。特别是在写书的过程中，觉得累了，没有灵感或者觉得沮丧时，就会看一看自己的梦想宝地图，每次看到自己实现梦想的画面，心底便重拾动力和渴望，提起精神继续努力。

透过内在的视野，想象自己梦想成真的画面，每天看一看梦想宝地图，信念会发挥强大的力量，时刻提醒我们为梦想持续行动，创造想要的人生。

本章要点回顾和行动练习

■ 要点回顾

生命是一个创造的过程，我们是自己整个人生的编剧和导演，要想这部人生剧精彩，可以通过本章的梦想笔记法，重新规划未来的方向。

运用**生命之轮笔记**，看清生命的全貌，了解现状，梳理人生中的 8 个维度，思考不同方面投入的时间和精力是否需要调整，有哪些需要改进提升的地方。

从**人生终极剧本**开始倒推你的人生，思考真正重要的人、事、物是什么，如何积极创造更多的可能，不让人生留有遗憾。

同时，我们还需要将梦想与现实状况进行对比，并制订落地行动计划，运用**梦想九宫格笔记**，有效梳理梦想的维度，让想法更具体和直观。

配合使用**梦想宝地图**，时刻提醒自己创造想要的人生，坚定实现梦想的信念，可以选择梦想画册、梦想看板、梦想电影等形式来制作。

■ 行动练习

（1）建立自己的生命之轮笔记，梳理人生最重要的8个维度。月初以及年末，用"生命之轮笔记"进行评估打分，问问自己：对现在的状况满意吗？在生命之轮当中，有哪些部分与希望达到的状态有差距？

（2）创作自己的人生终极剧本，写下生命中最重要的人，以及你希望他人因何记得你，写出你此生最重要的事是什么，希望度过怎样令人怦然心动的一生。

（3）创作自己的年度"梦想九宫格笔记"，写下这一年希望如何行动，希望实现怎样的一年。

（4）制作自己的梦想画册，可以制成图片或者动态视频的形式，重点是将其放到经常看到的地方，时时回看，激励自己持续行动。

第 3 章

提升学习能力的知识笔记法

| 本 章 解 决 的 问 题 |

没有特长,希望提升自己学习和应用的能力。

知识是相互联系的,有效学习的本质是理解和创造关联。

3.1 怎样为人生不断积累知识和能力

经常和不同领域的朋友交流知识学习方面的话题，大家总会问到一些相近的问题，这几年比较普遍的是知识焦虑问题：停不下来的知识产品买买买，报了一堆课程没有学，学了很多课却没有用。每天五花八门的碎片信息如洪水般涌现，新知识、新概念、新课程层出不穷。我们总是忙于收藏各种资料干货，却苦恼于容易将它们忘得一干二净，囤了那么多东西却用不上。

☞ 知识焦虑的 3 大难题

停不下来的课程买买买，报了一堆课程却没有学，学了很多课程却没有用。

☞ 制作个人知识产品手册

针对 7 个方面制作知识产品表格。

☞ 如何为人生不断积累知识和技能

以有效输出为导向，构建个人专属的知识库，培养应对变化的技能迁移能力。

一、知识焦虑的 3 大难题

1. 停不下来的课程买买买

这个现象的背后有不自信和比较的信念，担心别人学了，自己不买就会落后。现在市场上有很多课程，为了促进销量也在传递知识焦虑。你囤再多课程也解决不了不自信的问题，不能用不停的课程学习来逃避对人生的思考。

2. 报了一堆课程却没有学

有时候就是冲动购买，太多课程同时进行，忙起来忘记了学，又没有高效信息处理工具。面对信息碎片时代，我们要懂得分辨重点和高效处理，使得所学的东西真正用于提升自己的能力。

3. 学了很多课程却没有用

当你没有聚焦核心目标和建立自己的知识架构，所学的东西都是零散的，不能转化为自己的体系，那就只是知道某个别人的知识。同时，知识没有转化为行动和应用实践，那么所有知识都是静态的，无法内化成为自己的东西。

二、制作个人知识产品手册

建议大家制作个人知识产品手册，每买一个知识产品（课程），做一下记录分析。因为许多人都是冲动购买，买后时间久了或买太多了，自己也就忘了。针对以下 7 个方面做成一个知识产品手册（见图 3-1）。

个人知识产品手册

①	名称	时间(时长)	平台	成本	目标	收获	应用
1							
2							
3							

图 3-1　个人知识产品手册

- 名称：产品项目的名字。
- 时间：产品购买时间和学习总时长。
- 平台：学习使用平台。
- 成本：花费多少钱。
- 目标：购买这个课程希望实现什么学习目标，达到什么目的。
- 收获：课程结束之后，回顾一下自己的收获。
- 应用：之后打算应用在哪里，如何实践。

这样一梳理，自己买了什么产品、怎么使用、有什么收获就一目了然。不建议大家在同一个时间段内报名多个课程，这样会让你疲于奔命，没办法好好消化。一个阶段最好集中力量学习一门课程。

当你无须一堆课程和证书来增强自信，

当你停止了与他人比较的焦虑，

当你聚焦实现自己的核心梦想，

买买买的知识焦虑就破解了。

知识焦虑的解药在你自己身上，而非靠他人或买知识产品来解决。

三、如何为人生不断积累知识和技能

1. 以有效输出为导向

（1）锻炼总结表达。

费曼（诺贝尔物理学奖得主，提出了"纳米"的概念）去巴西讲学，当时让他最困惑的一个问题是，为什么巴西几乎没有富有创造力的物理学家？结果在给巴西物理学专业的大学生讲课之后，他找到了答案……

费曼发现，虽然这些学生都很努力，并且基础知识掌握得非常牢固，却经不起他一两次的追问。学生们没有在一个更深层次上去理解和关联这些知识。费曼的思考方式则与之相反，他总是进行各种的尝试，在实践中掌握知识的本质。

费曼学习法的核心：对于一个知识概念要用最简洁的语言进行表达，不要用似是而非的另一个复杂概念去间接解释，而要问最基本的问题，用最简单的语言直接解释。学习任何一门学科、一项技能之后，我们能不能用自己的话总结表达出来？我们应该在理解的基础上，重新定义自己的理解，唯有如此，才能真正明白一件事儿。

你可以应用费曼学习法（见图3-2），学完一项知识后讲给别人听，就像传授给别人一样。不要使用任何复杂的概念，使用普通人可以听懂的语言。当你能够将知识说得深入浅出，其实是在促进自己更深刻地理解这个概念，发现还有哪里没有理解清楚。

图 3-2　费曼学习法

（2）主题课程分享。

如果想要学习某个主题的内容，你可以为自己拟定一个主题分享的目标。为了拟定讲课大纲，在备课的过程中，你需要查阅大量的资料。在讲课和互动的过程中，你会收到反馈和建议，帮助你继续完善知识点，这不仅能提升你的系统输出能力，也能提升你做成事情的信心。

同时，当你在听别人分享知识时，要仿佛自己就是知识创造者本身，思考这个主题自己会如何来分享，思考这项内容自己会如何来写，用创造者的视角练习。一旦你有了要聚焦的目标和想要分享的主题，便能搞清楚自己的重点，所有新吸纳的知识都可以归入自己的体系当中，避免学习失焦。

2. 构建个人专属的知识库

为什么学了很多知识，用的时候却调用不出来？

最主要的原因是你以往学习的知识都是碎片化的，没有形成系统的知识体系，对所学的知识能解决什么问题模糊不清，使用时要从哪里找出这项知识，你也不清楚。我们可以运用数据化笔记方法，结合"纸质笔记＋云端记录"，搭建系统有序的个人知识宝库。当你有了自己的体系和结构，便能搞清楚学习的重点，所有新吸纳的知识都可以归入自己的体系当中，这样就可以避免既不知道怎么学又不知道学什么的迷茫。同时，也可以在需要的时候随时调取出来。

3. 培养应对变化的技能迁移能力

技能迁移能力，是你从一个领域到另一个领域，从一个岗位转到另一个岗位，或从一个行业跨到另一个行业后的可复用能力。在职场中，有些人的职位不断提升，仿佛没有边界，而且在每个岗位都做得很出色。有些人却一直局限在初级岗位，日复一日地做着同样的工作。

为什么有的人能够轻松跨界参与不同项目或工作？

因为核心的工作能力是可迁移的，当你掌握了核心工作能力，便可以迁移能力并胜任大部分工作。这种能力分为 4 大类：自我管理、学习能力、人际沟通、团队协作。第 3 章的"知识笔记"涉及学习能力，第 4 章的"工作笔记"涉及人际沟通、团队协作，第 5 章的"行动笔记"将讲述如何提升自我管理的效率。我们要有意识地积累和培养这 4 大方面的能力。

知识是相互联系的，有效学习的本质是理解和创造关联。笔记将有助于厘清大脑思路和知识的关联，那如何做知识笔记？本章将分享相关的实用工具给大家：

- 知识萃取 TRAP 四步法。
- 便签笔记：即时记录的灵巧工具。
- 语音笔记：加快信息的输出速度。
- 思维导图笔记：系统化你的逻辑思考。
- 卡片笔记：有效提取知识精华。
- 课程笔记：高效提升信息处理质量。
- 读书笔记：4 步实现创造性阅读。
- 观影笔记：收获多维度的人生视角。
- 数据化笔记：打造独家的知识库。

3.2　知识萃取 TRAP 四步法

从学生时代开始，"笔记"就已经成为我们生命中不可缺少的一部分，小到事项的备注，大到会议的记录，都少不了它的存在。从小到大，许多人几乎都是别人讲什么就记什么。笔记最常见的问题就是只会抄，不会总结，太啰唆且太长。记录过程不能省略脑子运转，不思考精简就全盘记录是在偷工减料，不想费事后面要使用就会更麻烦。

有没有想过换一种笔记方式，提升复习和工作的效率？看到一本好书或一篇有感触的文章，有没有想过用自己的方式记录下来，变成自己的知识和思考呢？这好比蚕吐丝、蜂酿蜜的过程，运用知识萃取 TRAP 四步法（见图 3-3），提取知识精华为己所用。

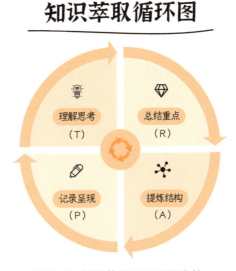

图 3-3　知识萃取 TRAP 四步法

知识萃取 TRAP = 理解思考（T）+ 总结重点（R）+ 提炼结构（A）+ 记录呈现（P）

☞ **理解思考**
学前思考，学后回顾、关联、应用。

☞ **总结重点**
做出取舍，总结关键内容。

☞ **提炼结构**
归纳知识之间的联系，层次分明，重点突出。

☞ **记录呈现**
呈现重点，运用文字或结合图形。

一、理解思考（thinking）

为什么要做知识笔记？当信息太多时，大脑不能全部记下来，随着时间推移，我们最先接触的信息会被大脑遗忘。记笔记，不仅可以避免遗忘，还可以让我们更加深入地思考。当我们把自己的思考融入笔记之中，这个过程能够有效梳理混乱的思绪，使思考更有深度和广度。因此，做笔记不能偷懒，必须自己动手、动脑，独立思考，杜绝单纯抄写。我们的任务是理解知识点，不是抄一遍，单纯抄书既浪费时间又没有收获，完全是一种自我感动式的努力。

学习前，思考以下 3 个问题：

- 这次学习目的是什么？
- 希望收获什么？
- 是否有什么要解决的问题？

学习后，思考以下 3 个方面：

回顾：思考一下学习内容前面说了什么，后面说了什么，之间是否相关联，是不是有矛盾的地方？上下文有什么关系，是相互支持印证，还是总结，还是只是一个案例，论证方法是什么？重点有几个方面？

关联：这项知识和我有什么联系？有没有在其他地方看到类似的说法？有没有人说过同样的事情？

应用：这项知识可以应用在哪里？如果让你论述同一个问题，你会怎么说？如果遇到同样的问题，你会怎么思考，怎么解决？

记笔记的方式、思路因人而异，没有统一标准，但没有经过思考的记录，你在后期翻阅时，往往难以理解，甚至不知所云，这个步骤必须亲自完成才有效果。

二、总结重点（recording）

学习或阅读之后，要总结知识，进行关键内容的明晰和细化，核心是做出取舍，思考记录哪些重点知识点。重点知识点应具备以下特征：

（1）与自己有关，自己可以用得上。

（2）新鲜的知识点，带给自己不一样的思考和视角。

（3）出现的次数多，是多本书或课程强调的方法。

对于笔记，你没有那么多时间、精力事无巨细地全部记录，必须学会取舍，总结重点知识点。

三、提炼结构（abstracting）

知识点之间的架构非常重要，如果能够形成稳定的架构就容易记忆。笔记是否层次分明、重点突出，是否可以将关键内容转为结构，反映出你对知识的掌握程度。笔记必须直击重点，围绕其中的重点知识，懂得舍弃，有结构，才会重点突出。自己需要反复琢磨消化，凝练浓缩，围绕关键词语转化成自己能说出来的话。要思考知识之间的联系，然后分析、归纳，久而久之就能锻炼出知识结构化的能力。

优秀笔记的效果是骨肉丰满的，这个程度需要自己把握，有的地方需要骨（框架结构），有的地方需要肉（知识精华）。这样的笔记是自己消化理解知识后的心血，既体现结构和逻辑关系，也能帮助自己整理思路。如果知识内容涉及操作步骤或若干条目，需要根据其内在的逻辑关系，考虑它们的层次，做到条理清晰。在这方面，可以参考诸如"金字塔原理"等结构化表达的方法。

四、记录呈现（presenting）

做笔记的时候，不要简单地照抄别人的话，而要聆听讲述的重点，抓住关键词，然后记录呈现出来，这个过程就有意思多了。笔记不仅可以用文字，还可以运用图画、组合图形，配合颜色，调动你的大脑，创建一个直观的示意图。下面是几种常见的图。

（1）金字塔图：体现事物层级、包含关系，比如全书结构、图书目录（见图3-4）。

（2）四象限图：体现事物的4个维度，比如常见的SWOT分析图（见图3-5）。

（3）关系图：体现事物的相互关系、因果或步骤，比如鱼骨图、循环图（见图3-6）等。

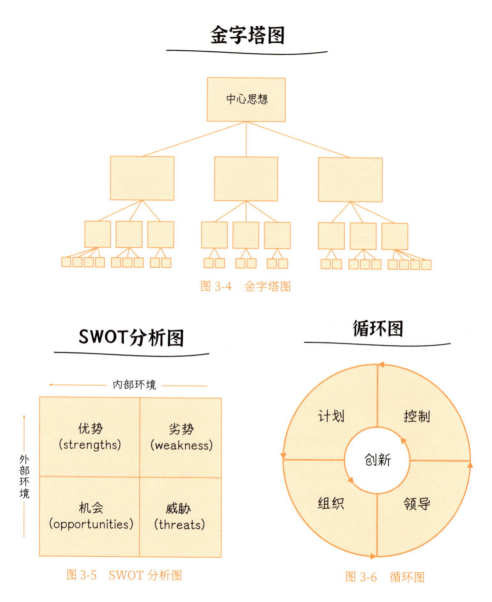

图 3-4 金字塔图

图 3-5 SWOT 分析图

图 3-6 循环图

（4）顺序图：体现时间、事情发展的先后顺序，比如甘特图、流程图、节点图（见图 3-7）。

配图不应单纯为了画图而画图，一定要是能激发联想，并运用和关键信息成为最佳组合的图形。笔记的美观并不是第一位，重要的是表达形式和你想要表达的内容相符。在进行视觉化配图时，要想清楚：内容是什么样的逻辑关系，我应该用什么形式表达才能更清晰地表现。

图 3-7　顺序图

笔记能力是一个人长期学习的软实力,我们要主动琢磨怎样实现最佳学习效果。达到什么水平取决于用心学习的程度,不可能一次到位,只要努力思考,每天都在写,那么每天就会进步一点。**没有谁是生来自信的,只要对自我有正确的认识,掌握了知识萃取的方法,疯狂学习不必成为寻找价值感和存在感的出口。通过笔记的梳理和日积月累的努力,找回内心的笃定和信心!**

3.3　便签笔记:即时记录的灵巧工具

通常听到"便签",大家想起的是那种有颜色的小纸片,只是用便签来做记号或粘贴。便签笔记法简单说就是用便签记录思考的方法,将便签作为便携笔记本使用。掌握当中的方法,便签笔记将成为工作和生活中的灵巧工具。

☞ **简单灵活的便签笔记法**
即时记录、快速检索、灵活高效。

☞ **如何有效运用便签笔记**
记录瞬间的灵感,记录备忘事项,激发创意思考,进行阅读拆书。

☞ **便签笔记的 3 个实用技巧**
便签 + 笔记本组合,统一信息管理,使用四色标记。

一、简单灵活的便签笔记法

坂下仁在《一学就会的便签笔记法》[1]一书中强调了便签笔记的三大优点：即时记录、快速检索、灵活高效。

1. 即时记录

无论多么重要的事情，如果我们不马上记下来，就会忘掉，必须做到在任何时候、任何地点，能将所思所想马上记录下来。无须多余的步骤就能记录的"便利性"，方便随身携带的"便携性"，是两个必要条件。便签笔记能便捷地将自己关注的事情、头脑中的闪光点以及重要的信息进行简单实时记录。人是一种喜欢简单化的生物，任何事情简单化之后，就会变得更加可行。便签没有封面，不需要打开，记录后只要撕下粘贴到A4笔记本上就好。

2. 快速检索

做完笔记后，要迅速、方便地找出来，如果忘记了重要的内容记在哪儿，那么"做笔记"就失去了意义。因此，不仅要将重要的笔记都"集中保管"，还要能迅速找出想要内容。

便签具有即视和方便移动的特点，A4笔记本完全摊开时的面积大约是 $1260cm^2$（$30cm×42cm$），正因为尺寸大，所以把便签贴在A4笔记本上可以一览无余。我们将A4笔记本的每张纸对折，翻开笔记本映入眼帘的便是4个板块，之后将记录了内容的便签按顺序贴上去，这样浏览起来眼睛会更舒服，实现了大字报式的一览无余。

3. 灵活高效

日常出门，我们只需要带上记录信息的"交通工具"——便签。A4笔记本放在家中或者办公室就行，回来之后，将记录好的便签粘贴到相应的笔记本上。同时，笔记本空余的地方可以记录补充内容，错误的或者不需要的便签可随意替换，实现了笔记的高效灵活性。

---

[1] 坂下仁. 一学就会的便签笔记法 [M]. 金磊，译. 北京：中国友谊出版社，2018.

二、如何有效地运用便签笔记

1. 记录瞬间的灵感

北宋的欧阳修就曾提出"三上":马上、枕上、厕上。这三处是最不方便记录的场合,常常又有灵感涌现,而便签笔记就能很好地解决这个问题。

为了解决灵感转瞬即逝的问题,需要有十分便携的工具,较大的笔记本不方便携带,而将内容重复记录到两本以上的笔记本上是不现实的。我们需要转变思想,让便签从配角变成主角。使用防水的薄膜便签搭配铅笔或者用小夹板夹上便签(见图 3-8),放在浴室的角落,床头也可以准备一份,这样即使在浴室或床上,突来的灵感也可以被记录下来。

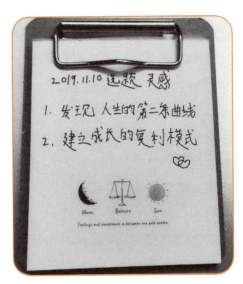

图 3-8　灵感便签

便签还可以贴在手机壳上,手机保护壳可以使用翻盖式的保护壳,方便使用。若用手机记录,我们需要打开手机,再打开相应的软件才能记录,开机时常有其他信息打断思考,操作起来要比便签记录复杂好几步,而且很可能就因为这几步而中断了灵感,为其他事分心,失去马上记录的兴致。

2. 记录备忘事项

我们可以在白板、笔记本、冰箱、电脑、厨房等地方贴上用便签记录的备忘事项。比如，在冰箱上用便签记录库存，这样不用打开冰箱，也知道里面有什么食物，当食物快没有的时候可以将便签撕下，贴在手机壳上，提醒自己要添置什么新物品。

日常要做事项可以用便签记录，在每个事项后面画上方格，完成了就打钩，一目了然，将便签粘到执行该任务的具体地方，这样任务就不会被落下。

3. 激发创意思考

我们可以使用便签地图进行创意思考，便签地图有两种使用方法："曼陀罗便签地图"和"思维便签地图"。

（1）曼陀罗便签地图：由中心主题拓展为 8 个方面思考。

曼陀罗便签地图是根据松村宁雄的《曼陀罗九宫格思考法》中的曼陀罗九宫格改版而来。在纸上运用曼陀罗思考法，即以一个主题便签为中心，四周贴上 8 个或更多个空白便签，写上与主题相关的关键词，以此来深挖提取创意。我们还可以将"曼陀罗便签地图"上的便签进行排列组合，变换不同的组合刺激大脑，从而拓展思维。

比如，用"曼陀罗便签地图"思考主题"便签笔记的使用"，从这个中心便签出发展开思考，写下 8 个方面的思考扩展（见图 3-9）。

（2）思维便签地图：构思制作报告书。

根据报告书的三要素：主题（项目名）、理由（要点）、结论，写下与主题内容相关的便签，再进行筛选组合。团队讨论方案时可以使用便签笔记的方法，在每张便签上写一个想法，汇集大家的灵感和智慧。

比如，用"思维便签地图"讨论为什么使用便签笔记（见图 3-10）。

主题：为什么要使用便签笔记。

理由（要点）：便签的优势、用途、使用技巧。

结论：掌握其中方法，便签笔记将成为工作和生活的灵巧工具。

同时，我们可以运用彩色铅笔标注关键词，在便签之间进行串联，就做到了"可视化笔记"。若我们使用电子笔记，当我们打开手机或电脑时，记录的内容是被折叠收藏在文件夹里的，需要逐一点开，才能看到内容，而便签笔记则能实现快捷的可视化。

曼陀罗便签地图

图 3-9　曼陀罗便签地图

思维便签地图

图 3-10　思维便签地图

4. 进行阅读拆书

"拆书帮"创始人赵周老师在《这样读书就够了》一书中介绍了"RIA便签读书法",所谓RIA是指阅读时的3个层面:阅读拆页(reading,R)、讲解引导(interpretation,I)、拆为己用(appropriation,A)。

便签选择3种不同颜色,因为在RIA便签读书法中,需要用3种不同颜色代表3种不同功能。

I便签:记录以自己的语言重述信息。

A1便签:记录自己的相关经验。

A2便签:记录自己今后可能的应用(目标和行动)。

RIA便签读书法的3个具体步骤。

第一步,制作I便签。比如,拿一张红色便签作为I便签,用自己的语言重述这个观点、方法、理论,记录在I便签上面。如果能有自己的总结和启发,或者和其他知识点的联系,效果更好。用这种方法读完整本书后,把所有I便签收集起来,它们会成为你的知识库。

第二步,制作A1便签。比如,拿一张黄色便签作为A1便签,回顾以往,有没有经历过相关的事情或情境,在A1便签写下来。

第三步,制作A2便签。比如,拿一张蓝色便签作为A2便签,结合读到的观点、方法、理论与以往经验,设想今后如何应用,在A2便签上写下来,内容越具体越好。把A2便签贴在墙上,作为你应用方法、改变自我的行动清单。

三、便签笔记的3个实用技巧

1. "便签+笔记本"组合

"便签+笔记本"的形式就像"航空母舰+飞机"组合模式,笔记本好比承载内容的航空母舰,便签则是航母上的飞机。便签可随身携带,随手记下信息,记录了信息的便签按照一定顺序粘贴在A4笔记本上,就像飞机离开航母执行任务,带着成果回到母舰的过程。

当便签汇聚到A4笔记本上,摊开的A4笔记本就变成A3尺寸,内容可以一览无余，改变了便签虽然便携但无法保证内容丰富的问题。"便签+笔记本"组合能将便签的便携性、即时性发挥到最大化，同时兼顾内容的自由。

2. 统一信息管理

为了检索的方便，信息经常需要分类，但分类本身是一个麻烦的过程。随着时间的推移，连分类本身都变得模糊，常常难以检索记录的信息。便签笔记法要遵从统一原则，把记录的同类信息都汇集到相应的笔记本里，我们可以设置工作、生活、灵感、阅读等相应主题笔记本。比如，工作性质的便签归到"公司的工作"笔记本上，生活便签归到"家中的生活"笔记本上，但切记分类不可太多，以免自己都忘记了归类在何处。

3. 使用四色标记

我们可以使用彩色笔，把笔记本上便签的关键词标记出来，后期方便检索。颜色可选用黑、红、蓝、黄四色，现代脑科学发现，这四种颜色能帮助我们更深刻地记住事物。

- 黑色：用来标记不需要记忆的内容，正常书写之用。
- 红色：用来标记重要的知识点。
- 蓝色：用来标记可以作为案例、故事的内容。
- 黄色：用来标记带来新的启发和视角的观点。

通过做标记的方式，一眼就能找到你所需要的重点，这与看报纸时是相近的感觉，让关键信息都汇聚到眼前。

3.4　语音笔记：加快信息的输出速度

当我们想快速记录东西时，手写、打字速度跟不上，或者没有纸笔、电脑，或者当下场景不适合手写或打字，怎么办？这时候，语音笔记就可以派上用场了。

☞ **语音笔记：实现高速快捷记录**

快速记录神器，便于听课学习，锻炼个人表达能力。

☞ **软件推荐：语音笔记的 3 种选择**

讯飞语记 App、印象笔记 App 的附加功能、"讯飞输入法 + 任意笔记 App"组合。

☞ **5 个步骤：用语音笔记持续提升写作水平**

准备工具，构思写作大纲，录制 & 修改，润色修改，用 Excel 记录练习程度。

一、语音笔记：实现高速快捷记录

语音笔记有哪些优势？

1. 快速记录的神器

语音笔记不需要打字、手写，通过语音软件，用声音的方式即可录入，语音会自动转成文字，自己再改一下错别字，理顺词句和逻辑关系。语音笔记适合有记录需求，当下又不方便用纸笔或打字记录的人，不用被没有纸笔或环境问题困扰，随时随地开启记录模式，方便记录要事和灵感。

2. 便于听课学习

现在很多学习是通过线上直播课、音频课或线下短期培训展开的，呈现出节奏快、信息量大的特点。听课的过程中，你可能觉得收获满满，但课后没多久就遗忘了。如果你能进行回顾复习，将加深对知识的理解和记忆。人的瞬时记忆有限，而键盘打字的效率因人而异，不是每个人都能做到打字如飞，语音笔记可以快速记录大量信息，方便反复收听，回顾整理要点，有利于知识类的课程学习。

3. 锻炼表达能力

日常工作生活中，如果没有写作、演讲、分享、报告这类的刻意练习场景，你又不习惯总结自己的想法和观点，那就没法发现自己的语言表达能力处在什么样的水平。

运用语音笔记写文章，可以锻炼语言表达能力。打字写文章时，可以写写停停，对输出速度没有要求，但语音写作由于使用语言软件，对输出速度有要求，你不可能对软件说 1 分钟停 5 分钟，这就要求思考速度要快，思维要敏捷，久而久之就会提升你的表达能力，使表达更有逻辑、更简洁。

二、软件推荐：语音笔记的 3 种选择

语音笔记可以使用录音笔、手机自带的录音机或者语音转换软件等工具进行协助，如果只是单纯用录音笔或录音软件，你需要时间将录音整理成文字，而语音转换软件可以直接将录音变成文字，节省大量时间。

1. 讯飞语记 App

科大讯飞推出一款将语音转文字的软件"讯飞语记"，可实现写文章、写日记、会议记录、课堂笔记、记事，软件包括以下多种功能。

- 说话变成文字：支持普通话、英语、粤语等多种语言输入，准确率高。
- 电脑同步编辑：支持 iOS、电脑 Web、手机同步编辑，方便笔记整理导出。
- 图文排版：软件编排工具条，可以帮助完成一篇图文并茂的笔记。
- 拍照识别：支持手机拍照识别图片，直接将图片上的文字识别转换为文字。

讯飞语记识别精准度很高，且支持边听边改的功能，方便对内容进行核对和修改。

2. 印象笔记 App 的附加功能

印象笔记 App 有录音附加功能，点击"录音"即可生成一条语音笔记（见图 3-11 左），或者选择"超级笔记"页面（见图 3-11 右）的"开始录音"，只需要对着手机说话，就可以录下自己想说的话，录音可以直接插入笔记当中，印象笔记的录音可直接转换为文字，并进行文字编辑。

图 3-11 印象笔记的录音功能

如果你在听课过程中希望同步录音和记录要点、感想，可以开启印象笔记的录音功能，课程录音可转为文字；或者你希望每次语音写作表达训练后，记录一下训练的心得，可以先使用印象笔记的录音功能，录下今天想说的话，录音转为文字，进行编辑，并对笔记的标题命名：时间＋主题，比如"2020.1.26 语言训练——关于学习思考"，在里面写下本次训练的时长和心得。

3. "讯飞输入法＋任意笔记 App"组合

如果你不想局限于印象笔记或讯飞语记，希望有灵活一点的方式，那可以采取"讯飞输入法＋任意笔记 App"组合的方式。讯飞输入法是科大讯飞旗下一款集语音、手写、拼音等输入方式于一体的手机软件。

讯飞输入法的语音输入可识别粤语、四川话、闽南语等 23 种方言，英、日、韩、俄等实时语音互译。你可以在手机上安装讯飞输入法，并将其设置为手机的默认输入法，这样可以配合使用任何一种笔记 App 录入内容。

三、5 个步骤：用语音笔记持续提升写作水平

1. 准备工具

大家可以在手机上下载讯飞输入法，并把讯飞输入法设置为默认输入法。安装好语言输入软件之后，要选择记录媒介。所谓记录媒介，就像笔和纸一样，这些媒介相当于电脑、手机上的纸和笔，可以选择哪些？讯飞语记、石墨文档、印象笔记、腾讯文档、手机自带记事本等，都可以作为我们记载的地方，大家可以根据自己的习惯自行下载。

2. 构思写作大纲

用语音笔记进行主题写作，要避免一个误区：不构思大纲就直接录制，想到什么就说什么。这样会导致重复说很多无用的内容，或者说到一半就没有思路了。思绪混乱，录制的内容就很乱，后期修改耗时。在开始语音笔记之前，要先构思写作大纲。怎么准备大纲？比较简单的方法是运用总分总的逻辑结构来构思。

- **总（1 个中心）**：开头点明全文要说明什么问题。
- **分（论点 + 论据）**：为了说明这个中心问题，下面有几个分论点，每个论点下面有什么样的论据和案例。
- **总（总结全文）**：结尾的总结和内容升华。

3. 录制 & 修改

你可以使用讯飞语记或"讯飞输入法 + 任意笔记 App"组合进行录音，录音完成后进行修改。如果使用讯飞语记录制，方式有以下两种。

（1）**语音转文字**。选择讯飞语记 App 中间的"+"号，再点击"新建笔记"或"语音输入"（见图 3-12），这样就会生成一个空白的笔记文档。之后，点击这个笔记文档的麦克风图标，边说话边转为文字。讯飞语记比较智能，即使出现停顿，你也不需要按任何键，它会安静地等待几秒钟。

这种方式是将语音直接转为文字，没有录下声音。

图 3-12　讯飞语记的语音转文字功能

（2）**录音、文字同步进行**。选择中间的"+"号，再点击最左边的"录音速记"，会生成一个语音笔记文档。在这个文档中说话的同时，顶部会有录音进度条，显示录音的进度时长，底部会同步转成文字（见图 3-13）。

图 3-13　讯飞语记录音、文字同步进行功能

4. 润色修改

录制完成后，可对全文进行 3 个方面的润色修改。

第一，调结构。录音转文字的过程，所有文字都累积成一个长文，没有分段。我们要按照论点对内容进行分段，便于区分不同的内容。

第二，调语言。进行语言润色，去掉一些口语化的表达或重复内容，加上"金句"或优美的词句。

第三，调版式。进行内容排版，对重点内容加黑、标注。

5. 用 Excel 记录练习程度

设置一个表格，用于记录语音写作的训练情况（见图 3-14）：

日期：记录语音写作的日期。
写作时长：记录当次语音写作的时长。
字数：录音转换为多少字的文稿。
修改时长：记录事后全文修改润色的时长。

图 3-14　语音写作记录

经过练习程度的记录，你就可以看出每次语音写作的数量和质量，有一个持续的反馈，了解自己的语音写作到了什么水平。重要的是在这个过程中，你会慢慢提高思维能力和表达能力。

3.5　思维导图笔记：系统化你的逻辑思考

思维导图是比较常见的工具，很多伙伴都看到过别人画的思维导图，大家觉得思维导图像什么？有的人说像树叶、蜘蛛网、大脑，思维导图很像贴近大自然的一幅画。那么什么是思维导图，我们可以用它来提升什么能力？

思维导图又称"心智图"，是由英国"记忆之父"东尼·博赞发明的一种图形思维工具，运用图形、颜色、关键词对知识进行有机连接，并形成记忆链，充分提升大脑机能和思考力。

☞ **用思维导图系统化你的思考**
运用思维导图做笔记、做展示、做规划、促思考。

☞ **掌握 3 大关键，零基础也可以轻松入门**

搭建逻辑结构，注意提取关键词，掌握锦上添花的小技巧。

☞ **手绘思维导图的方法**

使用纸笔绘制，结合运用图形、颜色、关键词。

☞ **思维导图软件介绍**

根据使用习惯和场景，明确需求。

一、用思维导图系统化你的思考

思维导图的作用归纳起来有 4 大类。

1. 做笔记

做读书笔记、课堂笔记、学习笔记、知识要点等，可以通过思维导图提取关键词，将大量的信息进行压缩和提炼，把相同的想法、观点进行归类、概括和总结，萃取知识共同点，提升信息的收集、整理和传递效率。比如，学习"PDCA 循环"的知识，用思维导图总结其要点（见图 3-15）。

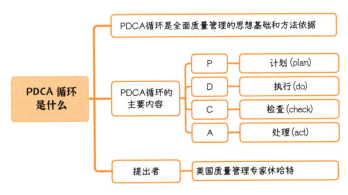

图 3-15　思维导图做笔记示例

2. 做展示

我们可以用思维导图进行内容的展示，写文章、教学、演讲 PPT、项目方案、个人简历等，用思维导图呈现自己的思路，将想法根据一定的规律和逻辑，有层次地进行归类展示。比如，你要做一次个人分享，主题是

"如何办好读书会"，用思维导图展示当中的关键环节和细节（见图 3-16）。

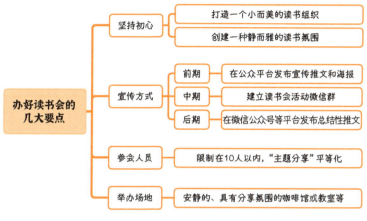

图 3-16　用思维导图做展示示例

3. 做规划

制订个人行动计划、旅游计划、读书计划等，通过思维导图进行行动规划，进行任务拆解分配，梳理方案。比如，你可以用思维导图制订年度读书计划（见图 3-17）。

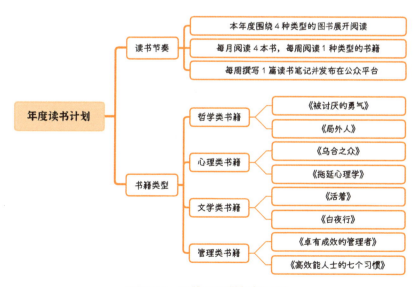

图 3-17　思维导图做规划示例

4. 促思考

思维导图有一种站在迷宫看迷宫的魔力，通过思维导图对问题进行有效梳理，在可视化思维的基础上进行比较、分析、概括、推理，进行问题决策，跳出"情绪迷宫"看问题（见图3-18）。

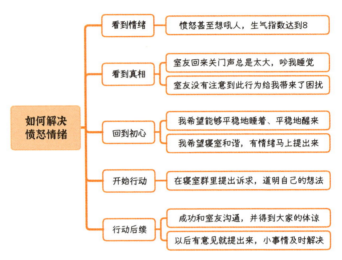

图3-18　用思维导图促思考示例

二、掌握3大关键，零基础也可以轻松入门

思维导图有两种制作方式：第一种，制作手绘思维导图，只要有纸和笔，随手就可以进行；第二种，运用思维导图软件，软件上有不同类型的模板，下载后就可以直接运用。

思维导图的核心是，由一个中心关键词引出，运用逻辑结构将各级主题的关系与层级表现出来。无论是手绘还是运用软件，在制作思维导图的过程中要注意以下3个关键。

1. 搭建逻辑结构

思维导图的核心是将内容根据一定的规律、逻辑，有层次地进行归类，因此清晰的逻辑结构至关重要。可以运用金字塔逻辑结构（中心主题、分支主题和子主题）对内容进行分类、概括、归纳，这样会让你的思维导图更清晰（见图 3-19）。

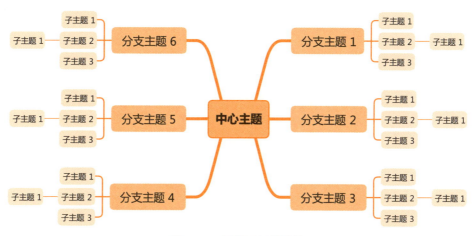

图 3-19　思维导图的结构

2. 注意提取关键词

提取关键词是信息内化和思考的过程，制作导图时要运用简要的词语，阐明核心内容，看到这个词语能够让你瞬间想起重点，不要用太复杂的句子。

3. 锦上添花的小技巧

想让思维导图锦上添花有 3 个小技巧（见图 3-20）。**一是使用配色**。思维导图的内容颜色方面，如果喜欢简单风格，可以用单色；如果希望突出不同的部分，可以使用不同的颜色，在视觉上区分不同的主题和内容。**二是使用配图**。在关键部分插入图片，强调关键概念。**三是使用线条**。特别是手绘思维导图，可以选择不同线条来体现不同的层级关系，用线条的粗细展现不同层级主题之间的区隔，分支主题（一级主题）用粗线条，子主题（二级主题）用细线条。

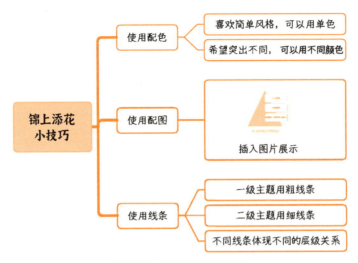

图 3-20　锦上添花小技巧

三、手绘思维导图的方法

大家可以拿出一张 A4 白纸或方格纸，以及几根不同颜色的彩笔作为工具，手绘思维导图分为以下 4 个步骤（见图 3-21）。

图 3-21　手绘思维导图示例

第一步，画中心主题。中心主题是思维导图的核心，也是纸张的中心，每一张思维导图有且仅有一个中心主题，要把中心主题画在纸张中间，要突出。

第二步，画分支主题（一级主题）。中心主题发散出来的第一级主题为分支主题，分支要画成由粗到细的曲线，同时每支分支用一种颜色加以区分。

第三步，画子主题（二级主题）。子主题是分支主题发散出来的下一级主题，可在分支主题上画出二、三级子主题，但要与分支主题相连，颜色保持一致。

第四步，填写关键词句。将关键词句写在分支上，关键词句要简单明了，通过关键词句我们可以明白所表达的含义。

整个架构：中心主题—分支主题（一级主题）—子主题（二级主题）—子主题分支（三级主题）。比如，图 3-21 为手绘思维导图示例。

- **中心主题**：纸张中间有个小人物提示你画出中心主题。
- **分支主题（一级主题）**：水果。
- **子主题（二级主题）**：红色、黄色（水果颜色）。
- **红色子主题的分支（三级主题）**：苹果、草莓（都是红色水果）。

中心主题就是核心思想或要解决的主要问题，分支主题用来拆解中心主题，二、三级主题是分支主题的内容延伸。大家可以边画分支边写关键词。喜欢画画的朋友，也可以通过在旁边画一些图形、符号，进行视觉辅助。

四、思维导图软件介绍

市场上的思维导图软件较多，主要推荐以下 4 款：XMind、幕布、百度脑图、GitMind。大家可以自己动手使用一下，看看更喜欢哪一款软件的风格和功能。

1. XMind（电脑端 + 手机端，功能、模板强大）

第一款特别推荐的软件是 XMind（见图 3-22），这款软件简单且好操作，可以在官网下载，免费版的软件里有许多现成的模板，初学者直接可以用模板画出思维导图。XMind 是普及度相当高的思维导图软件，不仅可以绘制思维导图，还能绘制时间轴、鱼骨图、SWOT 分析图、树形图、逻辑图、组织结构图等，支持导出 Word、Excel、PNG、PDF 格式等。

XMind 的特点：

- 同时有电脑端和手机端版本，可切换使用。

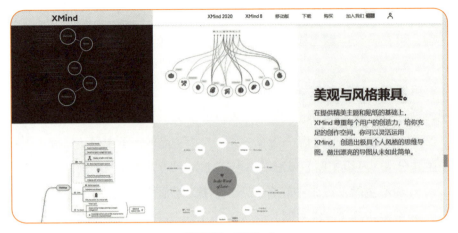

图 3-22　XMind

- 支持绘图的自由节点和布局,方便设计不同的图形。
- 导图模板丰富,支持导入多种格式的文件。

2. 幕布(电脑端 + 手机端 + 公众号,大纲式的简洁文档)

幕布是大纲式的思维导图(见图 3-23),以层级折叠式的文字来整理内容,是一款非常简洁的大纲文档工具,初学者可以轻松上手。你可以用幕布大纲记录笔记、管理任务、制订计划等,同时支持一键生成思维导图。

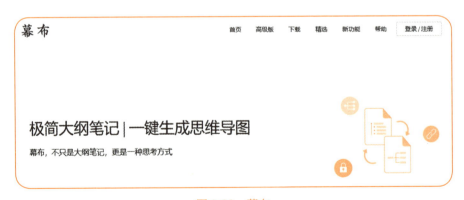

图 3-23　幕布

幕布的特点:

- 大纲式的层级设计,让你的笔记一目了然。幕布的大纲采用了灵活的方法,只需调整主题的层级,即可清晰快速地展现内容之间的逻辑结构，减少了排版压力。
- 多终端同步更新，只要在电脑、手机、公众号上登录同一个账号，记录内容便可同步更新。幕布会随时保存你记录下的内容。
- 支持团队协作。幕布支持团队在线协同编辑，你可以邀请他人与你协作编辑同一文档。除了协作，还可以分享给他人，得到文件分享的链接者均可查看文档。
- 版本轻松切换。幕布可以把内容大纲转换成思维导图，实现大纲与思维导图的一键转换。同时，幕布文件可以生成 Word、PDF、HTML、思维导图格式，在这里做的笔记可以导入其他相关软件继续编辑。

3. 百度脑图（在线免费脑图）

百度脑图是百度旗下的一款在线免费工具，界面功能相对简单，初学者容易操作。目前，百度脑图没有手机或电脑 App 版，可在线使用网页版（见图 3-24）。

图 3-24　百度脑图

百度脑图的特点：
- 操作简便，可以快速绘制基础的图形。
- 支持导入多种思维导图格式的文档。
- 类微软 Office 风格功能界面，支持关键词搜索，支持云协作和云分享。

4. GitMind（在电脑、平板电脑、手机上打开浏览器直接使用）

GitMind 是一款免费的思维导图工具（见图 3-25），可以在电脑、平板电脑和手机上打开浏览器使用，适合已经比较熟悉思维导图的人，并支持微信、QQ、钉钉和手机验证码登录。

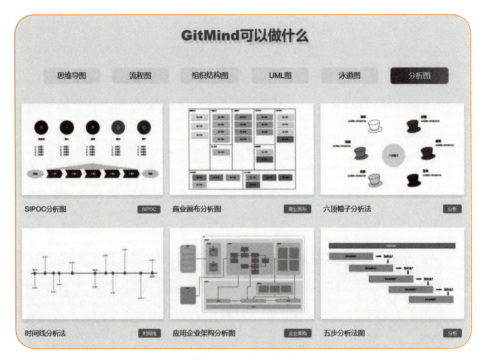

图 3-25　GitMind

GitMind 的特点：

- 实时保存绘制思维导图的每个步骤，不会因为电脑或浏览器出现意外关闭而丢失制作内容。
- 支持团队协作，可以在线邀请其他人共同来创作思维导图。
- 内置了多种主题风格，不仅支持绘制思维导图，还可绘制流程图，同时支持在微信公众号中使用。

软件版的思维导图有横版和竖版两种格式：横版思维导图比较紧凑，比如作为一个随书的思维导图，通过一张横版图就可以展现，但如果在手机端阅读，需要将图片放大才能看清具体内容；竖版思维导图由上而下延展内容，适合手机端直接阅读。

如果大家想画思维导图的时候，身边没有电脑或多色的彩笔，那就可以先用手头上有的纸笔进行思考整理，多种颜色只是一种形式，重点还是在于利用这个工具进行逻辑的梳理。同时，也可选择手机版的思维导图软件进行绘图（在手机应用商店搜索"思维导图"或"XMind思维导图"软件）。

我在阅读文章和图书时，习惯手绘思维导图，边看边梳理内容的结构和逻辑，思考哪些内容可供自己在写文章或实践中借鉴运用；在做演讲、内容展示时，选择用XMind软件进行内容梳理；在做线上知识培训时，会选择幕布软件作为资料汇总提供给学员。大家可以根据自己的使用习惯和场景测试上述软件，看哪款更适合自己。

3.6 卡片笔记：有效提取知识精华

日本著名学者梅棹忠夫在《智识的生产技术》一书中特别推荐一种笔记方法——卡片笔记法："不管是读书笔记、写作素材，你都拿一张张的卡片来做笔记。每一张卡片只记一件事、一个知识点或一个信息点。若一张卡片写不下，则可在第二张卡片上写上同样的标题序号。"

卡片笔记法是一种对知识进行学习—拆解—提炼的过程，帮助我们更好地记忆、融合和应用，其显著作用在于：第一，学习理解，提升知识信息的吸收能力；第二，结构化记忆，增强深度思考的能力；第三，提炼精华，提升输出应用的能力。

☞ **卡片笔记，提升学习效率和知识传播价值**
轻量化学习记录，在碎片化时间拆解、复盘、输出。

☞ **运用知识萃取 TRAP 四步法记录卡片笔记**
知识卡片萃取：理解思考 + 总结重点 + 提炼结构 + 记录呈现。

☞ **卡片笔记的两种制作方法**
纸质卡片笔记、电子卡片笔记。

一、卡片笔记：提升学习效率和知识传播价值

对于个人学习者而言，卡片笔记法有助于我们对知识的理解吸收，轻量化地学习记录，帮助自己在碎片化时间拆解、复盘、输出。所谓创新常常是在现有基础上的增加或减少，用别人没有想到的方式重新组合。卡片笔记是分散记录，但随时可进行各种排列组合，从而创造出新的价值和灵感。虽说每一本书、每一门课程自成一个体系，但若要将别人的知识转化为自己的东西，就要把这些内容理解之后再进行重新组合。

对于个人创作者而言，可以通过卡片笔记进行知识的组合优化，创造新内容，或通过一张卡片传播一个有趣的知识点，比如一个金句、一个模型、一个概念，吸引读者的关注。

我们可以将卡片笔记应用在学习笔记、培训教学、知识产品配图等方面，进而提高学习效率和知识传播价值。

日常，我习惯将卡片笔记分为 4 种。

第一种，知识卡片。记录一本书、一门课程、一篇文章的要点或值得记录的知识点（见图 3-26）。

第二种，模型卡片。记录各种思维模型，总结自己的常用模型（见图 3-27）。

我比较常用的是四维模型，即通过对事务进行 4 个维度的逻辑梳理，比如 4P 战略理论、SWOT 分析法等，从 4 个维度梳理知识方法。我在日常工作中也在不断实践这种分析方式，总结自己的四维模型。

第三种，思考卡片。记录个人的思考，遇到有启发的知识，我会思考记录以下 3 个方面（见图 3-28）。

- 内容：知识点是什么，用几句话概括。
- 运用：现在或未来，这个知识点可以运用在哪里？
- 关联：有没有哪个知识点或案例，可以关联这个知识点？

第四种，金句卡片。记录自己写的或看到的精彩语句（见图 3-29），想想这个金句可以用在哪里，或者可不可以进行创新。

第 3 章 提升学习能力的知识笔记法

图 3-26　知识卡片示例

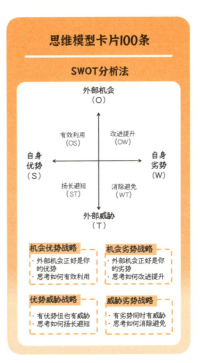

图 3-27　模型卡片示例

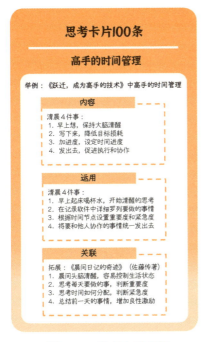

图 3-28　思考卡片示例

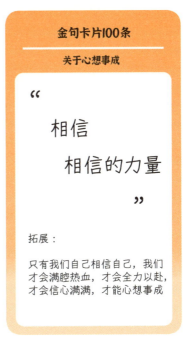

图 3-29　金句卡片示例

二、运用知识萃取 TRAP 四步法记录卡片笔记

记录卡片笔记,要注意 3 个方面:一是信息短小精炼,不能长篇大论;二是内容结构化,运用逻辑结构来组织知识点;三是呈现形式可视化,适当运用图形辅助展现知识。

我们可以运用知识萃取 TRAP 四步法(见图 3-30),记录卡片笔记。

知识萃取 = 理解思考 + 总结重点 + 提炼结构 + 记录呈现。

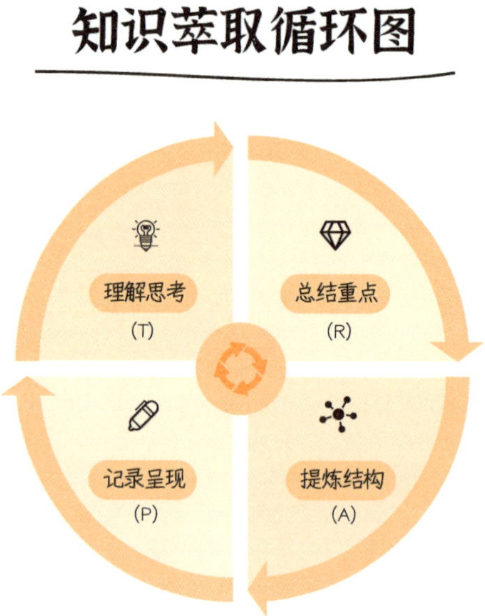

知识萃取循环图

图 3-30　知识萃取 TRAP 四步法

(1)**理解思考**。学习阅读后先思考一下:本次收获了什么?内容的重点是什么?和你有什么联系?

(2)**总结重点**。针对学习收获,萃取重点知识,进行关键内容的明晰和细化。思考:全文有几个重点?互相有什么关系?用了什么论证方法和案例?

(3)**提炼结构**。分析知识之间的联系、架构和层次,然后进行知识提炼,把关键信息写下来。

(4)**记录呈现**。在卡片上记录知识点,同时可结合图画、模型、颜色进行视觉上的美化呈现。

三、卡片笔记的两种制作方法

1. 纸质卡片笔记（随时记录，组合创造）

纸质卡片笔记直接用纸笔记录，有如下**优点**。

（1）**精练快捷**。纸质卡片较小，逼着我们用精简的话语来记录，避免不动脑子地全部抄写，让思考变得主动。同时，纸笔记录具有快捷性，我们可以在学习知识的当下，或者产生思考的瞬间记录下来，避免事后的遗忘或拖延。

（2）**组合创造**。日常，我们可以按照"知识卡片、模型卡片、思考卡片、金句卡片"这4种类型进行卡片的分类。比如，我以"四维模型"为主题，将所有相关的卡片挑出来，摆在桌子上，把这些卡片灵活地进行各种组合、比较和分析（见图3-31）。这样一来，我就能从各个角度进行思考，常常带来新的思路和灵感。

纸质卡片排列组合示例

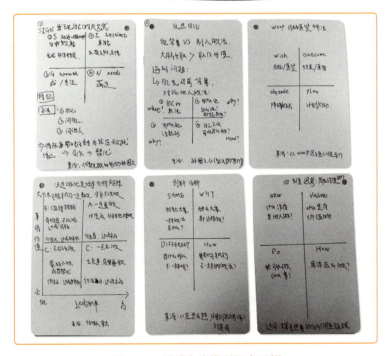

图3-31 纸质卡片排列组合示例

（3）**轻量复习**。准备考试时，用卡片每次复习一点知识，记住的卡片可归类到"已记住的卡片组"。记住的、移走的越多，手里等待复习的卡片就会越少，记住的和没有记住的不会混在一起，心理上觉得"复习大半，只剩这么点了"，会加深成就感。轻量化复习，能够减轻学习压力。

在网上可以购买不同尺寸的纸质卡片，我一般选择购买 10cm×15cm（大小和 iPhone6 Plus 差不多）的卡片（见图 3-32），卡片左上角有孔，方便将其串起来。如果没有购买卡片，也可以自己制作卡片，将一张 A4 纸平分成 4 张卡片，这种大小比较方便记录。

图 3-32　纸质卡片的选购

纸质卡片，我主要用于记录知识精要、个人思考、总结模型（最常用四维模型），以及精彩的金句。

纸质卡片笔记的**缺点**：存储需要地方，不方便后期随时调取。卡片记录完成后，我会按照"知识卡片、模型卡片、思考卡片、金句卡片"这 4 种类型进行标记分类，同时拍照上传到印象笔记的相应笔记夹内。

2. 电子卡片笔记（利于传播和方便储存）

电子卡片笔记可以用 PPT 制作，它有两个**优点**。**一是利于传播**。手写笔记依赖于字迹和拍照的清晰度，电子卡片在视觉清晰度上更胜一筹，有利于分享传播。特别是在培训领域，电子卡片更便于知识点的传播。二

是方便电子存储。电子卡片笔记做完后，可以直接存储在云端，随时迭代修订。

电子卡片笔记的**缺点**：相比纸质卡片，一张视觉美观的电子卡片制作较为费时，特别是在起步练习阶段，常要花费大量时间在制作模型、调整模板上面。

电子卡片笔记的制作方法如下。

（1）工具准备。

电子卡片可以运用演示软件制作（见图3-33），Office、WPS和PowerPoint均可。在这里特别推荐一款PPT插件——iSlide，一款基于PPT的插件工具，包含38个设计辅助功能和8大在线资源库。

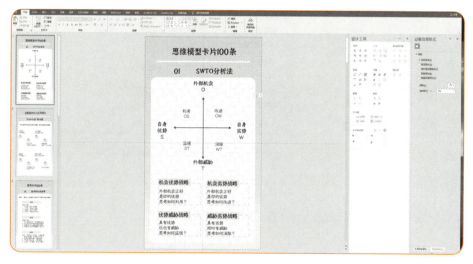

图3-33　工具准备

iSlide支持Windows版、WPS版、Mac版Office，可以在官网选择对应的版本下载。这款插件有**两大特色功能**。**一是丰富的资源库**：插件内置了20多万个PPT模板素材，包含免费图片、主题、图标、智能图表等8大在线资源库，一键导入，快捷高效。**二是实用的快捷功能**：包含了38个设计辅助功能，如一键优化、智能排版、动画工具等，非常方便。

（2）设定卡片尺寸。

PowerPoint软件的模板一般是横向，但在"手机读屏时代"，可以将

PowerPoint 模板调整为纵向，有利于手机阅读和传播。

第一步，打开 PowerPoint 软件，点击顶部的【设计】菜单，再点击【页面设置】功能按钮。

第二步，点击【幻灯片大小】下拉框，选择【自定义大小】。

第三步，在自定义幻灯片大小界面，分别设置幻灯片的【宽度】和【高度】为 52 厘米和 93 厘米，【方向】选择【纵向】（见图 3-34）。

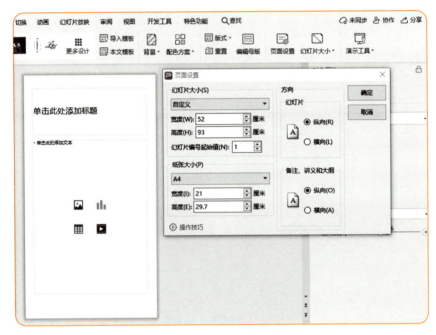

图 3-34　设定卡片尺寸

输入完毕后，点击【确定】，此时，PowerPoint 软件会提示你"最大化"还是"确保合适"，以适应新幻灯片尺寸，推荐选择【确保合适】，这样幻灯片会适应电脑屏幕。

（3）设置卡片布局。

卡片的尺寸设定好后，接下来重点是布局卡片的模块，卡片可设置 3 个模块：主题 / 标题模块、内容模块、思考模块（见图 3-35）。

主题 / 标题模块。主题 / 标题的颜色要醒目，用概括知识的简短词句，或使用知识相关内容作为主题 / 标题，比如 ×× 课程的知识点、×× 书的知识精要。标题的核心是让人一目了然地知道卡片的知识点是什么。标题框不用太大，标题字号控制在 64～84 磅，根据标题的长短来控制字体大小。

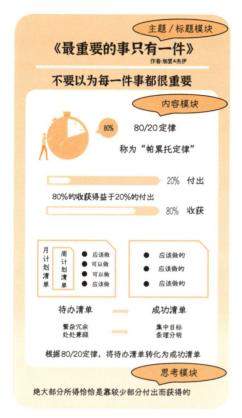

图 3-35　设定卡片布局示例

内容模块。内容模块包含文字说明和图形两个部分。如果是制作简单金句卡片，也可以只使用文字。文字行间距控制在 1.3～1.5 倍行距，字号大小控制在 40～48 磅。

思考模块。如果想输出自己的思考，可以在底部加入一个思考区域，用一两句话写出自己对这个知识点的思考或总结。

从卡片层次来说，主题标题模块和思考模块各占 1/5，内容模块约占 3/5。

（4）制作美观的 3 个小技巧。

配字。文字不要过多，因为卡片面积较小，文字如果密密麻麻的，不易识别要点，卡片的知识点控制在三四个最为理想。

配色。卡片背景、图标图形、结构模型、内容字体的颜色，最好遵循"色不过三"的原则，即一个主色、一个辅助色、一个注释色（见图3-35）。一组知识点的卡片底版颜色最好统一主色调，如果希望更有视觉美感，也可以结合同色渐变，制造一种过渡效果。图3-36所示的卡片，主色调是黄色，辅助色是白色，注释色是黑色。

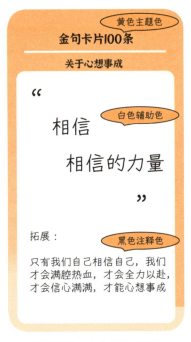

图 3-36　卡片配色示例

配图。配图设计可以根据内容本身带有的图片，比如图书或课程中的模型图，或者运用 PPT、iSlide 里自带的模型。日常，可以观察和累积模型图，看到好的图片或模型设计，可以把它存下来，然后学习它的框架设计，创新运用。花瓣网、站酷（ZCOOL）、优秀网页设计的官方微博，经常会发布一些好看的图形设计。

特别要注意，单纯将大段文字填入制作成的卡片，并不是真正意义的知识卡片。前面提到了知识萃取 TRAP 四步法（知识萃取 = 理解思考 + 总结重点 + 提炼结构 + 记录呈现），卡片的核心是对知识进行高度精炼，与知识主题不相干的文字都可以舍去。日常可以总结一些常用的卡片模板，以前做过的卡片模板可以应用到现在的内容，提升制作的速度。

制作卡片时要注意避免机械式作图，关注点都放在视觉美感上，为了传播或赢得他人赞誉耗费大量时间，而忽略个人思考。无论是纸质卡片还是电子卡片，重点还是要放在自己的思考、联系、应用、创造上面。

3.7　课程笔记：高效提升信息处理质量

本节所说的课程涵盖了各种学习课程、讲座、培训、演讲、沙龙等，是我们获取知识信息的重要方式。首先，要澄清一个概念，做课程笔记，不等于速记。做课程笔记需要有逻辑、有重点地记录内容，体现的是一个人的理解能力和信息抓取能力。

☞ **为什么要做课程笔记**
课程笔记的 4 大优势。
☞ **课程笔记的记录方式**
纸笔式、文章式、图片式。
☞ **高质量课程笔记的 4 大步骤**
有备而来，快速记录，整理结构，完善细节。
☞ **如何用纸笔做要点式课程笔记**
建立思考的框架，运用方格笔记进行要点式记录。

一、为什么要做课程笔记

1. 有助于知识的吸收

课程一般有严谨的逻辑结构，但人的脑容量和记忆是有限的，"笔记是人的第二大脑"，做课程笔记可以帮助你提升知识的吸收质量。整理课程笔记也是刻意学习的过程，帮助你理解这堂课究竟讲了什么，重点在哪里，做课程笔记的收获远远高于只是听听。

2. 有助于锤炼语言组织能力

做课程笔记是一个由感知转为联想、分析、综合，再化为文字表达的思维过程。因为时间有限，需要在课上边听、边筛选、边提炼有价值的信息。坚持练习，你的课程笔记将越来越清晰精练，日积月累更能锤炼语言组织能力。

3. 有助于树立个人品牌

无论是线上还是线下的课堂，都不是一个人的学习场所，而是对同一话题感兴趣的个体汇集在一起。课程是一种资源链的平台，怎样与这些志趣相投的人认识？想要在众人中脱颖而出，最重要的一点是让他人对自己产生兴趣。如果希望和课程老师互动连接，就要让对方关注自己。如果你能够在上课结束后，分享一份内容翔实、逻辑缜密的笔记，必然会成为大家关注的焦点。

比如，我的第二篇对外发布的课程笔记，分享的是吴晓波老师的一场演讲活动，这篇笔记当时被收录到吴晓波旗下"案例智慧"公众号，我被编辑邀请加入蓝狮子案例创客群。我曾先后为李善友、凯文·凯利、吴晓波、张德芬、王煜全等人做过阅读量10万多的笔记，因为课程笔记结识了不少老师和各地伙伴。

4. 有助于知识的巩固

如何加强我们的记忆，巩固学到的知识？德国心理学家艾宾浩斯发现的"遗忘曲线"（见图3-37）表明：我们的遗忘在学习之后立即开始，而且遗忘的进程并不均匀。最初遗忘速度很快，以后逐渐缓慢，经过长时间记住的东西，则很难被遗忘。

通过这条遗忘曲线，我们可以看到大脑的记忆规律，即知识在大脑停留时间越长，就越容易被记住。因此，学习后及时复习是非常必要的，将重点用笔记记录下来，等于重复记忆一次。在整理课程笔记的过程中，我们还会自主思考，从而激发大脑皮层的兴奋，起到优化记忆的作用。

如果把大脑比作一座加工厂，那么信息就是这座工厂储藏的原料，大脑通过知识接收、记忆存储、分析处理，最终输出智慧成果。大脑对知识从接收、存储、分析到输出，其实对应高效知识管理的4个方向：信息抓取能力、独立思辨能力、知识联系能力、知识应用能力（见图3-38）。

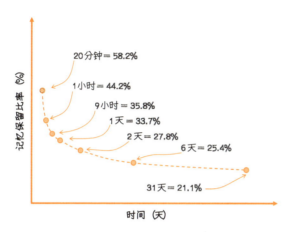

图 3-37　艾宾浩斯的遗忘曲线

图 3-38　高效知识管理的 4 个方向

接收信息只是第一步，知识的累积需要经过独立思考和分辨，剔除不适用的，进行大脑信息的分类存储，串联起不同的知识节点，整理成适用于自己的知识体系，并在实际生活中加以有效输出应用，课程笔记能够帮助我们加深印象，巩固知识。

二、课程笔记的记录方式

课程笔记可以用以下 3 种方式记录。

1. 纸笔式

使用纸笔快速记录精华内容,有时为了方便,可以自创快捷短语、特殊符号,来提高笔记的效率。纸笔式的课程笔记一般为要点记录、手绘(见图 3-39)、图解等,文字较少,容易浅层理解。

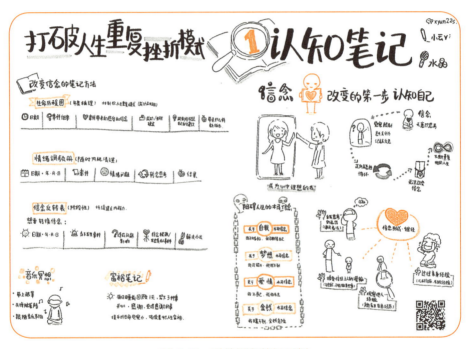

图 3-39 手绘课程笔记示例

2. 文章式

课程内容可以整理成一篇条理清晰的文章,进行公开分享。笔记侠公众号的很多笔记都是文章式的,帮助大家以还原现场的方式学习。一篇内容翔实的文章式笔记,常常会引起关注和赞叹。

3. 图片式

使用手绘或软件制作思维导图(见图 3-40)、卡片笔记(见图 3-41),以一张图的形式总结课程大纲或萃取知识要点。

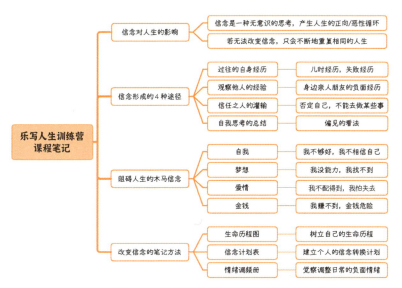

图 3-40　思维导图课程笔记示例

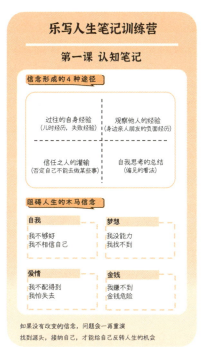

图 3-41　卡片笔记示例

前两节已经具体介绍了思维导图、知识卡片的制作方法，本节主要分享如何做一份高质量的文章式笔记，以及如何用纸笔做要点式笔记。

三、高质量课程笔记的 4 大步骤

文章式的"课程笔记"具体怎么做？我总结为 4 大步骤：有备而来、快速记录、整理结构、完善细节。

1. 有备而来：课前预习准备

每次听课都是一次很好的学习机会，可以围绕课程主题进行人物情况、书籍文章等相关资料的收集，做延伸性的主题学习。这样一来不仅加深了对授课者的了解，同时也多学习了一个领域的知识。由于对授课者的知识、风格有一定了解，做课程笔记时也会更得心应手。

凯文·凯利（畅销书《失控》和《必然》的作者，被称为"硅谷精神之父"）有一次到深圳做演讲活动，我和另外一位笔记达人老周一起负责凯文·凯利的演讲笔记。我们预先阅读了他的书籍和相关资料，活动当天的现场同声传译一开始出现了问题，很长一段时间翻译得断断续续，演讲中又有大量的英文专业术语，但由于事先进行了解和学习，较于其他媒体，我们整理出了更为翔实的笔记。

2. 快速记录：同步记录或将录音转为文字

现场可以边听边记录要点，如果你不是一个电脑打字或者写字速度很快的人，可以使用语音录音，再转成文字。本章第 4 节语音笔记里面，推荐了讯飞语记。使用讯飞语记，可以轻松把音频转换成文字。如果你的音频有 30 多分钟，只要其中的 5 分钟，有两种办法：第一种，用录音笔或录音软件录音，先剪辑出你需要的 5 分钟音频，再上传转为文字；第二种，用讯飞语记可以直接录音，并能全部转为文字，再找到所需的 5 分钟对应的文字。第二种方法会更快捷一些。

3. 整理结构：梳理全文结构，注意逻辑条理

当你完成初步的内容记录或是将课程录音转为文字，这时内容的逻辑

比较散乱，需要进行结构的梳理。考虑到现场的真实分享场景，授课者有时候会出现跳讲或重复讲述的情况。在后期整理笔记时，需要梳理前后逻辑，甚至还需要重新搭建文章结构。这样是考虑到读者的阅读体验，逻辑强、结构清晰的文章有助于提高阅读的舒适感和价值。

搭建结构可以使用"金字塔原理"（见图 3-42），其使用口诀为：**结论先行，以上统下，归类分组，逻辑递进**。

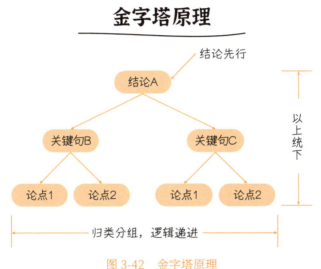

图 3-42　金字塔原理

- 结论先行：先说出全文的结论或中心思想。
- 以上统下：每一层次的思想必须是对下一层次思想的总结概括。
- 归类分组：每一组中的思想必须属于同一逻辑范畴。
- 逻辑递进：每一组中的思想必须按照逻辑顺序排列。

搭建好结果，可以把每一层结构的标题拿出来，检查一下全文是不是一个完整的体系，逻辑是否通顺。好的结构一看就知道文章重点是什么，分为几个部分，每个部分要点是什么。就像一本书，一定会有一个清晰的目录，目录之间相互联系。

比如，《爆款故事的底层逻辑》课程笔记的逻辑架构如图 3-43 所示。

结论先行，笔记一开始就抛出了全文的核心：企业要讲好自己的商业故事。

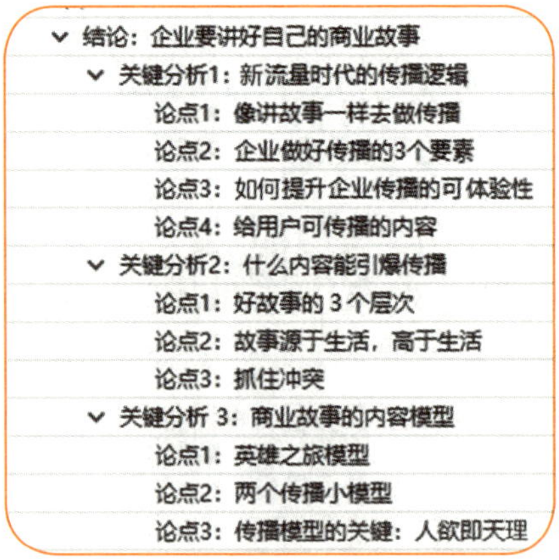

```
结论：企业要讲好自己的商业故事
  关键分析1：新流量时代的传播逻辑
    论点1：像讲故事一样去做传播
    论点2：企业做好传播的3个要素
    论点3：如何提升企业传播的可体验性
    论点4：给用户可传播的内容
  关键分析2：什么内容能引爆传播
    论点1：好故事的3个层次
    论点2：故事源于生活，高于生活
    论点3：抓住冲突
  关键分析3：商业故事的内容模型
    论点1：英雄之旅模型
    论点2：两个传播小模型
    论点3：传播模型的关键：人欲即天理
```

图 3-43 《爆款故事的底层逻辑》笔记架构

紧接着有 3 大关键分析。

关键分析 1：新流量时代的传播逻辑。

关键分析 2：什么内容能引爆传播。

关键分析 3：商业故事的内容模型。

这 3 大关键分析都是为了说明全文的核心，每个分析下面有三四个论点，每个论点都属于该关键分析的逻辑范畴，笔记的整理层层递进。

4. 完善细节：注意修订 4 个细节

（1）取好小标题。

把一篇笔记按逻辑，梳理成几个部分，每个部分取一个小标题，可以总结一句关键语句作为标题，便于快速知道每个部分阐述什么。如何取好小标题？有以下 3 个小诀窍。

第一，抓住论点。可以直接把核心论点或者重要知识点、问题整理成小标题，或者提炼内容的精华语句作为小标题。

例如，《爆款故事的底层逻辑》这篇课程笔记的小标题整理方法如下：

- "像讲故事一样去做传播"，用了文中的核心论点作为小标题。
- "企业做好传播的 3 个要素"，总结了文中的知识点作为小标题。
- "如何提升企业传播的可体验性"，使用了重点问题作为小标题。

第二，突出主题。小标题必须服务于主题，展示授课者的立意观点，不要选择不大相关的内容。

第三，简洁有力。小标题一定要简洁有力，直击要害，长短适中，以手机为例，14～16磅字的小标题不要超过两行。

初步梳理完标题，还需要通读上下文修订完善，小标题之间要有逻辑，使得笔记读起来更加通顺连贯。

（2）精简语气词、重复或无意义的词句。

课程老师在讲课、分享的过程中，常会有一些语气词或重复话语，要学会删减重复、无用的内容，保留核心思想。

第一，精简人物代称。

原句：周末和朋友见面了，他和**我**说，最近市场行情不好，所以销售很差。

修改：周末和朋友见面了，他说，最近市场行情不好，所以销售很差。

第二，删减因果词。

原句：周末和朋友见面了，他说，最近市场行情不好，**所以**销售很差。

修改：周末和朋友见面了，他说，最近市场行情不好，销售很差。

第三，删减"的、了、是"等多余的语气助词。

原句：周末和朋友见面**了**，他说，最近市场行情不好，销售很差。

修改：周末和朋友见面，他说，最近市场行情不好，销售很差。

经过这三方面的修改，句子是不是读起来更简洁通顺？对于文章式的课程笔记，你要逐句去读，优化啰唆重复的表达。同时，尽量少用隐喻、不常见的修辞手法、术语或外来词，方便读者理解。

（3）替换文章生僻词，添加备注。

学会辨别并且将生僻词替换成大众能够接受、理解的词汇，很多老师在讲课的时候，会说一些专业术语，比如 MVP、OKR 等。

例如，数字科技公司一定要基于对产业需求的深度理解，具备"产业 know-how"⊖。

为了能够让读者理解这个词的意思，我们就需要去百度上查这个词的解释，做好备注，读者在读课程笔记时就一目了然了。

⊖ 从事某个行业或工作所需要的技巧、专业知识。

（4）注意分段，突出要点和金句。

在信息碎片化的时代，读者经常是通过手机阅读，如果一篇文章的段落过长，读起来就很有压力。以手机屏幕的阅读来说，不超过6行字，3～5行字是比较舒服的阅读体验。文中有比较精彩的金句或核心内容，可以用加黑字体突出，不仅可以吸引读者的注意力，还能帮助读者快速抓取有价值的内容。

四、如何用纸笔做要点式课程笔记

学习重点是什么？有效有序地学习更多知识，这需要一个整理的"框架"。如同我们拥有很多图书，若没有书架，图书就无法很好地分类整理，找寻起来会特别麻烦。在知识学习中，"框架=整理思路的方法"，如果不能把知识信息整理成清晰的"框架"，那就无法快速找到所需的信息。

《聪明人用方格笔记本》[一]一书作者，同时也是日本创新管理有限公司董事长的高桥政史指出：所谓脑子转得快是因为信息整理能力，能将知识、信息想法有效整理进"框架"内。麦肯锡等咨询公司巧妙地玩转了"框架"，这个"框架"就是方格笔记本。就像道路的中心线一样，方格笔记本的横线和竖线可以作为指引线，记录信息和我们思考的问题。如果要用纸笔做课程笔记，我们可以运用方格笔记法进行记录。

1. 轻松使用方格笔记法的两大法则

（1）标题训练法。

你给笔记取过题目吗？笔记本上部有一个空白区域，你会在上面写什么？大多数人的第一反应是没有注意到那里，或是在那里写上日期。其实，这个地方堪称笔记本"最重要的部分"。

以报纸为例，大多数报纸用很小的字密密麻麻刊载丰富的内容，可为什么报纸总能让你对重要新闻一目了然？实现这一效果的正是报纸的"标题"。就像报纸不能没有标题，没有标题的笔记会大大降低对信息的理解程度。所谓有条理的笔记，是一眼能够看出何为重点的笔记。具体来说，每

[一] 高桥政史. 聪明人用方格笔记本 [M]. 袁小雅，译. 长沙：湖南文艺出版社，2015.

页笔记写上本页的主题，用一句话提炼结论，让人瞬间看出这页纸记录的主要内容是什么。

标题区域应该怎么写？应包含题目和重点（见图 3-44）。

题目：写在纸页上部的左边，是本页的主题，比如某个课程。

重点：写在纸页上部的右边，梳理出 1 ~ 3 条（3 条以内）课程中重要内容。

图 3-44　方格笔记法

如果在记笔记时能养成写标题的习惯，一页一个标题，那么写标题的瞬间会让你自然产生目的意识。如此可以培养梳理信息和总结概括的能力，你的笔记本将变身理解快速、检索超群的优秀笔记本。

（2）黄金三分法。

东京大学一学生的笔记本，美国著名学府康奈尔大学研发的"康奈尔笔记"、麦肯锡公司自创的"麦肯锡笔记"，以及同为外资管理咨询公司的埃森哲管理咨询公司使用的"重点表单"，它们都有一个通用的"框架"——"黄金三分法"，即将笔记分割为三部分，以"板书（事实）—发现（解释）—总结（行动）"顺序记笔记。

知名学府的"黄金三分法"：康奈尔笔记（见图 3-45）。康奈尔笔记的特征是事先将笔记分为三部分：**右侧是板书部分，左侧是发现思考部分，页面底部是归纳总结部分**。此笔记本的构造便于使用者养成以"板书—发现—总结"的顺序记笔记的习惯。

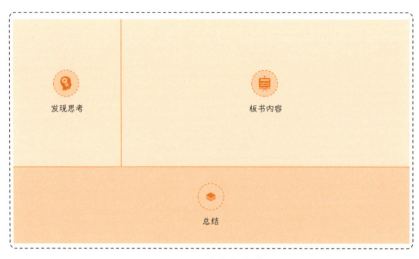

图 3-45　康奈尔笔记

咨询顾问的"黄金三分法":麦肯锡公司的"空·雨·伞"(见图 3-46)。

图 3-46　麦肯锡公司的"空·雨·伞"

- 空:现在的情况,比如抬头看天,发现乌云密布,写在表格的左侧。
- 雨:对状况的解释,好像要下雨了,写在表格的右侧。
- 伞:行动方案,根据对状况的解释要采取出门带伞的行动,写在表格的顶部。

看到这里，你可能会觉得这也太简单了，可我们常常是因为"再简单不过的事"，一直未能付诸实施。"简单就是终极的复杂"，这是达·芬奇的一句名言。"空·雨·伞"这一思考框架，是麦肯锡的咨询顾问掌握的至简至极的思考法。方格笔记法正是运用了"黄金三分法"这个简单而又有效的思考框架。

2. 用方格笔记法记录课程的要点

课程笔记属于思考记忆型笔记，为了帮助记忆和积累知识，使用中要注意两个方面。

（1）驾驭好"中部区域"。

课程笔记可以将笔记本的左右两页并作一个大页使用，按照"黄金三分法"，将这个大页从左到右分成3等份（见图3-47）。

- 页面顶部：左侧写下"题目"，即这是什么课程。右侧写下"重点"，记录需要掌握的主要内容。
- 页面左侧："板书"区域，听课时记录课程精华内容，加深理解。
- 页面中部："发现"区域，记录点评和所思所想。
- 页面右侧："总结"区域，课后总结要点、疑惑或者之后的行动打算。

方格笔记法示例

题目： 《爆款故事的底层逻辑》 (授课者：陈志强 2020.3.21)	重点： 1. 像讲故事一样做传播 2. 抓住价值观和冲突 3. 运用两个传播模型	
板书（事实） 1. 新时代的传播逻辑：讲好故事（专业性、准确性、可体验性） 2. 什么内容能引爆传播：唤醒共同价值观，抓住多重冲突 3. 商业故事的内容模型：英雄之旅、三角模型	发现（解释） 1. 传播时要考虑内容能否被用户吸收、理解，是否具备体验感 2. 好故事有趣且惊人，真实且震撼，能唤醒大众的共同价值观 3. 好故事内容模型：人欲即天理，产品是帮助解决阻碍的关键	总结（行动） 1. 写文章做传播要避免难懂专深的话语 2. 学习讲故事能力，运用内容模型 3. 观察生活中的产品、电影、文案讲故事的方法，总结经验、案例

图3-47 方格笔记法示例

能驾驭好"中部区域"的人，即可驾驭好学习。你是否在听课的过程中有所"发现"，如何将"发现"在"中部区域"展开，进行概括，其中的每一个环节都将对学习效果带来影响。"发现"预示着所听的内容已经转化成了自己的东西。善于发现问题的人，又善于将发现"故事化"，即能够与行动、结果联系在一起的人，在学习中会明显强于其他人。

（2）记笔记时要有意识地提问和总结。

笔记最右侧是"总结"区域，写下解决问题的"要点"或"疑问点"。真正会学习的人是"善于应用的人"，而善于应用的前提是"提问能力"和"概括能力"。

所谓"**提问能力**"，是得到某个信息后并不会直接收下，而会提出"这到底是什么意思""为什么会这么说"之类问题。

所谓"**概括能力**"，是能看到事物本质，并且将梳理后的重点内容记在脑子里，然后简单明了地讲给别人听。

要想强化这两种能力，每天的脑力训练是不可少的。每天记笔记时，在笔记本中部的"发现"区域，记录点评和所思所想。在笔记本右侧的"总结"区域，写下"要点"或"疑问点"，并想出解决问题的办法，这是最有效的锻炼大脑的办法。

做课程笔记要进行实践输出，当你知道课程笔记的道理和方法之后，需要通过一次次笔记练习，分享给他人，并总结提升，才能真正提升自己的能力。

3.8 读书笔记：四步实现创造性阅读

钱锺书夫人杨绛先生在为《钱锺书手稿集》写序时，说明了钱锺书记忆力超群的原因："他只是好读书，肯下功夫，不仅读，还做笔记；不仅读一遍两遍，还会读三遍四遍，笔记上不断地添补。所以他读的书虽然很多，也不易遗忘。"

从杨绛先生的这段话中，我们可以看出读书笔记的重要性。作为获取知识的途径之一，读书的意义自不必多言，但如果想在读书后有扎实的收获，就需要有技巧地写读书笔记，并养成长期的习惯。

读书笔记系统方法包括"选书、读书、记录、应用"4个流程。

☞ **如何选书：怎样通过书籍建立自己的知识脉络**

笔记工具：思维导图知识书库、个人阅读手册。

☞ **如何读书：读书步骤是怎么样的，如何通过读书笔记拆解阅读内容**

笔记工具：四色标记法、三色标签法、一页纸剧本阅读法。

☞ **如何记录：怎样由浅入深地做读书笔记，有什么不同方法**

工具：一页纸剧本阅读法、思维导图、卡片笔记。

☞ **如何应用：如何转化为行动，应用并分享**

方法：跳出读书的焦虑、做好文章式读书笔记、个人读书分享会。

一、如何选书：怎样通过书籍建立自己的知识脉络

信息爆炸时代，每天都有大量书籍出版，书是读不尽的，必须有所分类和选择。从不同的目的出发，书籍可以分为以下3类。

第一类，专业技能知识。提升个人发展的竞争力，包括职场所需的知识，比如营销知识、行业知识、产品运营知识等。

第二类，个人思维素养。提升个人认知和思辨能力，比如学会提问、思考方法、心理学、情商等。

第三类，兴趣爱好探索。自己有兴趣了解的知识，作为日常休闲阅读，比如诗歌、散文、小说、哲思，或者任何你想探索研究的事情。

有些人读书全凭自己的兴趣，今天读一本这个领域的书，明天又读一本那个领域的书，这种零散式读书方法，优点是能拓展不同领域的视野，缺点是阅读和知识的累积缺乏系统性。

这3种分类并不固定，因为每个人的情况和知识结构不同。比如，对于有些人来说，阅读诗歌、散文是休闲兴趣，但对于文案创作者可以归类到提升业务素养上面，通过诗歌美文汲取灵感和养分，用于创作新的产品文案。

从不同的读书目的出发，选择的书目也会不同。选书要有中心，这个中心可以是围绕一个主题进行个人的知识提升，也可以是解决某个问题，还可以是个人兴趣探索。

1. 围绕一个主题学习选书

当你对一个领域毫无认知的时候，可以围绕这个领域进行主题阅读，采用"浅—深—广"，即"通俗入门书籍—专业理论书籍—不同观点书籍"的读书路径。

第一步，选择通俗入门书籍。这种书籍浅显易懂，快速阅读此类书籍，帮助自己形成对这个领域的大致了解。如果一开始就选择较深的理论专著，很可能知难而退。比如，若从零开始学习新媒体运营，开始要先选一本介绍新媒体运营的畅销书籍。

第二步，选择专业理论书籍。选择这个领域的教科书，比如，新媒体的专业理论书籍《人际传播教程》。这类书一般比较厚，有理论支持和练习，需要花较多的时间阅读。借此，你对这个领域的方法会有一个系统的认知，可以建立起这个领域的知识框架。

如果用知识之树来做比喻，你由此建立的知识框架如同树的枝干，此后所有的学习都可以纳入这棵知识之树中，创造出自己的果实。

第三步，选择不同观点书籍。到了第三个阶段，你可以广泛阅读这个领域的不同作品。经过第一、二步，你对整个领域的知识方法有了系统的认知，第三个阶段时读书会非常快，因为同一领域的书籍具有相似性，很多内容之前你都读过，你要关注不同观点的内容，是否能给原有的知识体系带来新启发，带给你新观点和创意。

2. 以问题为中心选书

心中有一个待研究的问题，然后选择相关的书籍去读。同时，收集不同人士对于这问题的意见，供自己去思考分析，推求结论。

一方面，当发现问题想寻求答案时，我们可以从书中寻找答案，从问题出发去学习探索，成为问题的解决者。即使阅读会用较多时间，但自己可以学到整体、有脉络的知识，会比只听别人说的片段答案更加完备。

另一方面，以主题或者问题为中心的选书，可以请这个领域专业人士推荐相关书籍，这样能够帮助你迅速找到合适的书，还可以查阅这个领域的书籍榜单，筛选阅读书目。如果你有想要学习的专家或者偶像，也可从他的阅读清单中汲取智慧的火花。当自己书读得多了，建立起自己的知识脉络，掌控了对问题和人生的解答权后，自信和底气也会油然而生。

3. 笔记工具：思维导图知识书库和个人阅读手册

在选书和建立起自己的知识脉络过程中，可以运用两个笔记工具。

工具一：思维导图知识书库。

你可以运用前面思维导图的方法，建立自己的知识书库：从"专业技能知识、个人思维素养、兴趣爱好探索"来分类，罗列计划阅读的书籍。

例如，图3-48是我的思维导图知识书库。

- **专业技能知识类（分支主题），细分5个阅读子主题：** 课程开发、市场营销、产品运营、社群运营、文案写作。
- **个人思维素养类（分支主题），细分3个阅读子主题：** 思维方法、阅读方法、心理学。
- **兴趣爱好探索类（分支主题），细分2个阅读子主题：** 传记哲思、个人管理。

工具二：个人阅读手册。

你可以建立个人阅读手册，每买一本书做一次登记，因为许多人都是冲动购买，买后时间太久或者买太多，自己也就忘了。建议大家针对7个方面做一个表格梳理：购买时间、书名&作者、阅读目标、阅读时长、收获&新知、应用&输出、归类&存放（见图3-49）。

在买书的时候登记一下购买时间、书名和作者，买这本书希望实现什么学习目标。阅读完，写下自己的收获以及可以应用在哪里，获得了什么样的新知，花费了多长时间，做了什么样的应用输出，并对书籍、阅读笔记等相关资料进行归类存放。这样一梳理，自己选书、读书的过程就一目了然了。

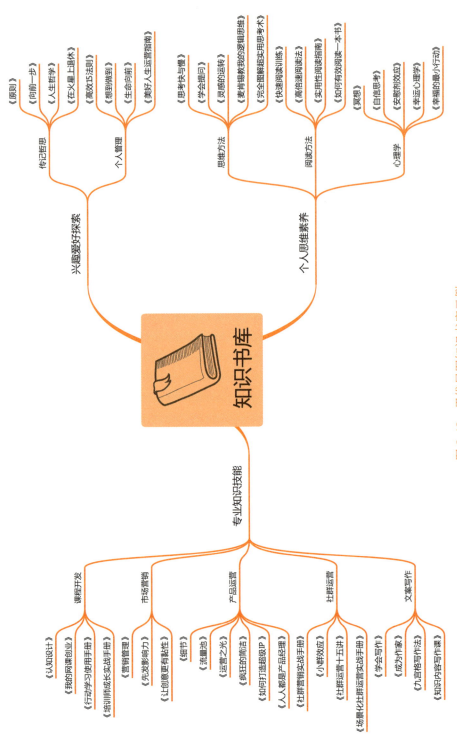

图 3-48 思维导图知识书库示例

个人阅读手册

ⓘ	购买时间	书名&作者	阅读目标	阅读时长	收获&新知	应用&输出	归类&存放
1							
2							
3							
4							
5							
6							

图 3-49　个人阅读手册

二、如何读书：读书步骤是怎样的，如何通过读书笔记拆解阅读内容

阅读过程分为前、中、后三个阶段，不同阶段选择相应工具帮助我们进行阅读、理解、记忆。

- **阅读前期和中期：**使用四色标记法、三色标签法、一页纸剧本阅读法。
- **阅读后期：**使用思维导图、卡片笔记、文章笔记。

1. 四色标记法和三色标签法

（1）购买黑、红、蓝、黄四色笔。

- 黑色：记录不需要特别记忆的内容，正常书写之用。
- 红色：记录重要的知识点。
- 蓝色：记录可以作为案例、故事的内容。
- 黄色：记录带来新启发、视角的观点。

（2）购买红、蓝、黄三色标签贴在书口作为提示（见图 3-50），方便事后

图 3-50　三色标签法示例

翻阅和快速查找。

- 红色：提示重要的知识点。
- 蓝色：提示案例、故事。
- 黄色：提示新启发、新观点。

阅读到重要内容可以用**红色笔**画一下、做记号或圈出关键词句，并在**红色标签**上写下这部分内容的关键词，贴在书页边缘。

阅读到好的案例、故事或者可以作为写作素材的内容，把整段话用**蓝色笔**加"（）"标记，在内容旁边写上"素材"两字，也可以在**蓝色标签**上写下这部分内容的关键词，贴在书页边缘。

阅读到给你带来新启发和新视角的内容时可以用**黄色笔**画出，同时在**黄色标签**上写下这部分内容的关键词，贴在书页边缘。

通过**四色标记法或三色标签法的**分类记录，阅读当下就进行了知识归类，方便之后的重读和资料查找，大幅提升知识处理的效率。使用色彩可以提升读书效率，但仅以"四色"——红色、黄色、蓝色、黑色为限就好，别把笔记变成"七彩霓虹灯"，颜色太多容易混乱，不易识别。

2. 一页纸剧本阅读法，解决读不下、记不住的顽疾

你有没有过这样的经历：看完一本书，热血沸腾，但过一段时间后，当你需要这些内容时，感觉脑袋里一片混沌，以为牢牢记住的知识，却完全无法灵活运用，这其实与没做好阅读笔记有关。

彭小六老师在《洋葱阅读法》[一]一书中介绍了一个读书笔记框架——九宫格笔记（见图 3-51）。

九宫格读书笔记由五大部分构成。

- **书名**：书本名称、作者。
- **问题**：阅读之前，你有什么疑问，希望通过这本书解答什么问题？
- **概念**：记录书中的 6 个核心概念。
- **啊哈**：记录感兴趣、使自己快乐、感到欣喜的地方。
- **接下来要做**：如何借鉴、改进自己的行动？

一 彭小六. 洋葱阅读法 [M]. 北京：北京联合出版社，2018.

洋葱阅读法

图 3-51 《洋葱阅读法》中的九宫格笔记

框架帮助我们有序地学习更多的知识，用九宫格的框架可以有效帮助我们整理书中的要点和思路。我的读书方法是把阅读当作一次剧本创作的过程，受九宫格笔记的启发，我将剧本创作的思路和九宫格的框架结合在一起，称之为"剧本阅读法"：死记硬背知识是没有用的，大家都爱读故事，因为它更生动有趣，我们可以想象自己是故事或剧本的创作者，以创作者的视角进行阅读和记录。

从剧本创作的角度，我把"剧本阅读法"（见图 3-52）的过程分为 4 步：**事前预习规划，设定剧本开头，写下剧本内容，总结剧本结尾。**

第一步，事前预习规划（了解整体）。

阅读前，先查看一下目录、序言、后记，就能了解这本书的整体概况，然后判断一下：这本书是不是符合自己的阅读目的？这本书需要理解到什么程度，是快速翻阅找到所需信息就好，还是要从头到尾仔细读读？哪个部分内容，你很感兴趣？计划花多少时间来实现阅读目标？

在信息泛滥的时代，阅读时要学会取舍。如果判断这本书不符合自己的阅读目标，果断舍弃。如果符合，就进入阅读和笔记环节，不浪费时间。

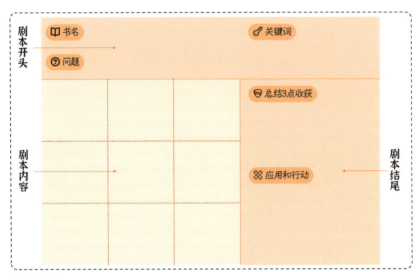

图 3-52　剧本阅读法

第二步，设定剧本开头（书名、问题/目标、关键词）。

在阅读前，要设定问题/目标，通过阅读这本书希望达到什么样的目的，有什么要解决的问题或困惑。

在阅读过程中，可以思考：如果自己是这本书的创作者，会怎么呈现知识内容？有目的、有方法地记录知识要点。

在阅读后，要系统输出自己的总结和思考。

1）在表格左上角写下书名和问题/目标（见图 3-52）。

"问题"是指通过阅读一本书或某个资料，希望解决什么具体问题。"问题"的设定要非常具体。如同你在网上搜寻资料，如果输入的关键词比较模糊，就很难精准搜到想要的东西。"目标"是指读完这本书以后，期待达成什么样的成效，或者收获什么认知。

设定问题和目标，从没有目的、无意识的被动阅读，变成目标明确的主动阅读。当你有了明确的目标和问题，大脑的"雷达"就开启了，就能提高阅读效率。

2）在表格的右边写下书中的关键词（30 分钟快速翻阅）。

"问题"是接收所需信息的"向导"，但为了提升接收效果，我们需要找出书中关键词，使我们离所需信息更近一步。在这个过程中，你要先翻阅目录，浏览大纲，看看哪部分内容有助于解决问题，哪些是可以略读的不重要内容。

之后快速浏览正文，寻找与"问题"相关的关键词，并把关键词写在表格的右边。同时，你可以一边快速阅读，一边把觉得有价值的那一页折角，以方便之后仔细阅读。**快速翻阅，要避免埋头读进去，把时间限定在 30 分钟内，找出书中关键词并记录下来。**

通过第一步的事前预习，你了解这本书的框架，知道自己最需要的内容可能在第几章，哪部分需要重点阅读，哪些地方可以翻一翻就过去。**通过第二步写下问题、关键词**，你对内容做了自己的思考，如同创作者一样写下：创作的目标、解决的问题和创作关键词。大脑对熟悉事情比较容易理解和接受，在以上两个过程中，就相当于预先收集一些信息，让大脑对这本书的主要内容、思想、架构熟悉起来，之后再阅读的时候，增强知识的消化和拆解能力。

第三步，写下剧本内容，包括 9 个知识点（开始详细阅读）。

边阅读边在表格内写下你觉得重要的 9 个知识点。在阅读过程中，你可以思考：自己如果是这本书的创作者，会怎么呈现知识内容，要有意识地追问自己。同时，你可以结合使用**四色标记法和三色标签法**，在书中做标记，并在表格内标注出重要内容在书中的页码，方便之后重读，迅速找到需要的内容。

第四步，总结剧本结尾，包括 3 点收获以及应用和行动（阅读后）。

在表格右下方，总结阅读提炼这本书的 3 点收获，并写下之后打算将书中的知识应用于什么领域，或是受到书中启发，打算采取什么行动（见图 3-53）。

阅读技能的提升需要一个由慢到快、由快到慢的过程。

由慢到快的过程：一开始由于阅读的书少，阅读的速度和知识处理的效率都不高，当你围绕一个主题进行大量的阅读积累，逐渐形成自己对这一主题的认知框架后，你会发现同一主题书籍讲的东西都差不多，和前面的书相比，新书可能只有 10%～20% 的新知识点，这时的阅读速度就会很快。

剧本阅读法示例

剧本开头（书名、问题、关键词）				剧本结尾（总结3点收获、应用和行动）
	📖 书名　《5秒法则》（梅尔·罗宾斯）　🔑 关键词　5秒法则、勇气力量、改变行为 改变思维、大脑决策、使用诀窍 ❓ 问题　5秒法则为何奏效？如何提升行动效率？			
	①5秒法则如何奏效（49页） 5.4.3.2.1行动，倒数助你专注于目标式承诺，屏蔽感受，直接行动	②为什么有用（56页） 头脑劝你三思而后行，一旦过度思考，容易禁锢思维，5秒窗口期改变默认思维习惯	③勇气力量（64页） 生命宝藏在你心中，不在别人手中，激活内心力量，找到勇气推动自己行动	🏆 总结3点收获 ①关闭头脑多余的想法 ②启用5.4.3.2.1行动仪式 ③最小行动，排除干扰，建立信任的勇气将带来改变
剧本内容（边看边写下9个知识点）	④使用诀窍（112页） 采取最小能耗行动，例如阅读，书先放到随手可拿的地方	⑤提高效率方法（143页） 一、排除干扰因素 二、把控早间时间 三、列必要事项及重要性 四、制定期限	⑥终结拖延症（157页） 一、原谅自己才能改变 二、聚焦将来做什么 三、从5秒直接开始	🎯 应用和行动 ①实践5.4.3.2.1早起仪式 ②结合习惯打卡，建立奖励机制
	⑦不再担心（171页） 运用心灵对话，问问自己这一时刻感激什么	⑧停止焦虑（187页） 舒缓情绪，告诉自己很兴奋很有力量	⑨战胜恐惧（201页） 创建一个瞄定的想法和目标	

图 3-53　剧本阅读法示例

由快到慢的过程： 当你把这个领域的书籍大致读完了，就可以放慢阅读速度，反复研读其中的经典书籍，深度研究这一主题的问题，输出自己对这一领域的总结、观点和创新。

三、如何记录：怎样由浅入深地做读书笔记，有什么不同方法

通过"剧本阅读法"进行读书笔记整理，用一页纸就可以清晰看到整个书的脉络和内容，如果书中有一些重要模型或者细致内容，该怎么处理？或者是我们日常在阅读微信文章时看到好的知识点，该如何记录？

我们可以使用卡片笔记法进行知识精华的提取，卡片可以是电子卡片

形式，也可以是纸质卡片。剧本阅读法笔记和卡片笔记可以说是整体和局部的关系，大家可以根据自己的需求选择使用。

我会在快速翻阅书籍时，判断该书信息量的大小，进行工具选择。

（1）**信息量中等**。一张 A4 纸就可以写下的，我会使用一纸化剧本阅读法的笔记格式记录。

（2）**信息量大，且有很多需要记录的知识点**。我会使用卡片笔记（见图 3-54），特别是看到金句、模型、原理这 3 类知识，我会特别用卡片记录，方便归类和重新组合。

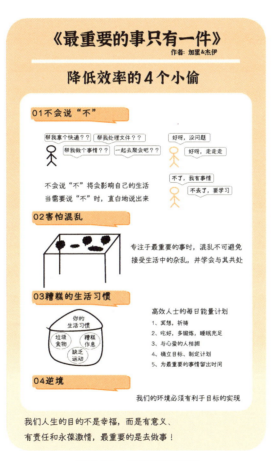

图 3-54　卡片笔记示例

（3）**如果希望对全书的框架结构一目了然**，可以使用之前介绍的思维导图（见图 3-55）整理全书的脉络。

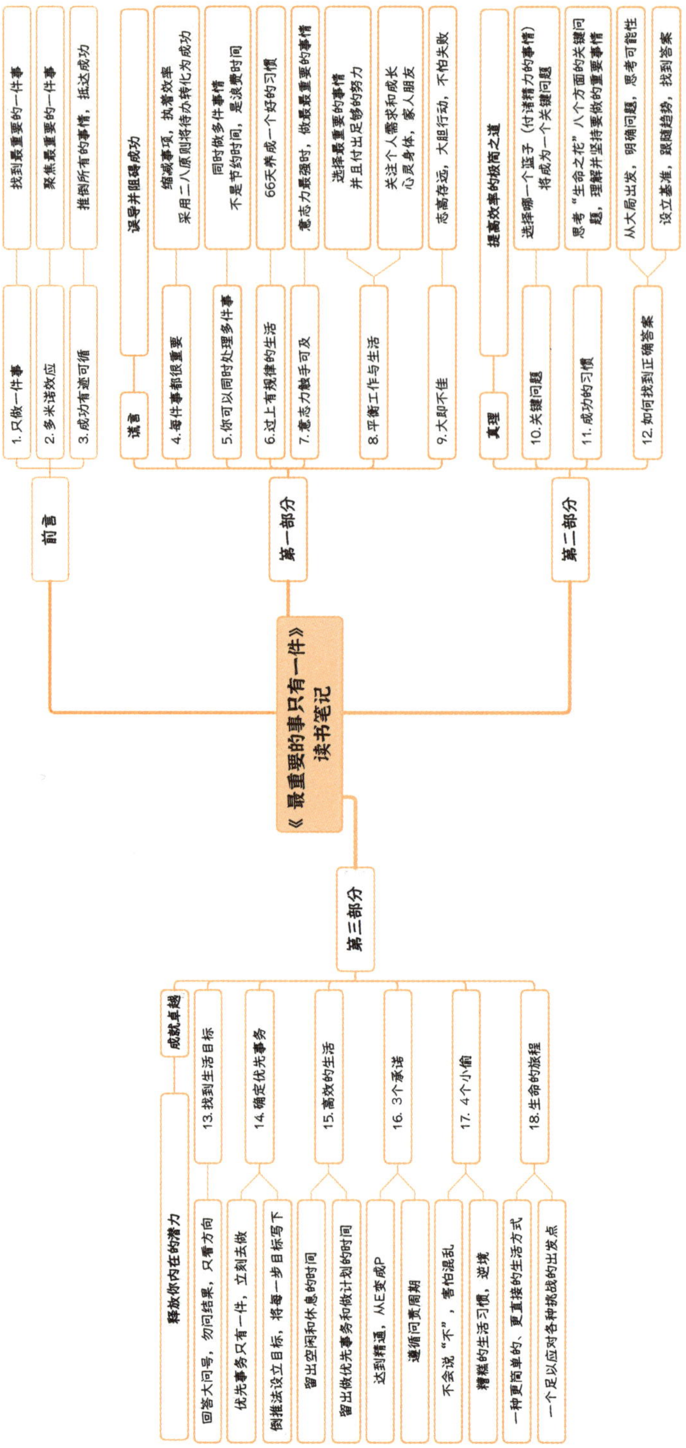

《最重要的事只有一件》读书笔记

前言
- 1. 只做一件事
  - 找到最重要的一件事
  - 聚焦最重要的一件事
  - 推倒所有的事，抵达成功
- 2. 多米诺效应
- 3. 成功有迹可循
  - 误导并阻碍成功

第一部分 谎言
- 4. 每件事都很重要
  - 缩减事项，执著效率
  - 采用二八原则将多件事化为成功
- 5. 你可以同时处理多件事
  - 同时做多件事
  - 不是节约时间，是浪费时间
- 6. 过上有规律的生活
  - 66天养成一个好的习惯
- 7. 意志力触手可及
  - 意志力最脆弱时，做最重要的事情
  - 选择最重要的事情，并且付出足够的努力
- 8. 平衡工作与生活
  - 关注个人需求和成长
  - 心灵身体，家人朋友
  - 志高致远，大胆行动，不怕失败
- 9. 大即不佳

第二部分 真理 提高效率的极简商之道
- 10. 关键问题
  - 选择哪一个正事（付诸有力的事情）
  - 将成为一个关键问题
  - 思考"生命之花"八个方面的关键问题
  - 理解并坚持要做的重要事情
- 11. 成功的习惯
  - 从大局出发，明确问题，思考可能性
- 12. 如何找到正确答案
  - 设立基准，跟随趋势，找到答案

第三部分 成就卓越
- 13. 找到生活目标
  - 释放你内在的潜力
  - 回答大问号，勿问方向，只看方向
- 14. 确定优先事务
  - 优先事务只有一件，立刻去做
  - 倒推法设立目标，将每一步目标写下
- 15. 高效的生活
  - 留出空闲和休息的时间
  - 留出做优先事务和做计划的时间
- 16. 3个承诺
  - 追问精通，ME变成P
  - 这我们
- 17. 4个小偷
  - 不会说"不"，害怕混乱
  - 糟糕的生活习惯，逆境
- 18. 生命的旅程
  - 一种简单的、更丰实的生活方式
  - 一个足以应对各种挑战的出发点

图 3-55 思维导图读书笔记示例

注意，制作卡片笔记、思维导图时，重点不在于这张图的内容多完备、多漂亮，发朋友圈后能赢得多少人的赞誉和转发，而是要通过这个工具厘清书中的知识脉络，梳理并思考：书中有几个知识要点，是怎么得出结论的？背后逻辑是什么，不同知识点有什么联系？**工具是为人服务的，但工具不能代替人思考，重要的是为你所用，选择适用当下场景的方法，你的思考、串联和应用才重要。**

四、如何应用：如何转化为行动，应用并分享

本章开头我们提到了这几年比较普遍的知识焦虑问题：知识产品停不下来地买买买，买了一大堆书却很少读，或者囤了一堆电子书、思维导图、电子卡片却没有看，只是因为看到别人在推荐、转发，觉得不囤积下来，就会错过什么。

- 看别人半年读了 100 本书，自己没做到，焦虑！
- 看别人做的思维导图、电子卡片很漂亮，自己没做到，焦虑！
- 忙着在朋友圈晒读了多少本书，做了多少张笔记、卡片、思维导图，希望获得别人的赞赏。

这样读书就陷入了和他人比较、需要他人认可的焦虑循环中，如果一味追求读书速度或者笔记展示的美观，就要思考这背后是否有觉得自己不够好，要通过展示读很多书或者收获他人的赞赏来证明自己，增加自信。

1. 跳出读书的焦虑

（1）用创作者视角思考创作。

请把精力、关注焦点放在自己的身上，而非外界的评价。**读书的收获并不是以多和快来衡量的，重要的是能够从一本书中收获一两个看世界的新视角、新启发、新知识。** 就像我们在剧本阅读法中提到的，你能否以创作者角度思考：这本书哪里写得好，哪里写得不好？这本书的哪些知识可以增补自己的知识体系？自己如果是这本书的作者，会如何呈现这种类型的知识内容？

读书重点要关注哪些内容会给你原有的知识体系带来新的改变，给你

新的思路和创意，这本书和你的生活与工作有什么关系，对你的人生有什么影响，会使你有什么收获。如果不是这样，不停地买书而不读，或者读了没用，那是浪费精力的囤积知识。

（2）将知识转化为行动。

一味读书却没有思考和行动是没有意义的，学习、思考、行动要各占到 1/3 的时间。读书最重要的是对书中的内容进行思考，举一反三，并将其充分运用到自己的生活和工作中。在读之前先想清楚，自己要做什么，现阶段的知识和能力还欠缺什么，然后有针对性地进行主题阅读、解决问题或者兴趣阅读。

我经常采用主题阅读和阶段性的目标阅读相结合的方法。比如，在我推出个人第一个产品课程"乐写人生笔记训练营"之前，我就围绕课程涵盖的 5 个方面——认知自我、梦想规划、知识提升、行动效率、价值创造，筛选出了相应的书单，用 3 个月时间集中阅读 50 本书籍，在读书的过程中，关注增补自己体系的新知识，之后将过去的累积和新收获的知识进行融合，推出自己的第一个课程。

将阅读的知识转化为行动，就要在"读"的过程中，把书中的知识观点，与自己的想法、生活和工作，反复进行对比、分析，最后经过归纳、总结、转化为自己的行动策略或者进行新的融合创造。

如果没有从创作者的角度出发，不知道这本书和自己有什么关系，只是囫囵吞枣，消化不了，读得再多、再快也只是填补自己的焦虑而已。如果没有建立自己的知识架构，没有将阅读到的知识内化成为自己的东西，创造自己的思维和作品，那就等于浪费宝贵的时间却没有长出自己的知识之树。

当你成为创作者时，生活处处是书，看到的广告是可以学习的文案书，看到的一部好电影可以是精彩小说，观察到的一家面包店运营可以是一本商业书，周围的一切都是学习的内容，将自己的学习、思考、行动串联在一起。

2. 做好文章式读书笔记

当我们阅读到比较好的书籍，带给自己一些想法和启发时，就可以写成文章式的读书笔记或者做成一次读书分享会，创造分享传播价值。要做好文章式读书笔记，应做好以下 3 个方面。

（1）进行选题：筛选适合书籍。

做读书笔记首先要选好书，这样在学习过程中才容易有收获，写成读书笔记也不会有太大的难度。什么样的书籍适合做成文章式读书笔记？这需要看书籍的类型、结构和内容。

一是看类型。专业知识类、思维素养类书籍通常会讲授一些具体知识，或者针对某个问题提出解决方法，书中包含清晰的知识点，写出的读书笔记言之有物，读者有收获。这类书籍适合写成文章式读书笔记，或者做成个人的演讲分享。如果考虑传播阅读量，可以从中选择当下热门书籍或者热点相关书籍。

比如，我之前写了《人类简史》读书笔记，当时要参加混沌学园李善友教授从硅谷归来的首次大课，这本书是课前推荐书籍，也是当时市场的热门书籍，有了相应的阅读人群。这篇读书笔记，我发布在"笔记侠"上面，在全网各平台累积阅读量达到 10 万多。

二是看结构。书籍结构怎么样，论述逻辑是否清晰？专业知识类、思维素养类书籍会呈现出明显的知识脉络，目录常常就能体现出全文架构、方法、步骤，这种书籍的读书笔记写起来比较简单，结构清晰。

三是看内容。阅读之后，你可以判断这本书是否有用、有趣、有料。

- 有用：书中提到的一些方法、干货是否具有实操性，自己能否总结提炼出来，并结合个人实际情况、实践案例来写。
- 有趣：书中是老生常谈，还是展示了一些新奇、新颖的观点，是否能写出自己的启发和独特思考。
- 有料：知识内容是否丰富，是否有观点、有案例、有数据，能否帮助解决实际问题。

（2）写作过程：动笔前先思考，搭建文章结构。

第一步，动笔前先思考。动笔前，先分清你是写给自己，还是要写给其他人。

写笔记的目的是给自己，针对某本书发表自己的见解，说说书的知识观点和启发。如果是面向他人，写作必须站在读者的角度去思考：什么人会有兴趣阅读？希望看到什么？你的文章要告诉读者哪些信息？

第二步，搭建文章结构。文章结构可以分为3个部分（开头、中间、结尾）。

1）开头部分：总述（引入兴趣+概况介绍）。

开头部分做一个引言，主要是为了引起读者的兴趣。我们可以站在读者的角度，进行思考：通过这种类型的书籍，读者想知道什么？这本书能给读者带来什么信息？

如果开头没有开好，即使后面的内容再好，读者也没有读下去的欲望了。你可以用自己的亲身经历，讲一个故事或者提出一个吸引人的问题，引出主题。之后简单地介绍书籍的基本信息（作者、本书主要内容、为什么这本书值得阅读）。

比如，写《人类简史》读书笔记时，在开头我是这样写的：

"读史使人明智"，英国哲学家培根的这句话被奉为读历史的意义的经典名句，但历史若只是记载和陈述，历史本身不会告诉人道理，读史如何可以明智？市面上的历史书籍五花八门，该从何读起？

去年夏天，我去拜访飞博共创创始人伊光旭，发现他办公室书架上有满满的图书。当时，他推荐了《人类简史》，说这本书说清了人类发展的特性。最近，混沌学园李善友教授更是把这本书作为8月"认知革命课程"的必读书目，这本书究竟有什么特殊的魅力？

上面两段话，我使用"读史的重要性、名人推荐、抛出问题"，吸引大家的注意。

读完《人类简史》，不得不佩服作者尤瓦尔·赫拉利的博学和视野。10万年前，我们曾经只是自然界一个毫不起眼的族群，为何最终成为地球的主宰？人类经历了认知革命、农业革命到科学革命，国家、宗教、法律、文化、经济是怎样一步一步产生的，人类社会怎样演化？

作者用通俗的语言和新鲜的视角讲述三大革命如何改变人类和其他生

物,厘清了影响社会发展的重大脉络。这既是一部宏大的人类历史,更以小写大,见微知著,让我们审视自身发展应该具备的能力。

以上部分,我进行了概括介绍,简短说明这本书为什么值得读,以及讲了什么独特内容。

开头是为了吸引读者读下去,不要长篇大论,点到即可。

2)中间部分:分论点(介绍书中精彩论点,并结合自己的观点)。

一本书的内容很多,我们在做读书笔记时,很难做到面面俱到,同时读者的注意力有限,写得太多了,读者往往没办法看完。最好能提炼全书的3大核心观点或方法,每个大的观点下面还可以讲3个小论点,切忌贪多求全。讲到方法的时候,重点放在如何使用这些方法,可以列举书中的案例,或者简单阐述自己的感悟、收获和实践。

《人类简史》读书笔记的中间部分,我分为3大核心观点,每个核心观点下面有3个小的论点(见图3-56)。

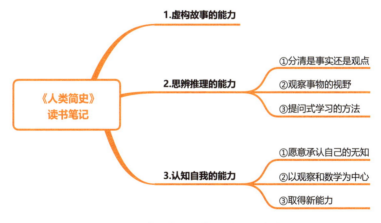

图3-56 《人类简史》读书笔记架构

3)结尾部分:综述、总结。

在结尾部分,简短回顾书籍重点讲述了什么核心观点、方法,解决什么问题,或者添加几句自己的感悟、想法。

比如,在《人类简史》读书笔记的结尾,我做了一个全书的总结:

以上3点经验同样适用于个人和企业的发展，认知是成长最大的壁垒，承认自己的无知，知道自己并非无所不知，现有的知识也并未定案，用更开放、包容的心态去倾听、学习、实践，就比过去更具有活力，更有弹性，也更有求知欲。

同时，运用科学的方法和工具加以观察、实践、整理，不断完善理论并应用，将进一步促进认识和能力的提升。

（3）注意小细节：亮出观点和取好名字。

第一，亮出观点。 写读书笔记的最终目的是向读者推荐书籍，要敢于分享自己的见解，但对于想表达的内容要有所取舍，书评的篇幅有限，不可能把所有东西都写出来，亮出最核心观点即可。

第二，取好名字。 经常会看到这样的标题：××××书评、关于××××书评。这样的标题缺乏吸引力，不如起一个能反映内容或者能够引起人好奇的名字。比如，对于《人类简史》读书笔记，我取的标题是"《人类简史》告诉我们：能做'人'，是因为这三个能力"。这个标题涵盖了书名，同时设置问题，意在引发大家好奇：哪三个能力，让我们成为"人"？

3. 个人读书分享会

刘丰老师曾经说过："我做的事、讲的课，并不是在钻牛角尖。我是在给自己讲，因为我要让自己不断地去理解这些东西。为什么我每次讲之前都说，讲的人是最大的受益者，是因为这个场合给了我一个机会，让我看到这么多投影出来的相（像），进而不断唤醒我的内在智慧。"

如果你写出一篇精彩的文章式读书笔记，再根据内容制作成PPT，就可以作为一次个人读书分享会的材料。你将一本书的要点说给他人听，其实是让自己更深入地了解这本书，你会发现自己还有哪里没有理解清楚。在演讲互动的过程中，你会听到反馈和提问，帮助你继续完善相关知识。当你能够将书的内容融会贯通并讲述给别人时，书中的内容就能转化为自己的知识。

3.9 观影笔记：收获多维度的人生视角

大家日常成长学习的方式有哪些呢？通常回答是读书、学习课程、实践，但还有一种方式被忽略：看电影。大家可能会想：看电影不是娱乐休闲吗？

"华语文案天后"李欣频是我喜欢多年的一位老师。2016 年 8 月，我第一次参加了她的杭州线下私塾课。课程中结合电影的教学法，给了我很大启迪："观影对人生成长有非常重要的作用，也是人生的模拟场。如果你的人生当下只有一种版本，那么透过电影可以虚拟体验不同角色的应对和抉择。如果你看过百部电影，也等于体验了百次的人生。"

其实，看电影、阅读、学习课程、旅行都是重要的人生积累，一部好电影给人的启发不亚于一本好书，特别是遇到人生困扰的时候，一部好电影甚至能给你豁然开朗的启发。回顾自己成长的几个困顿时刻，观赏的几部好电影给了我前行的勇气和启示。有时工作或者写作没有灵感的时候，好电影也能带给我新的启发。

怎么观看电影才能带来多重的收获？

一部电影可以带来 4 种人生经验，从中练习看待一件事情的 4 个要点。

☞ **思考 4 种视角，积累 4 种经验**

创造者、电影主角、产品文案、影评家。

☞ **观影笔记案例**

《少年的你》不同的视角。

☞ **不只是电影，更是人生**

万事万物皆可以成为学习的对象。

一、思考 4 种视角，积累 4 种经验

每次观影，我们可以尝试从创造者、电影主角、文案撰稿人、影评家这四种视角来思考，收获 4 种人生经验。

1. 创造者视角

观看电影时，你可以把自己当作导演、编剧、演员：

- 如果你是导演，如何来拍这部电影，使画面更唯美？
- 如果你是编剧，如何创作剧本、设计悬念，使得全剧更精彩？
- 如果你是演员，如何演绎人物和展现情节的张力？

从中你可以学习讲故事和表达的能力，通过电影积累人生的角色经历。比如，之前的热门电影《少年的你》，针对这个题材，你会怎么处理剧情的发展和结局？剧中关于高考的画面触动到你的经历，你会怎么来展现当中的场景和氛围？

2. 电影主角视角

观影的时候，可以把自己当作电影主角，面对影片中的困难，思考自己如何解决。面对电影中的两难抉择，思考自己会怎么分析和选择。

电影《少年的你》中，女主角陈念遇到校园霸凌者魏莱的一次又一次欺负，如果是你会怎么面对？电影中陈警官负责校园霸凌事件的处理，换成你会怎么做？雪崩时，没有一片雪花是无辜的，每个人都有自己的社会责任。

国外经典电影《土拨鼠之日》中，男主角陷入了每天起来都是同一天的循环，即便选择各种的方式自杀，第二天还是如常回到这一天。这部电影亦是人生的一种隐喻，你会怎么面对这种困境，如何度过这种重复的人生？

3. 文案撰稿人视角

电影为何能够成为爆款，或为什么不受欢迎？当中若有打动你的金句，记录下来，他日可以用在文章或文案里。《少年的你》电影中那句"你保护世界，我保护你"广为流传，连人民日报微博都曾用到。我在印象笔记中设一个笔记文档，专门来记录日常看到的精彩金句。

同时，电影如何做宣传？设计什么样的引流互动活动？文案是否打动你，标题是怎么取的？海报如何做视觉设计？这些都是可以学习的方向。看完电影《少年的你》，我从产品文案视角思考，写了影评《从近期热门电影，看爆款产品的三要素》。

4. 影评家视角

看完电影后，你可以把自己当作影评家，写一篇影评，评述剧情和表演的精彩程度，或切入当中的某个角度写一篇思考文章。比如，针对电影《少年的你》，我从观后感受、家庭教育问题、爆款产品要素、观影收获这4个角度分别写了4篇小短文。

二、观影笔记案例：《少年的你》不同的观影视角

1. "观后感受"角度

观影笔记示例：愿每个少年的你，被世界温柔以待。

这两天身边频繁看到一部电影的信息——《少年的你》，4天票房破6亿元。好奇这部电影如何实现口碑票房双双火爆，晚上去看了，确实是一部精彩的影片，留给人久久的思考……

周冬雨饰演的女主角陈念，是家境贫寒的好学生，遭遇家境优越的校园女霸欺凌，从隐忍到反抗。另一位与陈念命运交织的人物——易烊千玺饰演的街头混混小北，偶然一次被陈念相救，从此开始了彼此守护的旅程……

电影切入的视角和人物有不同的感官层次，看完电影后，沉重之余也有欣喜，这两年国内电影题材越来越丰富，不再只是偶像爱情剧，从《我不是药神》《无名之辈》《过春天》到《少年的你》，有了越来越多的社会题材电影。《少年的你》关注校园欺凌，这个问题背后还有着家庭教育的因素，问题少年背后常有原生家庭的问题。

周冬雨和易烊千玺的演技都相当不错，从热门电视剧《长安十二时辰》到这部电影，易烊千玺的表演令人瞩目。电影中台词给力，不时有打动人心的金句：

你保护世界，我保护你；

只有你赢了，我才不会输；

生活在阴沟，也要记得仰望天空；

喜欢一个人，想给她一个好结局；

你做得对，要相信自己，路上总会有阴影，但总会有阳光的。

有句话让我印象深刻："从来没有一节课教过我们如何变成大人……"电影中，贯穿始终的高考画面，唤起我们对这个历程的回忆：课桌上那高过头顶的书籍，满满待做的试卷，紧张氛围下渴望自由的心，曾经的我们对未来又彷徨又期待，就在这样的懵懵懂懂中长大……

电影中的高考作文题是《致二十年后的你》，如果由你来写，你会说什么呢？

愿每个少年的你，都能被这个世界温柔以待。

2. "家庭教育问题"角度

观影笔记示例：你的信念藏在家庭故事里。

近期热门电影《少年的你》关注校园欺凌现象，这个问题背后有着家庭教育的因素，这部电影里折射出了3种家庭教育方式。

第一种：忍让式

电影女主角陈念虽然成绩优异，但家境贫寒，妈妈创业失败后到处躲债，每次给陈念打电话的时候只会说："孩子，再忍忍，高考过后就好了，你就长大成人，我们的日子就好过了。"陈念心底又自卑又害怕，只好一再隐忍校园霸头魏莱越来越过分的欺负，直到有一日爆发了，造成双方的悲剧。遇见事情，父母只让孩子躲避忍让，孩子会缺乏面对问题的勇气和信心，甚至会认为悲惨就是自己该有的命运。

第二种：抛弃式

电影男主角小北，爸爸在他很小的时候就离开了他们母子，妈妈整日打骂他，最后也抛弃了他。从此，小北为了生计，成了街头小混混，打架斗殴。陈念是第一个让他感受到温暖的人，他愿意付出所有守护她。现在有很多问题少年和父母的不管不顾有关系，缺乏爱和教育，让他们走向极端。

第三种：放任式

电影中，校园霸头魏莱家境优越，父母都是高才生，学习成绩优异、表面温柔的她却在背后凶狠地欺凌同学。警察到魏莱家中调查自杀的孩子是否和她有关，她妈妈和警察的对话让人印象深刻："我们家孩子不会暴力对待他人，别人可能会，但魏莱不会，她和别的孩子不一样，我和他爸爸给了她最好的教育。自杀孩子或许是因为家庭教育不行、玻璃心，同学和她开几句玩笑，就受不了。"这种自命不凡的放任式教育，无法给孩子正面的价值观，反而会使孩子容易以自我为中心，不顾他人感受。

孩子出生的时候都是一张白纸，天真烂漫，家长对孩子的教养，影响孩子对世界的判断，深深影响了他们的信念，乃至人生的命运。

3."爆款产品要素"角度

观影笔记示例：从近期热门电影，看爆款产品的三要素。

近年来，国产电影势头强劲，从之前的《战狼》《我不是药神》《流浪地球》《哪吒之魔童降世》，到近期广受关注的《少年的你》，一次次带动全民的热议，爆款产品背后其实隐含三要素。

第一，社会话题

电影题材传递的价值观具有普遍意义，或涉及大众的生活、集体记忆，就能唤起全民的讨论，话题具有广泛的参与性。

比如，《战狼》的爱国情怀；《我不是药神》涉及看病和人性的议题；《流浪地球》作为中国第一部现象级科幻影片，引起国民好奇；《哪吒之魔童降世》中的哪吒是国人家喻户晓的IP人物，老少皆宜；《少年的你》中关于校园欺凌的问题，恰逢近年来未成年人犯罪事件备受关注，以及国家正在审议修订相关的法案，连《人民日报》都点评了该电影。同时，电影中校园欺凌和高考压力的场景唤起了不少人的记忆。

全民热议带动了原本不进电影院的人也走进电影院，形成一波又一波的宣传效应。

第二，魅力人物

人物角色丰满，特别是演技实力是关键，剧烈的矛盾冲突体现出人物的真性情，更能带动大众的情感和喜爱。比如，《少年的你》当中，家境贫寒又成绩优异的女生陈念，从小被遗弃却心地善良的街头混混小北，家境优越、成绩优异却背后欺凌同学的魏莱，演员之间的多重角色和矛盾，给了电影丰富的层次。

第三，动人金句

广为流传的台词金句，自带传播性，《少年的你》中的"你保护世界，我保护你""生活在阴沟，也要记得仰望天空"被广泛引用。无论是一首歌、一部电影还是一堂课或一本书，都必不可少要有触动受众心扉的金句，这样多年后才仍然能让人记忆犹新。

以上爆款三要素不仅适合电影，我们写一篇文章、宣传一款产品都可以从这三个方面加以思考。

三、不只是电影，更是人生

我们可以通过创造者、电影主角、产品文案、影评家这 4 种视角来训练自己思考和应对问题的能力。不只是电影，生活中遇到的许多事情、产品，我们都可以从不同角度来思考：

- 如果自己是这个产品的创造者或者这个事件的主角，会怎么做？
- 看到产品文案或者好文章，如果是自己来创作，会从什么角度、如何来打动他人？
- 这个事件或者产品，自己体验后，有什么感受，能否找一个切入点写篇评述？

当我们用心体会和观察生活，保持对世界的求知和好奇，万事万物皆可以成为学习的对象，人生处处可以是修习的道场。

3.10 数据化笔记：打造独家的知识库

《认知盈余》的作者、被誉为"互联网革命最伟大的思考者"的克莱·舍基曾提道："面对当今如此庞大的数据，我们可以采用三种态度：视而不见，任其自流；采用传统的方式解决；采用新的方式对数据进行识辨和筛选。复杂和繁复的数据不应是我们要面对的困难，我们需要提高管理数据的能力。如果掌握了把复杂信息变简单的能力，大家就获得了通向未来的能力。"

信息化时代，我们平时学习除了书籍、课程，还有大量知识是来自社群、微信公众号等平台，为了更方便地调取信息，我们需要在云端把纸质笔记、电子笔记以及网络知识有序分类整理出来，搭建个人专属的知识宝库。本节为大家介绍针对不同使用场景的数据化笔记方法，以下三种是我日常使用频率较高的数据笔记工具。

☞ **印象笔记：汇总各类型资料，搭建个人知识库**
印象笔记的特点、运用印象笔记构建知识库的方法。

☞ **石墨文档：编辑协作，进行资料的分享传播**
具有团队协作、云端存储、权限管理、排版传播的四大亮点。

☞ **腾讯文档：适用办公场景，进行资料的分类汇总**
微信资料的存储分类、全功能文件查看器、在线收集表功能3大亮点。

一、印象笔记：汇总各类型资料，搭建个人知识库

1. 印象笔记的特点

市场上笔记软件很多，选择印象笔记主要是因为功能齐全，满足我搭建数据化笔记的大部分需求，特别是2020年它推出的**"超级笔记"功能**：将笔记的最小单位变成了一个"模块"，文本、图片、表格、链接、视频、音频、代码块、日历提醒等功能皆为模块，可以自由拖拽、快速重组使用（见图3-57）。

（1）**支持多设备同步**：可实现电脑端（下载电脑版App）、网页版、平板、手机端的多设备数据同步。

（2）**支持多种数据存储**：支持将微信、微博、网页、邮箱内容、数据包、图片、PPT、PDF等各种格式的资料保存。

图 3-57　印象笔记 App

（3）**目录结构清晰**：软件的笔记目录结构（笔记本组→笔记本→单条笔记）层次分明，满足分类存储的需求。

（4）**搜索功能方便查找**：除支持文字内容搜索外，还可检索图片上的文字以及文档附件。

（5）**软件附加功能强大**。

- 拍照插入：可进行拍照，添加到文字笔记。
- OCR 识别：图片识别，转化为文字。
- 备忘提醒：笔记可设置日期、时间的提醒功能。
- 手写笔记：支持手写记录。
- 多种模板：软件内有一些工作和生活的应用模板。
- 线上共享：支持团队资料云端共享。
- 音频录制：实时录音功能，录音内容可插入文字笔记。
- 重点标注：文献阅读、板书记录，可用标注功能，勾画标注，直接明了地识别重点。

2. 运用印象笔记构建知识库的方法

印象笔记功能那么多，具体如何运用印象笔记建立个人知识库？可以从以下 3 个方面入手。

（1）**根据知识体系和应用场景，搭建清晰的目录结构**。

数据化笔记好比采集标本，须分门别类制定目录结构，采得一件就归入某一门某一类,时间久了,采集的东西虽多,却各归各位,条理井然。这样不但可以节省脑力,储存有用的资料,满足将来需要,还可以增强思维的条理化与系统化。我们可以根据应用场景的需要,以及自己的知识体系,明确笔记主题和下面的具体分类,搭建起印象笔记的目录结构。

（2）印象笔记里的目录结构,遵循层级顺序:笔记本组（一级目录）—笔记本（二级目录）—单条笔记。

比如,我主要运用印象笔记管理 4 大场景:生活、学习、工作、个人知识体系,并根据这 4 大场景设计 8 大笔记本组（一级目录）:个人资料、工具资料、课程学习、写作文案、阅读累积、知识体系、工作运营、待处理箱,同时依次编排相应的序号（见图 3-58）。

图 3-58　印象笔记设立 8 大笔记本组示例

1）生活场景的设立方法。

首先,设立**"001 个人资料"笔记本组**（一级目录）。

其次,根据生活场景需要,设立 6 个笔记本（二级目录）,里面存储单条笔记。6 个笔记本（001 对应英文字母 A）分别是 A1 记录册、A2 富裕笔记、A3 调频笔记、A4 灵感笔记、A5 年度大事记、A6 生活宝箱。

A1 记录册:记录生活事项,存储的笔记主要关于个人和家庭的备忘事项。

A2 富裕笔记:第 1 章的富裕笔记,介绍了如何用笔记进行睡前回顾记录（包括 4 个步骤：今日小成就—今日感恩—今日感悟—明日目标）。设立"A2 富裕笔记"后，在里面设立按年度命名的单条笔记，比如，2021 年富裕笔记，将当年内容持续记录下来。

A3 调频笔记：第 1 章的调频笔记，我们介绍了用笔记应对调整负面情绪（包含 4 个步骤：写下事件—观察情绪—转念思考—记录结果）。设立"A3 调频笔记"后，同样在里面设立按年度命名的单条笔记，比如，2021 年调频笔记，将当年问题持续记录下来。

A4 灵感笔记：记录日常萌发的点子，或生活中的一些思考片段、总结。

A5 年度大事记：给每个年度设立一条笔记，并在这条笔记里逐月记录当年、每月的重要事件，可以使用文字记录或表格记录的形式。

比如，2020 年大事记如下。

2020 年 1 月大事记：

- 2020 年 1 月 8 日，完成年度大项目。
- 2020 年 1 月 11 日，举行新年年会。
- 2020 年 1 月 15 日，完成全年工作总结和收尾。

……

2020 年 2 月大事记：

- 2020 年 1 月 24 日～2 月 7 日，春节陪老公回家乡。

……

A6 生活宝箱：用于记录日常幸福难忘的事件，记录方法是，以年度为单位建立当年的单条笔记，并在里面以事件发生的时间顺序，依次记录下来（见图 3-59）。

年度大事记和生活宝箱都用于记录当年发生的事情，两者差别如下。

年度大事记：采用逐月记录的方法，只需用简单一两句话记录当月的要事，方便在年末快速回顾一年中每月的要事。

生活宝箱：以事件发生的顺序记录，用于记录日常幸福、难忘的事件。记录当下你觉得特别难忘、感动、值得记住的幸福事件，可以用文字加图片的格式，记录重点放在当下感受，但不一定每月都有值得记录的事情。

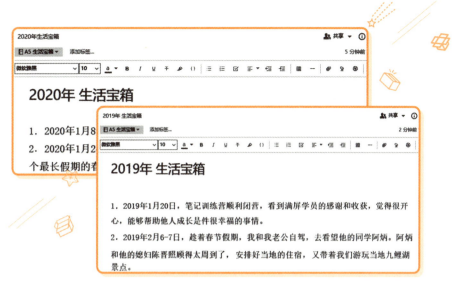

图 3-59　印象笔记"生活宝箱"截图

总的来说，年度大事记是简要展现一年的全貌，记录当月简讯；生活宝箱则是选取当年的精华，记录幸福片段。

2）学习场景的设立方法。

根据学习需要，我设立了 4 个笔记本组（一级目录）：工具资料、课程学习、写作文案、阅读累积。

设立"002 工具资料"笔记本组（一级目录）：用于收集日常看到的学习资料，里面包括 5 个笔记本（二级目录，002 对应英文字母 B，见图 3-60）。

- B1 分析报告：市场行业分析报告。
- B2 工具模板：常用的工具和模板。
- B3 健康养生：健康养生文章和知识。
- B4 亲子育儿：亲子关系和育儿方法方面的资料。
- B5 亲密关系：亲密关系方面的文章和资料。

设立"003 课程学习"笔记本组（一级目录）。用于收集线上线下的课程学习资料，根据课程名称设立单个笔记本（二级目录，003 对应英文字母 C），命名方式：顺序号＋年月＋课程名称。比如：C11 2020.5 超级讲师训练营）。

图 3-60 "工具资料"笔记本组内设立 5 个笔记本

设立"004 写作文案"笔记本组（一级目录）。收集写作、文案方面的学习资料和素材，并下设 5 个笔记本（二级目录，004 对应英文字母 D）。

- D1 日常写作：日常个人写作的初稿。
- D2 素材库：较好的故事和写作素材。
- D3 文案库：市场上一些值得学习借鉴的文案宣传稿。
- D4 写作方法：写作方法方面的文章。
- D5 书籍出版：个人预备要出版的稿件。

设立"005 阅读累积"笔记本组（一级目录）。收集阅读方面的学习资料、日常记录的阅读笔记（包含纸质笔记、卡片笔记），里面设立 3 个笔记本（二级目录，005 对应英文字母 E）：读书笔记、阅读方法、电子书。

- E1 读书笔记：阅读书籍记录的读书笔记，如果是纸质笔记和卡片笔记，拍照上传插入单条笔记里。单条笔记命名方式：年、月 + 阅读序号 + 书名作者。比如，2020 年 3 月阅读的第 19 本书命名为：2020.3-19-《思维不设限》(弗朗斯·约翰松)。
- E2 阅读方法：存储介绍阅读方法的好文章，很大一部分是微信公众号上的内容。
- E3 电子书：一些书籍的电子版文档。

3）工作场景的设立方法。

根据工作需要，设立两大笔记本组：知识体系、知识产品运营（一级目录）。

设立"006 知识体系"笔记本组（一级目录）。存储个人知识体系相关的资料。我的知识体系是结合个人笔记课程搭建，所以把知识体系笔记本组归纳为工作场景，大家也可以把知识体系笔记本组归纳到学习场景。

个人笔记课程分为 5 类：认知笔记、梦想笔记、知识笔记、行动笔记、价值笔记，我将"006 知识体系"笔记本组下面的笔记本（二级目录，006 对应英文字母 F）同样分为 5 类。

- F1 认知笔记：关于自我认知、心理学方面的资料。
- F2 梦想笔记：关于梦想规划、个人成长方面的资料。
- F3 知识笔记：关于知识学习方面的资料。
- F4 行动笔记：关于效率提升方面的资料。
- F5 价值笔记：关于提升价值、理财投资方面的资料。

设立"007 工作运营"笔记本组（一级目录）。主要存放工作方面的资料，并根据工作场景需要下设 5 个笔记本（二级目录，007 对应英文字母 G）。

- G1 工作经验：日常工作、管理事项。
- G2 商业资料：商业方面的资料、资讯。
- G3 产品运营：产品运营的事项、资料。
- G4 社群运营：社群运营的事项、资料。
- G5 视频运营：视频运营的事项、资料。

设立"008 待处理箱"笔记本组（一级目录）。主要收集一些待处理或临时的资料，下设 3 个笔记本（二级目录，008 对应英文字母 H）。

- H1 备忘录：记录备忘事项，可以结合印象笔记的提醒功能，设置时间提醒。
- H2 待处理资讯箱：看到好资讯，又来不及分类处理，可以暂时放到里面。
- H3 临时项目箱：正在进行的项目，还未进行系统整理和归档，或者突发的工作项目资料，先放在这个笔记本里面。项目结束后一周内，进行复盘整理归类。

（3）规范化命名，及时做好文档归类。

当资料和分类较多时，就需要进行规范化的命名，便于后期检索。否则资料越堆越多，很难查找，我们可以采用以下 3 种命名方式。

1）用序号 + 字母命名。

上面提到，印象笔记的目录结构分为 3 个层级：笔记本组→笔记本→单条笔记，按序号 + 字母的方式进行命名。序号 + 字母的大小，即代表目录的顺序。我的笔记命名顺序如下。

一级目录　笔记本组命名：笔记本组名称前加上"001、002、003……"的数字前缀进行排序：

- 001　个人资料；
- 002　工具资料；
- 003　课程学习；
- 004　写作文案；
- 005　阅读累积；
- 006　知识体系；
- 007　工作运营；
- 008　待处理箱。

二级目录　笔记本命名：英文字母 + 序号 + 笔记本名称。

比如，"001 个人资料"笔记本组（一级目录）中，A 是英文字母中第 1 位，下设的笔记本以"A1、A2、A3……"为序号，其中第一个笔记本作为记事手册使用，命名"A1 记录册"。

2）用关键词 / 年份命名。

笔记本组→笔记本→单条笔记，"笔记本"内可以记录多条笔记，单条笔记的标题建议用关键词进行命名，方便后续快速检索。

比如，"005　阅读累积"笔记本组（一级目录），"005"对应英文字母"E"，下设笔记本"E1 读书笔记"（二级目录），里面单条笔记（三级目录）命名方式：年、月 + 序号 + 书名作者，比如，2020 年 3 月阅读的第 19 本书命名为：2020.3-19-《思维不设限》(弗朗斯·约翰松)

从微信或微博收集的文章，因为笔记标题会默认显示原标题，有时并不能直接看出文章内容，最好从文章中提取出几个关键词进行命名，方便后续的检索和利用。

笔记本组→笔记本→单条笔记的命名尽量规范化，这样我们才能在需要的时候快速找到。

（4）学会取舍，不做囤积知识的松鼠。

微信里收藏了无数干货；电子书存了上百本，别人做的思维导图、电子卡片、笔记收了无数套，但都没有看……这种只囤积信息、不整理思考的状况，就如同爱囤东西的松鼠，让信息淤滞，白白消耗时间，囤积的东西永远不会变成自己的知识。

在使用印象笔记过程中，要避免囤积知识的陷阱。没有经过思考处理，什么东西都往里丢，最终将导致无法有效地分析和检索，沦为无效的资料。如何避免爱囤东西的"松鼠症"，对知识信息进行有效的分析、整理、输出？

1）养成主动处理信息的习惯。

根据自己的使用场景和知识体系的需要，搭建印象笔记的目录结构，看到某个信息时，判断其与印象笔记里的哪个模块有关系，然后立即归类，不要拖延。当养成习惯之后，我们会变被动接收为主动处理。

2）运用"眼到、脑到、手到"的处理三原则。

眼到，认真阅读知识。许多人看到信息时，没有仔细阅读就点击收藏了，要认真阅读信息，不要盲目地囤积。

脑到，仔细分析思考。阅读完某篇文章后，回想一下：这篇文章讲了什么，在工作和生活中如何运用？是否和自己的知识体系有联系？此前有收集过类似的内容吗？文章里面的知识点或案例日后用得到吗？值得存储吗？

手到，动手处理归类。如果阅读完之后，你觉得这个信息日后值得回看或者后续可能用到，就马上动手，对信息进行分类、命名，并存储到印象笔记中相关的笔记本里。

3）充分利用碎片化时间，限时清空"待处理箱"。

造成信息囤积的一个原因是拖延症，许多人寄希望于先把信息囤积下来，之后在一个恰当、专门的时间再一起处理。没有什么恰当的时间，懂得利用碎片化时间进行整理和学习，是解救信息时代"松鼠症"的灵丹妙药。看到信息时，最好快速阅读完，并进行信息的舍弃或分类存储。

如果当下实在没有空，又要避免囤积信息，怎么办？我们可以在印象笔记本内设立一个"待处理资讯箱"笔记本，收集当时没有空处理的信息，事后根据需要筛选。一个大原则，是每周整理清空"待处理箱"的信息。

每周要审视一下待处理箱的信息，设置闹钟提醒周日晚上要整理清空本周的待处理信息，避免自己无限期地囤积下去。

（5）用印象笔记持续书写自己的生命之书。

时间日记开拓者、《奇特的一生》一书的主人公亚历山大·柳比歇夫，1890年出生在俄罗斯。1916年，26岁的柳比歇夫从部队复员回来，开始践行时间记录。之后的56年，他每天记日志，从未断过一天。柳比歇夫一生持续记录，并在很多领域（生物学、数学、科学史、农业、遗传学、植物保护、哲学、昆虫学、动物学、进化论、无神论、历史、宗教、政治）都有成就，并发表了很多高质量的论文。

如果不希望让时光带走一切，我们就需要进行记录。笔记是对过去的记录，也是传递给未来的信息。我们可以根据日（富裕笔记）—年（年度大事记）—事件（调频笔记、生活宝箱）设立4个印象笔记本。

- 富裕笔记：每日睡前回顾这一天。
- 调频笔记：情绪发生时，记录并梳理。
- 年度大事记：逐月记录，汇集成自己的年度简讯。
- 生活宝箱：持续记录生活中的幸福片段。

一旦开始记录，你会不知不觉留心观察自己的生活轨迹。当你把想法一点点记录下来，思维和生活会变得越来越有条理。

二、石墨文档：编辑协作，进行资料的分享传播

石墨文档是主打云端实时协作的Office办公软件（见图3-61），有电脑客户端、手机端App、网页端、小程序，它有以下亮点。

亮点1：团队协作

分享小程序即可邀请他人加入协作，支持多人编辑同一个文档，适用于多人收集和编辑信息，你可以通过浮动头像实时看到其他人的编辑过程。

亮点 2：云端存储

所有文档都可实时保存在云端，方便随时随地查看、编辑和分享，也能查看文档的编辑历史。此外，石墨还支持将文档导出 Word、JPG 和 PDF 格式的文件。同时，文档内还有表单、问卷调查功能。

图 3-61　石墨文档软件

亮点 3：权限管理

当团队协作时，用权限做好数据安全管理是重点。石墨文档可以灵活分享到微信群，分享时可以设置"只能阅读"还是"可以编辑"等权限，既能分享，又能防止数据泄露或者被改动。

亮点 4：排版传播

石墨文档很适合做传播分享，比如线上训练营邀请嘉宾进行一场在线直播课，嘉宾直播采取语音或视频的方式。为方便学员学习和回顾，可以把嘉宾的讲课内容做成文字笔记。石墨文档具有排版、图文功能，可插入讲课的 PPT，图文并茂，利于学员阅读。

三、腾讯文档：适用办公场景，进行资料的分类汇总

腾讯文件是腾讯自家的办公软件（见图 3-62），有手机端 App、网页端、小程序，腾讯文档特别适合在微信上办公时使用，它有以下亮点。

图 3-62　腾讯文档在线表单功能

亮点 1：微信资料的存储分类

微信已经占据我们生活的大部分时间，无论是聊天还是工作，微信中的各种图片、资料不断累积。图片、音乐、视频、文档、安装包、压缩包，这些都可以通过腾讯文档进行分类收集，避免时间久了丢失或者失效。同时，腾讯文档可以进行团队协作编辑，或是进行资料的分享。

亮点 2：全功能文件查看器

支持文件加密隐藏；支持多种文档格式（如 txt、pdf、office、epub、chm、html 等）、视频格式（如 mp4、avl、rmvb、mkv、flv 等）、压缩包格式（如 zip、加密的 zip、rar、加密的 rar、7z）的打开，这点相当便捷。

亮点 3：在线收集表功能

生活和工作中，有时需要用接龙的方式来收集信息，比如统计情况、拼团、活动会议报名……但在群内接龙时，总会遇到消息刷屏、重复接龙、

难以统计等各种问题。腾讯文档的"**在线收集表**"功能可以解决以上问题，模板库里有各种类型的收集表单模板，在避免刷屏的同时，又能规范报名的填写，方便统计进度。

本节介绍了 3 款工具，日常我的使用场景区分如下。

- **印象笔记**：主要用于个人使用场景，汇总各类型资料，累积个人知识库，记录日常工作生活。
- **石墨文档**：主要用于传播场景，进行笔记、资料的编辑协作，或者课程笔记的分享传播。
- **腾讯文档**：主要用于办公场景，进行团队的协作和资料分类汇总。

以上 3 款工具，有些功能具有相近性，但即便是相同的功能，不同工具在使用场景的方便性上也存在着差别。大家可以结合使用场景的需要，进行测试，选择适合自己的数据化工具。一旦你有了要聚焦的方向和自己的知识体系，便能搞清楚重点，所有新吸纳的东西都可以归入自己的体系中，避免学习和选择的迷茫。

本章要点回顾和行动练习

■ 要点回顾

知识是相互联系的，有效学习的本质是理解和创造关联。面对碎片化时代的信息洪流，不要总是忙于收藏各种资料干货，囤积各种知识、课程，而要跳出知识的焦虑，运用本章的知识笔记法，构建个人的知识体系。

运用**知识萃取 TRAP 四步法**（知识萃取 = 理解思考 + 总结重点 + 提炼结构 + 记录呈现）提取知识精华为己所用。

运用**便签笔记**，记录瞬间灵感，记录备忘事项，进行阅读拆书，激发创意思考。

运用**语音笔记**，加快信息的输出速度，实现高速快捷记录，锻炼语言表达能力。

运用**思维导图笔记**（纸质版或软件），提取关键词句，搭建逻辑结构，系统化对知识的逻辑思考。

运用**卡片笔记**（纸质版或电子版），轻量化地学习记录，利用碎片化时间拆解、复盘、输出。

运用**课程笔记**，运用纸笔式、文章式、图片式的笔记方法，提升知识的吸收质量。

运用**读书笔记**的 4 个步骤，实现个人的创造性阅读。

- 选书。运用思维导图知识库和个人阅读手册，建立自己的知识学习脉络。
- 读书。运用四色标记法、三色标签法、一页纸剧本阅读法，有效拆解阅读内容。
- 记录。工具：一页纸剧本阅读法、思维导图、卡片笔记，由浅入深地做读书笔记。
- 应用。运用文章式读书笔记、个人读书分享会，输出个人的思考。

运用**观影笔记**，通过创造者、电影主角、产品文案、影评家 4 种视角训练自己思考和应对问题的能力。

运用**数据化笔记**，选择适合自己的云端笔记软件，把纸质笔记、电子笔记以及网络知识有序地分类整理，搭建个人专属的知识宝库。

■ **行动练习**

（1）制作个人的知识产品手册，梳理今年自己买了什么产品，怎么使用的，有什么收获。

（2）尝试本章介绍的不同知识笔记工具，并结合自身的使用需要，选择合适的笔记工具。

（3）选择一款云端笔记软件，根据应用场景以及自己的知识体系，搭建笔记的目录结构。

第 4 章

快速迭代改进的工作笔记法

| 本 章 解 决 的 问 题 |

工作效率低，经验积累慢，个人职业发展受阻。

有人感叹：在学校成绩和能力差不多的同学，为什么工作5年后，能力和职业发展却有很大差别？为什么有的人能够在短时间内快速成长，升职加薪，有的人即使工作10年还是止步不前？

进入职场后，学习环境、学习方法和输出成果，相较于学生时代有很大不同，但许多人还在沿用之前的方法，陷入职场学习的三个误区。

1. 没有累积自己的体系，只是简单重复劳动

重复劳动几乎是每个人都必须面对的问题，但不同的人应对方法天差地别，核心在于"你是不是自己工作的主导者"。就拿解决问题来说，有的人只是记住了某一问题的答案，应付单个问题。有的人充分思考问题背后的规律，总结做事的方法，提升了效率。相信自己主导工作节奏的人，在简单的重复中不断精进方法，挑战习以为常的工作思维，让一件简单的事随着时间积累变得高效专业，逐步建成自己的经验体系，甚至推陈出新，找到新的商机和成长点。

重复劳动也许无法避免，但懂得思考和累积经验将让你的每一天都不同以往。

2. 无法将经验系统地传授给他人，会影响你在职场的发展空间

在一个团队中，我们不可能独自把所有事情做好，要懂得将掌握的方法教给别人，让他人协助你。职场中，但凡有点成就的人，都必须过管理这一关。大多数人把管理看成了权力，以为就是上级管下级，其实真正的管理能力，是一种通过他人协助自己乃至整个团队工作的能力。经验传授是管理中的重要一环，小到如何教会新人，大到带领团队成长。

如果无法将经验系统地传授给他人，会影响你在职场的发展空间。作为员工，如果你不懂管理和传授经验，不仅上升通道会受到影响，更容易遇到职业发展的天花板。作为企业管理者，如果你不懂管理和经验萃取，企业发展就会受到限制。

3. 无法进行知识迁移，跨岗位、跨行业发展会遇到屏障

知识迁移能力，是从一个领域到一个新领域，从一个岗位转到另一个

岗位，或者从一个行业跨到另一个行业后可复用的能力。它代表了你快速接受、消化吸收新知识的能力，也影响你能否更新迭代知识结构，避免被时代淘汰。

每个人在学习新知识时都不是一张白纸，而是带着自己已掌握的知识、方法来理解新知识的。你之前的知识经验组织得越好，在学习新知识时花费的时间就越少，理解得也越深刻，知识和技能的迁移就越容易发生。

工作时间的长短并不能决定经验能力的积累程度。很多人是第一年积累了一些经验，而后面的几年只是重复性劳动。许多人不是有 5 年工作经验，而是一个经验用了 5 年。有的人工作了 10 年，实际的成长可能还不如刚刚入职的新同事。

怎样能够有效地积累经验，提升自己的职场竞争力？本章分享职场的 6 个笔记工具给大家。

- 经验笔记：累积职业能力的宝典。
- 沟通笔记：精准交流复杂事务。
- 日程笔记：规划高效的每一天。
- 会议笔记：持续为职场发展加分。
- 复盘笔记：延续成功和避免错失。
- 灵感笔记：发掘独特的商业价值。

4.1　经验笔记：累积职业能力的宝典

职场专家和普通人的区别在于，专家能够以更快的方法、更多的知识、更广的视角解决问题。比如，同样学习一个新知识，普通人可能说"嗯，这个知识知道了"，只是被动地接受知识。专家会说："我分析了一下，这个知识涉及几个问题，有以下几种方案。"

信息加工心理学家洛林·安德森认为，专家之所以能够快速有效地解决问题，是因为具备下面 4 种能力。

（1）在表面看起来完全不同的问题中，发现问题相近的本质。

（2）把外显的陈述性知识，转化为可直接应用的程序性知识。

（3）掌握解决问题或解决部分问题的行动顺序。

（4）对问题的关键部分进行了新的建构。

懂得围绕这4种能力累积经验是加速职场成长的关键。

☞ 善用经验笔记，高效提升职场能力

围绕4种类型（思维类、方法类、应用类、工具类）进行"思考—总结—记录"。

☞ 经验笔记的两种记录方法

一种是自我总结（当下记录法和总结归纳法），另一种是模仿学习（远距离和近距离模仿）。

一、善用经验笔记，高效提升职场能力

经验笔记可以围绕以下4种类型进行"思考—总结—记录"。

1. 思维类经验（原则、标准、思维模型）

思维类经验包括完成工作遵循的原则、标准，可以应用的思维模型，特点是有逻辑结构，体现本质和核心。记录思维类经验，可采用文字、图形的形式。

- **原则**：如工作和办事的行动原则，帮助你快速进行判断取舍。
- **标准**：如任务完成标准、门店运营标准、行业服务标准。
- **思维模型**：简单地说是帮助你更好地理解世界的框架，它是我们工作中进行决策和思考的工具，有时可能表现为一个分析框架，比如常说的SWOT分析模型。多累积一些思维模型，就等于在我们的头脑中安装了越来越多的工具箱，当我们解释事物、解决问题、预测发展时，就能非常便捷地使用。

2. 方法类经验（工作方法、框架流程、操作清单）

方法类经验包括工作方法、框架流程、操作清单，特点是总结要点，识别难题。记录方法类经验，可采用文字口诀、思维导图、流程图的形式。

- **工作方法**：如销售争议的处理方法，遇到特定难题如何处理，如何进行用户沟通。
- **框架流程**：如退货的流程、产品推出市场的流程、训练营运营的流程。
- **操作清单**：如某个岗位的操作清单，通过操作清单确认细节，避免遗漏。

3. 应用类经验（岗位经验案例、实践故事）

应用类经验包括岗位经验案例、实践故事，特点是注重细节，记录情景。记录应用类经验，可采用文字实录的形式。比如，你处理的典型工作或完成的艰难工作、失败或成功的案例都可以记录下来。

4. 工具类经验（操作模板、表格、业务范本）

工具类经验包括各种操作模板、表格、业务范本，特点是简洁方便、直接可用，比如问卷调查模板、访谈表格。记录工具类经验，可采用模板、表格的方式，以方便复制。

二、经验笔记的两种记录方法

经验笔记的记录方法有两种：自我总结和模仿学习。

1. 自我总结

（1）**当下记录法**。事情发生近期，趁记忆还鲜活，在3个方面进行记录（见图4-1）：

- 信息（当时的背景、条件、资源情况是怎样的）。
- 思维（当时是如何思考分析问题的）。
- 心理（当时的情绪、内心反应是怎样的）。

（2）**总结归纳法**。当我们无法完全还原事情的过程，或者要进行阶段性的经验回顾时，可以采用总结归纳法。总结归纳法可以采用按时间顺序总结（如月度、季度、年度总结）或按事件类型总结（如销售服务、社群运营、产品设计）的方法，从中总结出关键的信息、要点和经验。

当下记录法

信息
(背景、条件、资源情况)

思维
(如何思考分析问题)

心理
(情绪、反应)

图 4-1 当下记录法

按时间顺序总结：包含时间、事件情况、启发，以及对如何处理同类事件的方法的总结（见图 4-2）。

经验笔记(按时间顺序总结示例)

⏱ 时间	📋 事件情况	💡 启发	✂ 方法(如何处理相近情况)

图 4-2 经验笔记（按时间顺序总结示例）

按事件类型总结：包含工作类型、时间、处理方式，以及对本次工作事件经验的总结，比如工作类型可分为协作沟通、销售服务、产品设计、社群服务等（见图 4-3）。

经验笔记(按事件类型总结示例)

📋 工作类型	⏱ 时间	✏ 处理方式	☆ 本次经验
协作沟通			
销售服务			
产品设计			
社群服务			

图 4-3 经验笔记（按事件类型总结示例）

2. 模仿学习

模仿并不是丢人的事情，恰恰相反，不少成功者都曾是优秀的模仿者。比如，苹果的乔布斯也走过模仿路线，但他的杰出之处在于从模仿中创新。如何在模仿中学习，提升自己的能力？模仿方式包括近距离模仿和远距离模仿（见图4-4）。

图4-4 经验笔记（模仿学习示例）

（1）近距离模仿：模仿同事、领导和前辈。

日常工作中的同事、领导和前辈，对于他们身上好的做法和思路，我们都可以模仿学习。你的领导更是很好的模仿对象，在工作方法和思路上，你可以对比自己和领导的差别，找出自己需要提升的方面。

比如，领导带你一起去见重要客户，你可以事先思考：如果自己单独见这个客户，会怎样与客户交流，如何介绍公司的情况和产品，在业务处理和人际交往方面要注意哪些细节？你可以把自己的思考和方法一一罗列出来。当你和领导见客户时，在事先写下的方法旁边记录领导的做法，对比与领导做法的差别，有不明白的地方，事后请教领导了解其中的奥秘。近距离模仿，避免花更多时间走弯路，以尽快地提升能力。

（2）远距离模仿：寻找模仿对象（如业内专家、成功案例）。

除了近距离模仿，业内专家、成功案例也都可以是你模仿的对象。业内专家，不一定需要直接认识他，你可以在网上搜索他的相关资料，通过他的博客、微博、公众号、个人专著或推介的图书，了解他的知识脉络和观点。

一直以来，案例教学作为哈佛商学院、达顿商学院等商学院的教学方法，对实践知行合一、培养商业领袖起到了重要作用。日常看到业内案例，你都可以思考一下：如果自己来负责该项目，会怎样来处理？成功或失败案例，有什么值得学习借鉴的地方？我们可以运用模仿笔记的模板，持续记录。

在个人的笔记系统中，可以设立一个"经验笔记"的专用本子或电子文档，对经验进行分类记录，通过经验笔记，持续累积独家职场操作宝典。

4.2 沟通笔记：精准交流复杂事务

在信息量过载的时代，简短且富有魅力地表达，即对信息进行提炼，简明精准传递的价值将日趋重要。职场信息的传递要实现以下 3 个目标：

- 一目了然（简明精准地传递）；
- 易于理解（逻辑清晰有条理）；
- 增进互信（有利于彼此沟通）。

有个学员小 S 和我说起职场上的困惑：他跟领导汇报工作，但领导经常没耐心听完，直接打断了他，还说他的报告废话太多，没有重点。我详细询问了他汇报的过程。

周一，主管交给小 S 一项任务：一周内提交一份新项目的计划书。小 S 从星期一开始埋头苦干，加班加点 5 天，完成了长达 60 页的报告。他满怀信心地把报告交给主管，并打算详细和主管汇报项目计划。主管看了报告后批评他：废话太多，没有重点，重写！他只好利用周末继续加班。

为什么小 S 的努力没有得到领导的认可？

首先，我问他："写报告前，你和领导确认过项目的计划重点和关键信息吗？"他说："没有。领导交代任务时，我想也没想就接下了任务，开始埋头找材料，制作报告。"

其次，我再问他："你在交报告前，有提前规划汇报思路，征询领导汇报的时间和时长吗？"他说："没有。我完成报告后第一时间就去找领导，直接按照报告内容讲的。"

大家觉得在这件事的处理上，小 S 存在什么问题？

第一，工作开始前，小 S 没有和领导确认这份报告的要点，只是凭着自己的想法去做的；第二，领导的时间都是有限的，一般没有时间听长篇大论，小 S 没有规划好汇报时间，他应该事先征询领导他汇报的时间和时长，梳理汇报的思路和逻辑，简明地表达报告的核心观点。这位学员的情况并非特例，许多人在职场信息的传递中常常存在以下 3 大问题：

- 逻辑不够清晰，难以理解。
- 表达耗时过长，没有重点。
- 无法打动人心，无说服力。

我们可以运用"沟通笔记"来协助梳理思路，实现复杂事物的精准传递。

☞ **思考可视化：用 WWSH 笔记梳理沟通的思路**

使用 WWSH（What-When-So what-How）笔记，梳理信息沟通的关键环节。

☞ **子弹型笔记：迅速抓住关键的信息整理法**

- 条理化（逻辑层次分明，有分项）。
- 价值化（内容精简明了，有数字）。
- 场景化（关注对方需求，有吸引力）。

☞ **表达型笔记：轻松写出亮点的万能模板**

运用 ABCS（After-Before-Change-Summary）笔记，进行简短且富有魅力的表达。

一、思考可视化：用 WWSH 笔记梳理沟通的思路

如何解决信息传递的 3 大问题，实现精准传递的 3 大目标？我们可以运用笔记实现思考可视化，使用 WWSH 笔记，梳理沟通传递的关键环节（见图 4-5）。

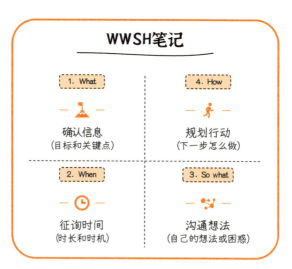

图 4-5　WWSH 笔记

第一步，确认信息（What，目标和关键点）

在报告开始前，和领导确认一下：这个报告，您最终希望实现什么目标？这当中，您认为有什么关键点？您关注的重点是什么？在领导解答问题时，你可以记下领导讲的重点，之后确认一下：关于这份报告，您希望实现的目标和关键点，我总结为以下 3 个步骤……我的理解是否有误？

通过确认信息这个步骤，可以帮助你避免做无用功。

第二步，征询时间（When，时长和时机）

征询汇报的时长和合适时机。你可以和领导确认：您在下周什么时间有空听我的汇报，时长是多少呢？

第三步，沟通想法（So what，自己的想法或困惑）

你可以和领导进一步沟通，自己对这份报告的想法，存在的困惑或困难。如果有困难，借此寻求相应的支持和资源。

第四步，规划行动（How，下一步怎么做）

和领导沟通后，你可以梳理一下完成报告的步骤和下一步的行动计划（见图 4-6）。

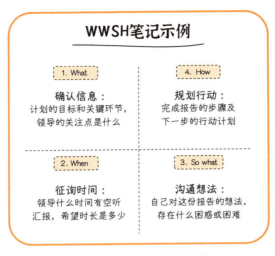

图 4-6　WWSH 笔记示例

确认和规划好报告的重点后,在报告内容的具体撰写上,我们应该怎么做?

二、子弹型笔记:迅速抓住关键的信息整理法

杉野干人在《子弹笔记术》[⊖]一书中指出,所谓子弹型笔记,就是像子弹一样简洁、快速且富有魅力地把信息传递出去,我们可以利用子弹型笔记的特性,提升信息传递的效率。子弹型笔记具体来说有 3 大特性:

- 条理化(逻辑层次分明,有分项);
- 价值化(内容精简明了,有数字);
- 场景化(关注对方需求,有吸引力)。

我们可以想象一下,如果你表达的句子像子弹一样快速精准地击中目标,会有什么样的效果?

举一个具体例子来说明。晓铭在一家销售公司做销售,他没能顺利完成第一季度的业绩目标。上司批评他做事不够具象化,没有清晰的思路和重点,要求晓铭向他报告下一季度的业绩目标和工作计划。晓铭如何准备这份报告?如何运用子弹型笔记的 3 大特性?

⊖ 杉野干人. 子弹笔记术 [M]. 许诗雨,译. 北京:中信出版社,2017。

一开始晓铭是这样写的：

下一季度，我将采取以下方法实现销售目标：邀请公司的前辈协助与大型客户进行谈判，争取提高销售单价；向客户提出关联商品的整体打包方案，提升针对中型客户的销量；与小型客户保持沟通，促进销售。下一季度的销售目标为 300 万元。

大家看上面的这段文字有什么感觉？是不是看着有点吃力？如果我们用子弹型笔记的特性对报告进行修改，会有什么样的效果？

（1）**第一步条理化**：对报告进行逻辑层次和具体分项的改造。

"下一季度我将采取以下方法实现销售目标：

- 对于**大型客户**，邀请公司的前辈协助谈判，提高销售单价。
- 对于**中型客户**，提出关联商品的整体打包方案，提升销量。
- 对于**小型客户**，保持密切沟通，促进销售。

下一季度的销售目标定为 300 万元。"

（2）**第二步价值化**：对报告进行价值化的改造。

对领导来说，他最关心的是销售数字，应该把最终的销售目标放在前面。

"下一季度的销售额定为 300 万元，为了达到目标，针对大型、中型和小型 3 种客户，我将采取以下 3 大策略：

- 对于**大型客户**，邀请公司的前辈协助谈判，提高销售单价。
- 对于**中型客户**，提出关联商品的整体打包方案，提升销量。
- 对于**小型客户**，保持密切沟通，促进销售。"

通过价值化的改造，一开始就抛出领导最关心的销售目标 300 万元，同时对下面的分析用 3 大策略进行总述性表达，使听众先在心里建立一个预期的框架。别小看这个总述性表述，苹果的乔布斯在演讲开头常使用这种方法，大家可以去看他在斯坦福大学毕业典礼上的演讲，开头便使用总述 "我想与大家分享人生的 3 个故事"，之后的演讲顺着这个总述展开。

晓铭的报告是不是这样就可以了呢？

沟通的核心是让对方能够理解和接纳，增进彼此的互信和理解，表达时要根据对方的心理以及所处的环境做出判断和调整。之前领导批评晓铭表述不够具象化，没有清晰的思路和重点。下一步，我们可以运用场景化对报告进行改造。

（3）第三步场景化：对报告进行场景化的改造。

大家看一下改造后有什么不同。

"下一季度的销售额定为 300 万元，为了达到目标，针对大型、中型和小型 3 种客户，我将采取以下 3 大策略：

- 对于**大型客户**，邀请公司小红前辈协助谈判，提高销售单价。
- 对于**中型客户**，提出×××品牌关联商品的整体打包方案，提升销售数量。
- 对于**小型客户**，通过每月一次的客户回访、节日问候和日常沟通，促进销售。"

我们分析一下为何这样修改上面的报告：

- "对于**大型客户**，邀请公司的前辈协助谈判"，这个表述太过于含糊，可以具体到人名。
- "对于**中型客户**，用关联商品进行打包销售"，要具体写出用什么样的关联商品。
- "对于**小型客户**，保持密切沟通"，这个表达也是含糊的，可以具体为：通过每月一次的客户回访、节日问候和日常沟通，保持密切沟通。

通过内容场景化的改造，契合了领导有重点的要求，使得报告措施更为具体，而不是空谈。当我们运用子弹型笔记"条理化、价值化、场景化"3 大特性对报告进行改造后，晓铭的报告是不是变得逻辑分明、价值突出、生动具体了？

在开始工作前或是沟通问题前，预先用 WWSH 笔记梳理一下自己的思路，再运用子弹型笔记的特性整理重点信息，这样将极大提升工作沟通的效率。WWSH 笔记不仅适用于职场，也适用于日常生活。比如，你和朋友商谈旅行。

- 第一步，确认信息（目标和关键点）：列出本次旅行的关键环节。

- 第二步，征询时间（时长和时机）：确认彼此合适的旅行时间。
- 第三步，沟通想法（自己的想法或困惑）：沟通彼此关于旅行的想法。
- 第四步，规划行动（沟通后下一步做什么）：对旅行的准备做一个分工。

此外，使用 WWSH 笔记的过程中要注意运用条理化、价值化、场景化这 3 大特性。

三、表达型笔记：轻松写出亮点的万能模板

除了工作汇报，我们还有写文案、写文章、做演讲这样的需求，怎样才能做到吸引人？这里为大家介绍一个轻松写出亮点的 ABCS 笔记（见图 4-7）。

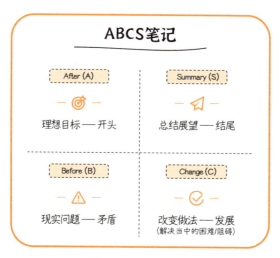

图 4-7　ABCS 笔记

ABCS 笔记　　　　　　　　**故事结构**

A（After）：理想目标　　　　开头

B（Before）：现实问题　　　　矛盾

C（Change）：改变做法　　　　发展（解决当中的困难 / 阻碍）

S（Summary）：总结展望　　　结尾

大家如果仔细观察一下，我们生活中的文章、电影和演讲很多使用的都

是ABCS笔记的形式。以2019年很火的科幻电影《流浪地球》为例。

（1）**理想目标——开头**。电影开端，说到人类的目标是逃离即将毁灭的太阳系，寻找新的家园，于是提出一个名为"流浪地球"的大胆计划：在地球上安装上行星发动机，把地球带走。

（2）**现实问题——矛盾**。现实矛盾是，人类为了这个计划付出了巨大的代价，在太空旅程中遭遇了木星，木星引力引发大地震，导致行星发动机停摆，地球即将撞向木星。

（3）**改变做法——发展（解决3大阻碍）**。随着剧情的发展，人类开始自救过程，总结起来需要解决3大阻碍：第一，如何经过一路危险环境的考验，把行星发动机的燃料火石运送到目的地？第二，抵达目的地后，如何让发动机重新启动？第三，木星的强大引力已经超过了发动机的总输出功率，如何自救？

（4）**总结展望——结尾**。宇航员刘培强决定牺牲自己，驾驶空间站撞向木星。最终，地球得以幸存下来，人类继续寻找新家园的太空之旅。

本章节的内容也是按照ABCS笔记方法展开的（见图4-8）。

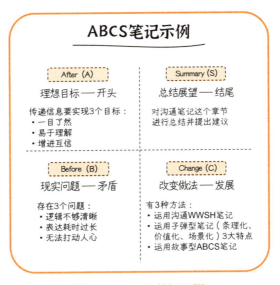

图4-8　ABCS笔记示例

（1）**理想目标——开头**。职场中的信息传递要实现3个目标（一目了然、易于理解、增进互信)。

(2)**现实问题——矛盾**。职场中的信息传递存在3个问题：逻辑不够清晰、表达耗时过长、无法打动人心，并列举了学员如何完成领导交代的报告作为案例。

(3)**改变做法——发展(解决3个问题)**。为了解决信息传递的3个问题，可以运用3种方法：一是运用沟通WWSH笔记；二是运用子弹型笔记(条理化、价值化、场景化)3大特点；三是运用故事型ABCS笔记。

此外，加入了这3种方法的具体示例加以说明。

(4)**总结展望——结尾**。最后对沟通笔记这个章节的内容做一个总结，对应用进行建议。

在写文章或是汇报演讲的过程中，如果懂得运用沟通笔记的方法，我们就可以进行简短且有魅力的表达，把想传递的内容精准生动地传达到对方内心。

4.3 日程笔记：规划高效的每一天

合理的日程规划是高效工作的一个环节，我日常习惯运用3种时间维度的笔记进行效率管理，分别是月度、每日、年度。

☞ **月度规划**
顶部事项清单、日程图、备忘录。
☞ **四维日程笔记**
美好目标—最小行动—自我投资—关爱自己。
☞ **年度表(年度大事记)**
逐月记录当月发生的要事。

一、月度规划

说说具体的方法，月度表可以使用自制的Excel表，或者使用台历的月度表进行规划。月度表,我习惯将其分成3大模块:**顶部事项清单、日程图和备忘录**(见图4-9)。

月度表

1月	① 待办事项清单		◎ 本月最重要的3件事		📋 本月计划清单		
周重点	一	二	三	四	五	六	日	奖励
		1	2	3	4	5	6	
	7	8	9	10	11	12	13	
	14	15	16	17	18	19	20	
	21	22	23	24	25	26	27	
	28	29	30	31				

备忘录:

图4-9 月度表

第一个模块:顶部事项清单

顶部写下待办事项清单、本月最重要的3件事、本月计划清单,通过3方面的梳理,让本月各类待办事项一目了然。

(1)**待办事项清单**:列出本月必须进行的琐碎事务,即虽然不重要但必须进行的事情。

(2)**本月最重要的3件事**:虽然每月想做的事情很多,但最重要的就那么几件。很多时候我们完不成目标是因为太贪心,什么都想做,但人的时间和精力有限,写出本月最重要的3件事情,集中精力产出成果。

(3)**本月计划清单**:列出本月想要进行的计划或习惯,比如健身、阅读。

第二个模块：日程图

日程图可以分 3 步来完成：

第一步，在具体日期写下当天的主题和重点，提醒自己。

第二步，在左边的周重点写下本周要聚集的目标。

第三步，在表格右边写下完成一周任务后对自己的小奖励。

第三个模块：备忘录

这个部分可以随手记录本月需要留心的事项，大家可以看一下 1 月的月度表示例（见图 4-10）。

月度表示例

1月	① 待办事项清单	◎ 本月最重要的3件事	🗒 本月计划清单
	1. 出差事项，订机票 2. 笔记课程两位嘉宾的协商 3. 笔记课程阅读分享会 4. 笔记课程复盘周和闭营仪式安排	1. 笔记课程 2. 出差工作 3. 春节出行安排	1. 每天音乐调频冥想 2. 每周锻炼3次（走路或运动）

周重点	一	二	三	四	五	六	日	奖励
行动笔记		1 嘉宾沟通	2 行动笔记直播	3 嘉宾 徐青分享	4 阅读分享会	5	6	看新电影《大黄蜂》
价值笔记	7 价值笔记直播	8 嘉宾沟通	9	10 嘉宾 杨斌分享	11	12	13	买想要的书籍
复盘课程	14 个人品牌构建分享	15 学员分享	16 学员分享	17 个人演讲培训分享	18	19	20 闭营仪式	吃一顿饭庆祝
总结课程运营	21	22	23	24	25	26	27	
打扫准备新年	28	29	30	31				

备忘录：

图 4-10　月度表示例

二、四维日程笔记

四维日程笔记，我以四个维度进行日程安排，记录方法是把纸质笔记分成横竖四个模块（见图 4-11），包括**美好目标、最小行动、自我投资、关爱自己**。

第一步，美好目标。计划美好目标，要思考：今天为何会是美好的一天，需要完成什么重要目标？我们常说以终为始，思考有什么让这一天变得很棒的方法，不贪多求全，写下最重要的 1～3 个目标，只要完成最重要的目标，就会让你觉得这一天很美好。

图 4-11　四维日程笔记

第二步，最小行动。写下完成目标的最小行动是什么，即 10 分钟内可以完成的行动。

第三步，自我投资。今日如何自我增值？需要持续学习什么知识或是养成什么习惯？

第四步，关爱自己。一天忙碌之余，也别忘了照顾自己的身心健康，想想今天打算做出怎样关爱自己的安排。

一个早晨的开启方式，通常会影响你拥有怎样的一天。每天清晨起来，你先用一小段时间规划自己的一天，这样你就可以在一天刚开始的时候，用积极的能量把自己的"电池"充满，创造有生产力的一天。

之前有一个 3 名建筑工人的故事：

工地上有 3 名建筑工人，他们共同砌一堵墙。这时，有个孩子从旁边经过，好奇地问他们："你们在干什么呀？"

第一个建筑工人头也没抬，没好气地说："你连这个也不知道呀！我们在砌墙！"

第二个建筑工人抬起头告诉孩子："我们在盖一幢房子。"

第三个建筑工人一边干活一边唱歌，热情地对孩子说："我们在盖一座宫殿，不久的将来，这里将变成一个美丽的花园，人们会在这里幸福地生活。说不定你的爸爸妈妈也会带着你住进来呢！"

10年以后，第一个工人仍是只会砌墙的建筑工人，第二个工人成为这支建筑队的队长，第三个工人成为一家拥有20支建筑队的大型建筑公司的总经理。

这3个建筑工人的故事可能很多人都听说过，你听完这个故事有什么感受？

这个小故事告诉我们，如果你想成为一个有行动力的人，就要明白3件事：

第一，对你的目标要保持积极的态度，如同故事里的建筑工人想象出建筑未来的样子，要有规划和愿景。

第二，你要决定先建哪一道墙，必须清楚实现目标的优先顺序。

第三，你必须堆积一道墙所需的砖块。你规划需要哪些砖块，即采取哪些最小行动才能实现目标，这些行动日积月累会影响你的未来。

回到一开始我们所说的四维日程表，为什么要设定这4个步骤？

第一步，美好目标

以终为始，思考有什么让这一天变得很棒的方法。有些东西是你没有办法控制的，比如好天气或一路绿灯。有人说看到阴天心情就会变差，但就算阳光明媚能让你拥有好心情，你也无法时刻召唤太阳出来。

所以我们不问"什么能让今天变得美好"，而是问"你如何让今天变得美好"，把焦点放在你能影响的范围和可采取的具体行动上。同时，这一步要按照优先顺序写下今日要完成的重要目标，并在旁边写下预计花费的时间。

第二步，最小行动

写下为了完成美好目标而采取的最小行动，完成目标的最小行动是什么？针对今天制定的目标，写下可以采取的 10 分钟行动，为什么是 10 分钟？

10 分钟行动完成了就立马打钩，这是完成事情的视觉化效果，自己的行动如果能够立刻取得效果，将会提高专注力和自我肯定感。10 分钟这个时间非常短，因此能轻而易举地展开行动，最重要的一点是，它是立刻就能办到的行动，这个行动必须有助于实现今天真正想做的事情（对照第一步"美好目标"），就算只是个小动作也可以，重要的是你要踏出第一步。

第三步，自我投资

今日如何自我增值？能力和习惯的养成在于日积月累。可以是阅读一本书，每天阅读几页，化整为零；或是坚持做一个小的锻炼。

第四步，关爱自己

忙碌之余，别忘了照顾自己的身心健康，哪怕是很微小的事情，比如中午小睡一会，安排下班后锻炼，做一顿美食慰劳自己。养成健康小习惯，想想今天打算怎么关爱自己。

4 个简单的小步骤，有助于帮助我们扫除行动障碍，高效行动。

三、年度表（年度大事记）

年度表就是逐月记录当月发生的要事。

我在第 3 章的"数据化笔记"中，介绍了如何用"印象笔记"记录年度大事件的方法。你可以设立一个"年度大事记"的笔记本：根据每个年份设立一条"年度表"笔记（见图 4-12），单条笔记记录全年每个月的重要事件，可以使用表格或文字的形式记录。这样到年底，你就可以很清楚地看到自己做了什么事情，收获了什么。

每年我会买一本较厚的空白记事本作为日程规划，针对月度、每日、年度来进行记录。

年度表

ⓘ 月份	✎ 事件	✈ 启发和收获
1月		
2月		
3月		
4月		
5月		
6月		
7月		
8月		
9月		
10月		
11月		
12月		

图 4-12 年度表

月度表：月初，用 Excel 模板填写月度表，打印出来粘贴在记事本上，格式可以由自己定义，比较灵活。

日程表：写在记事本上，一天一页，用四维日程表的 4 个维度规划每一天。用纸笔规划，简单快捷，可以避免电子产品的干扰。

年度表：我习惯记录在"印象笔记"的"年度大事记"的笔记本上，方便年底一目了然地看到当年发生的事情。如果你习惯使用纸质笔记，也可以直接在笔记本的最后面预留几个空白页，每个月的月底记录当月发生的重要事件。

提升效率的核心是找到自己生命的重心，集中力量做最重要的事情，自定规则将时间价值最大化。通过有效的记录和梳理，把浪费的时间转化为投资自我的时间。日程规划不限于什么格式，大家可以根据自己的需要来制定格式，自定规则将时间价值最大化。

4.4 会议笔记：持续为职场发展加分

会议是每一家公司必不可少的沟通工具，短则半小时，长则数小时，如果负责会议笔记的人不懂技巧，会为此加班到很晚，甚至还要不断返工整理。很多人觉得自己的会议笔记做不好：会议笔记很难记，发言人说话太快，很多重点都没有记下来，过了几天就想不起要记录什么……

做会议笔记听上去是很枯燥的工作，但非常重要。会议笔记的好坏，直接影响一个团队信息的同步情况。针对重要会议，组织者一般会邀请自己信任的人来做会议笔记。

☞ **做会议笔记是每位职场人士必备的技能**

每次会议都是学习提升的机会，擅长做会议笔记的人更容易崭露头角。

☞ **做会议笔记要避免 3 个雷区**

会前没有准备，记录没有章法，会后没有思考和行动。

☞ **什么是有用的会议笔记**

目的明确，内容精练，清晰明了。

☞ **如何高效做会议笔记**

会前做足准备，掌握针对公司和个人使用的笔记的不同技巧。

一、做会议笔记是每位职场人士必备的技能

1. 每次会议都是学习提升的机会

一次会议，既是一个团队目标的传递，也是一次个人学习的机会。对于初入职场的新人来说，做好会议记录尤为重要，一份好的会议笔记，能让你更深刻地理解工作安排，把握公司动向。你可以在会议前或会议中设想一下决议事项，将设想内容写下来，再与会议结果对照，看看自己考虑了哪些事情，与领导做法的差距在哪里，培养自己的思考能力和观察能力。

同时，你可以向会议组织者学习引导、计划、协调等方面的工作方法，或者对比自己与组织者在目标关注、总结规划、工作思路等方面的差异，从而找到自己需要提升的方面。

2. 擅长做会议笔记的人更容易崭露头角

在我进入职场的第一年，有一次参加跨部门协调会议，当时被安排记

录会议笔记。事后，审阅会议笔记的负责人特地找我说："你记的会议笔记很不错，文采和逻辑都不错，领导很满意。"如果你擅长并认真对待会议笔记，及时写出条理清晰、重点明确的笔记，你将会被邀请参加更多的会议，因为领导相信你的能力。你记录的笔记将在公司内传阅，对于个人而言也是一次崭露头角的机会。

二、做会议笔记要避免3个雷区

1. 会前没有准备

开会时就带了一个笔记本、一支笔，至于为什么要开会，会议的议程是什么，准备商讨解决的问题是什么，自己需要做哪方面的工作，需要提前准备的资料有哪些，一概不知道。开会时，不知道说的重点是什么。

2. 记录没有章法，什么都记录

很多人做会议笔记会遇到这样的情况：不知道记什么，抓不住重点，什么都想记，又记不全，常常堆积多余的信息。做笔记时，别人说过的话，不加思考，全部一字不漏地记下来。

3. 会后没有思考和行动，流于形式

很多人做完会议笔记后将其扔在一边，做笔记的辛苦就白费了。做笔记的目的是更好地指导行动，不要只停留在记录上，要有相应的行动，这才是会议笔记的价值所在。

会议笔记很重要，给领导看是一回事，更重要的是会后指导工作，帮助自己成长。每一次不折不扣地执行会议要求，都能为自己的能力加分。反之，每一次落后一点，时间久了，不仅能力提升不上去，还落下一个有头没尾、做事不靠谱的印象。

三、什么是有用的会议笔记

首先要弄清什么是有用的会议笔记：**目的明确、内容精练、清晰明了**。

1. 明确会议笔记的目的

一般来说，会议笔记有两个目的：个人使用和公司使用。

- 个人使用：记录要点和个人思考，方便会后行动。
- 公司使用：一种是会议纪要，方便会后公司传阅和备案查询；另一种是行动指南，用于指导后续工作的开展。

会议笔记的目的不同，记录的内容和方法也不太一样。比如，会议纪要的目的是方便会后传阅，信息要相对全面。行动指南的目的是指导后续的工作，不需要面面俱到，只要记下对工作有帮助的重点信息即可，特别是会议产出的成果和后续行动。

在做会议笔记之前，要先明确此次会议笔记的目的。

2. 会议内容要高度精练

会议笔记不能是一字不漏地将会议内容记录下来，这样会有大量的无用信息。要学会分辨有价值的信息，对会议内容进行归纳总结，将要点提炼成简洁的文字。

3. 清晰明了，不参加会议的人也能看明白

会议笔记的清楚与否，有一种很好的检验方法：你把笔记交给没有参加会议的同事，如果他看完后能大致了解会议说了什么，而且还能按会议的指示去行动，说明你的会议笔记很成功。如果你负责公司的会议纪要，还要确保与会人员达成共识。记录的重要内容，每位参会人员确认无误后才算数。

四、如何高效做会议笔记

如果希望高效完成会议笔记，那就要在会前做好准备，并掌握针对个人或公司的会议笔记的技巧。

1. 会前做足准备

在开会前，会议组织者一般会利用电话或邮件通知参会人员并告知：

参会时间、地点、人员、议题及研究事项、是否需要准备发言材料等。我们可以根据收到的信息做一个预先的准备和思考。

如果你是公司的管理者或主持人，想要通过会议取得成果，要注意两点：

一是提前让参会人员了解会议安排，准备发言材料和确定发言时间。如果大家在会议开始时才知道要讨论的内容，不仅浪费时间，还可能得出不着边际的结论。

二是做好会议记录，以便传达要事，并让相关人员做好后续工作。会议时间长或参会人员较多时，一定要制定好流程，安排好主持人和会议记录员。

2. 掌握做会议笔记的技巧

（1）针对公司的会议笔记。

针对公司的会议笔记分为两种：会议纪要和行动指南。

1）**会议纪要（详细的会议笔记）**。会议纪要的目的是方便会后内部查阅，笔记需要较为详细，包含以下7个部分。

A. **列出会议基本信息**。基本信息包括会议主题、时间、地点，参与人员（主持人、参会人员、缺席人员、会议记录员）。

B. **重要人物的发言、建议和结论**。在会议笔记中，提炼关键内容非常重要。与会人员难免会说几句偏离主题的内容，做笔记应进行过滤，记录内容要贴近议题，切记不能写成流水账，要提炼发言人的核心观点、关键数据和结论。

C. **会议需要解决的问题**。主要是会议的目标，以及召开本次会议是为了解决什么问题。例如，月度例会，解决的问题是跨部门协作，来共同进行新产品的发布。

D. **会议决议、结论**。对于会议中已经达成一致的内容，或者会上明确的分工协作，要在会议纪要中列明。

E. **计划责任人、相关时间点**。会议传达的要点往往是下一阶段的工作方向，除了记录会议精神、指导思想等，还应记录落地的具体安排，以便能形成工作计划。会议纪要需记录：会上确定的分工、责任人、推进时间、反馈时间、截止时间，便于会后进度跟进。

F. 尚未解决或者需要跟进的事项。对于会议上尚未解决的问题、暂时没有结论的事项、需要后续跟进的任务，一定要清晰列明，以便推动之后的行动。

G. 对关键内容进行重点标注。会议纪要中的重要内容和关键字，可以用红字或者加黑加粗标出。在排版时，注意阅读体验，大标题要加粗，其他标题要清晰排列。有时间节点的跟进事项，要做出特别标识，或者用表格的形式列出。

会议纪要式笔记记录的信息较多，现场可以用电脑记录要点，同时配合录音笔或者"讯飞语记"录音，事后将录音转换为文字，辅助现场记录进行整理。会议纪要如果是采用线上传阅的形式，除了整理在 Word 文档上，也可以选用腾讯文档、石墨文档、印象笔记等线上协作软件。

2）行动指南（一页纸会议笔记）。公司会议笔记的另一种形式是行动指南，目的是指导会后行动，重要的不是全，而要记下对工作有帮助的重点信息。借鉴日本丰田公司的一页纸工作法㊀，我们可以用一页纸会议笔记的格式，一目了然地整理会议的关键内容，主要包含以下 4 个部分（见图 4-13）。

图 4-13　一页纸会议笔记

㊀　浅田卓. 丰田一页纸极简思考法 [M]. 侯月，译. 北京：北京时代华文书局，2018.

- **列出会议基本信息**：基本信息包括会议日期、主题、地点、参会人员。
- **总结本次会议结论/成果**：结论先行，便于一眼识别重点，用3点总结会议的结论，即产生什么样的成果。
- **未解决问题**：本场会议有什么问题没有解决，安排什么时间继续讨论。
- **会后行动**：会后的行动安排及相关人员。

行动指南的特点在于简明扼要，超过3点，脑子不易记住。以上4个部分，用3点进行总结。

无论是详细的会议纪要，还是一页纸的行动指南，在会议快结束时，都要确认一下会议的结论。一方面，确保你的理解和笔记是准确的；另一方面，确保所有参会人员的理解是一致的，避免理解误差。这一步骤虽然简单，但很多人常会忘了，导致会后理解和行动上出现偏差，降低了效率。

（2）个人使用的会议笔记。

我们在第3章提到过，美国康奈尔大学研发的"康奈尔笔记本"、麦肯锡公司自创的"麦肯锡笔记本"，以及埃森哲管理咨询公司使用的"重点表单"，都有一个通用的框架——黄金三分法，即将笔记分割为三部分，以"要点→思考→行动"顺序记笔记。个人使用的会议笔记可以沿用这个框架进行记录（见图4-14）。

图4-14 依据"黄金三分法"的格式和方法记录的会议笔记

顶部：标题区域（主题＋结论）。拿出一张纸，在最顶部空出一个区域作为标题区域。左边记录会议主题，右边记录会议得出的结论。

三分区域的左边：会议要点。若能一边舍弃无用的信息，一边对会议要点进行整理记录，思路就会变得清晰，也能快速得出所需的结论。记笔记的时候思考一下：这个信息需要记录吗，这个信息可以用在什么地方，就能逐渐养成快速判断信息的能力。

三分区域的中部：启发和思考。记录会议带给你的启发和思考、不明白的地方，这些都是扩充你知识边界的信息。比如，即使你不是会议的组织者，也不妨碍你通过会议笔记来梳理思路。当你已经能够熟练掌握会议笔记的整理方式时，也就意味着每次进入会议室，你的心里已经有了一个整体的概要，你将了解：一次会议中，如何引导大家讨论方案，协调各方达成一致；每个方案中的流程和角色，什么时候能够完成或者推动工作进展。

那些没能在会议上解决的问题，可以记录其无法解决的原因，后期由谁跟进，以便为事后推进提供帮助。

三分区域的右边：会后行动。写下会后要开展的活动，比如：

第一，协商内容大纲和训练营的安排（产品部××负责，××日前完成）。

第二，选择培训地点（市场部××协助，××日前提供筛选后的场所名单）。

通过罗列事项清单的方式，整理出行动要点。无法一个人完成的工作，在旁边注明配合的同事和时间节点。

会议笔记不只是记录预定和未定事项，如果能把观察学习的信息、知识、方法记录下来，每次开会都能有一些额外收获。当你能对会议的流程和目的有所把握，就能在后续更有节奏地开展工作，老板也将更信任你，让你承担更重要的任务。

4.5 复盘笔记：延续成功和避免错失

20世纪80年代，国际创新领导力中心（CCL）的摩根·麦考尔和同事们开展了一系列研究。在调查了那些成功且卓有成效的管理人员之后，他们把成人学习的途径大致分为 3 类：

- 从书本或从外部学习、培训获得。
- 向有经验的人请教，在与他人沟通、讨论、交流等过程中学习。
- 对个人的工作实践，事后进行复盘总结，再应用时调整提升。

最终的研究结果显示，以上 3 种途径在提升能力方面所起的作用分别是 10%、20% 和 70%，这就是著名的"721"学习法则。由此看出，个人实践后的总结复盘非常重要。

柳传志曾说："在这些年的管理工作和自我成长中，复盘是最令我受益的方法之一。"

他对复盘推崇备至："联想有一种称为'复盘'的学习方式。做一件事情，无论失败还是成功，都重新演练一遍。大到战略，小到具体问题，原来目标是什么，当时怎么做，边界条件是什么，做完后回头看做的是否正确，边界条件是否有变化，一定要重新演练一遍。"

在学习工作中，我们经常听到"复盘"一词，工作上的"复盘笔记"究竟是什么？简单说就是针对工作中的事件、任务、目标进行记录回顾、分析反思、总结提升。

☞ **运用复盘笔记，累积职场上的发展优势**

- 针对失败的事情，想办法改进，避免犯同样的错误。
- 针对成功的事情，总结经验，提升类似事情的成效。

☞ **复盘笔记的两种具体应用**

运用复盘笔记的 3 大模块进行个人和团队的经验复盘。

一、运用复盘笔记，累积职场上的发展优势

复盘笔记是一种目标驱动型的经验累积，有着清晰的目的和结构，可以运用于个人和团队。人们常说，人生没有白走的路，每一步都算数。但生活中总会有失败、成功或踌躇不前的时刻，怎样让每一步都有意义？

要向自己学习，向过去学习。

针对失败的事情：当我们没有复盘好过去的经历和收获，就容易对过往采取否定态度。对于做得不好的地方，想办法改进，以后遇到相似问题，就可以避免犯同样错误，少走弯路，并使其成为宝贵的人生财富。

针对成功的事情：对于做得好的部分，总结原因，从中找出规律，并作为知识保存下来，不仅可以提升类似事情的成效，也可以传授给他人。

失败需要复盘，成功更需要复盘。有时候成功是偶然的，如果不进行复盘，成功不一定能延续，你甚至有可能还会盲目骄傲自满。复盘是让成功的因素不断出现，或是找出失败的因素，避免再次发生。

总的来说，在工作中运用复盘笔记有 3 点好处。

（1）找出问题，确定下一步的改进行动。

（2）梳理流程，提高类似事情的成效。

（3）累积知识，强化自己的职场优势。

二、复盘笔记的两种具体应用

复盘笔记要在实事求是的基础上，回顾一开始的目标和过程中的行动步骤，如果事实难以陈述清楚，将会导致复盘进展缓慢或无法深入。一旦事实确定下来，就可以开始评估目标与结果，分析两者存在差异的原因，找出成功或失败的原因，进行规律总结。明白为什么会成功或失败，哪些关键行动起了作用，这些行动有没有适用条件，对提高后续行动的成功率有没有价值，制定下一步的行动措施。

复盘笔记包括 3 大模块（见图 4-15）。

记录回顾：包括目标回顾、行动步骤。

分析反思：包括评估结果、分析原因。

总结提升：包括总结精进、下步行动。

如何将复盘笔记具体运用于个人和团队？

1. 运用复盘笔记进行个人复盘

第一步，目标回顾。当初行动的意图是什么？事件、行动想要达到的目的是什么？事先预想要发生的情况是怎样的？注意，这一步中有两个常见误区。

复盘笔记

记录回顾	1.目标回顾	2.行动步骤
分析反思	3.评估结果	4.分析原因
总结提升	5.总结精进	6.下步行动

图 4-15 复盘笔记

一是目标表述不清。目标表述不清，将很难精准地评价实际结果，也会影响后续的差异分析，不利于从复盘中学习。复盘时，要尽可能细致地描述目标，可以参考 SMART 原则（目标明确具体、可衡量、可实现、有相关性、有时限）。

二是缺乏目标的分解。复盘时，对于较大或宏观的目标，可以将其分解为几个小目标。比如，目标是一年内成为公司的销售冠军，复盘时可以拆分评估几个时间段的小目标，如半年销售数额、季度销售数额、月度销售数额。有效复盘的基础是在项目行动前，就对目标做了拆解，并保证每个小目标清晰明确，为后续评估设立基准。

第二步，行动步骤。针对目标，制定什么样的行动步骤，整个行动流程是什么样的？在步骤流程上，需要减少或增加什么动作？

继续以目标是一年内成为公司的销售冠军为例，为了达成每个阶段（如半年、季度、月度）的目标，相应的行动步骤是什么？比如，宣传营销计划、拜访用户数计划、工作流程是怎么样的？复盘的时候，回顾自己的行动步骤，完善整个行动的流程，以便下次处理类似事情时，提升工作效率。

第三步，评估结果。实际状况与预期有无差异？与目标相比，哪些地方做得好，哪些未达预期？对结果进行评估，看看现在目标的完成情况：实现了多少？哪里做得好，哪里做得不好？是不是在计划的时间内完成的？做出的结果是否有价值？比如，一年内成为公司销售冠军的目标、每个阶段的小目标（半年、季度、月度销售数）是否如期达到？

在开始行动后，许多人只顾埋头苦干，没有去检视是否偏离了最初的目标，而且对结果缺乏客观的评估，最后南辕北辙。评估需要量化结果，对照分析，客观地认识自己，这将让你避免"低头拉车"，而是"抬头看路"。通过复盘笔记，结果情况如何，能够一目了然。

第四步，分析原因。事情成功或失败的原因是什么？其中的主观和客观因素是什么？能否深入找到根源，并进行自我反思？分析原因是复盘最主要的环节之一，也会直接影响从复盘中学到什么、学到多少。分析原因的时候，要避免归罪于外，逃避面对问题。复盘中，许多人容易将原因归咎于外部因素，害怕暴露自己的不足，不谈缺点，这样实际上失去了学习提升的机会。应坚持客观、审慎的态度：成功了，多想想客观因素；失败了，多找找主观原因。

比如，针对销售目标的复盘，2020年一季度销售数据不好，主要是受新冠肺炎疫情影响，但市场上依然有销售逆市上扬的同类型产品，这就需要思考一下：自己的销售方案是否存在问题？2020年6月销售回升，大背景是经济回暖，但个人应该如何努力？采取什么样的营销措施？

第五步，总结精进。复盘时要考虑：整个过程中学到了什么？什么方法值得保留？什么需要提升改进？总结精进，就是在每一次完成目标时，将成功经验或改进方法纳入自己的知识模块，持续构建自己的专业体系。这样我们就能知道：下次完成相似的目标时可以怎么做，如何做得更好；当困难摆在面前时，有哪几种应对方法；有什么成功经验是可以复制和迁移的。我们要从中找出自己的优势和劣势，逐步提升专业水平，实现从业余选手到专业人士的蜕变。

第六步，下步行动。接下来该做什么呢？哪些是我们可直接行动的？哪些是需要寻求他人帮助或资源支持的？很多复盘只到总结经验就结束了，没有后续行动，这样会让复盘的功效大打折扣。复盘必须落脚到接下来的行动改进，制订清晰的后续计划：开始做什么？继续做什么？停止做什么？同时，区分轻重缓急。

2. 运用复盘笔记进行团队复盘

团队复盘是集众人智慧回顾项目的过程，可以引进一个重要的方法——团队共创法。团队共创法由美国文化事业学会（ICA）研发并在全世界推广，作为促进团队达成共识的流程开始使用。它是一种使群体达成共识的促动技术，促进参与者求同存异、缩小差距，达成共创共赢的目标。

（1）团队共创法的 5 大要点。

团队共创法的 5 大要点为：聚焦主题、集体智慧、分类整理、提取关键、总结提升。

第一要点，聚焦主题。明确本次团队共识需要回答以下问题。

- 核心问题：通过团队共创，要复盘什么问题？
- 复盘成果：通过团队共创，希望得到的复盘成果有哪些？

第二要点，集体智慧。鼓励参与者把相关的想法说出来，收集大家的智慧，并对大家提出的想法进行分析讨论。在集体讨论前，注意和大家强调以下原则。

- 尊重原则：不批判、不阻拦，讨论过程中彼此尊重。
- 平等原则：不管行政级别，参与者一律平等。
- 广益原则：鼓励大家积极提出想法，数量越多越好。
- 创新原则：可以在他人想法的基础上，继续提出新的想法。
- 记录原则：各种想法都记录下来。

在这个环节，需要给大家一定的时间，每个人可以把想法写在便签上，贴到白板上面。

第三要点，分类整理。这个环节是用来梳理散乱的想法，以新视角发现不同想法之间联系的。把大家的想法便签归类整理，最终将分类控制在 3~7 个。想法太多会过于分散，太少则属于过度合并，都会影响下一步骤。

第四要点，提取关键。主持人或团队领导需要带领参与者去发现每类想法便签共同想表达的是什么，帮助参与者从一堆想法便签中总结意见，或者产生新想法。

第五要点，总结提升。这一环节是对整场团队复盘进行总结提升，得出最终成果。主持人或团队领导带领参与者回顾共同讨论的成果，并考虑后续要如何应用复盘成果，采取什么行动步骤，如何分工，怎么推进。

（2）结合团队共创法和复盘笔记法（见图 4-15）进行团队复盘。

第一步，目标回顾。回顾事件的目标，我们可以将目标明确地写在会议室的白板上面，以防止参与复盘的人员中途偏离目标。在这个步骤中，可以运用团队共创法的"聚焦主题"，明确本次团队共识需要回答：团队复盘什么问题？希望得到的复盘成果有哪些？

第二步，行动步骤。回顾为了达成目标采取的措施、步骤、流程，目的是让所有复盘参与者都知道事件的过程，这样大家才有共同讨论的基础。

第三步，评估结果。客观评估结果，将结果与目标对比，可能会产生 4 种情况：

- 第一种是结果和目标**一致**，完成所设目标。
- 第二种是结果**超越**目标，完成情况比预期好。
- 第三种是结果**不如**目标，完成情况比预期差。
- 第四种是在做事的过程中，**增加**了计划没有的**新**项目。

结果与目标对比的目的是发现差距和发现问题：

第一、二种情况，需要分析成功原因，总结成功经验；第三种情况，分析失败原因，找出改进的方法；第四种情况，客观评估增加的新项目是否可行，在旧有项目和新项目之间进行比较分析。

第四步，分析原因。在分析原因时，要倾听众人的意见。通过众人的视角来设问，突破少数人见识的局限，探索多种可能性。在这一步可以引入团队共创法的"集体智慧""分类整理""提取关键"。

第五步，总结精进。在这一步可以引入团队共创法的"总结提升"：主持人或团队领导带领参与者回顾成果，对整场团队复盘进行总结提升。总结本场复盘得出的经验和方法时，要注意，结论落脚点是否发生在偶然事件上，当复盘的结论落脚在偶然因素上则存在偏差。

同时，注意结论是指向人还是指向事，如果指向人则说明复盘没有到位，因为人是变量，有时候无法复制。复盘要总结客观规律，结论要从事物的本质去分析，提取可供团队复制的方法，这是验证复盘结论是否可靠的标准之一。

第六步，下步行动。确认采取什么样的下一步行动，责任人是谁，时间节点是什么，是否要形成团队经验材料。在明确行动项目时，可以使用 3W1H 框架进行讨论。

- 事项（What，W）：确认的具体的事项或目标。
- 谁（Who，W）：行动的具体负责人。
- 日期（When，W）：行动截止日期。
- 步骤（How，H）：行动如何开展（计划步骤）。

同时，团队复盘得出的结论、资料要进行归档，以方便内部的传播和查阅。

4.6 灵感笔记：发掘独特的商业价值

日本作家中野明在《超一流创意力》一书中介绍了达·芬奇超强创意力的秘诀：专心致志记录自己的经验。达·芬奇可谓"笔记狂魔"，他的手写笔记现存约 5000 份，流传于法国、意大利和英国等地，还有很多笔记下落不明，据说现存的笔记只占总数的 45%。

关于达·芬奇重视记笔记这个问题，俄罗斯作家梅烈日柯夫斯基在描写达·芬奇一生的《诸神的复活》一书中有记载："无论何时，达·芬奇的笔记本都不离身，走到哪里带到哪里。如果笔记本记满了，就再拿一本新的，将旧的那本珍藏起来。"

有一位学者受到梅烈日柯夫斯基这部作品的影响，养成了笔记本永不离身、走到哪里带到哪里的习惯，这个人就是日本著名学者梅棹忠夫，他在《智力生产的技术》一书中写道："身为高中生的我，虽然无法完整地理解达·芬奇这位伟大的天才，但我发现他的精神之伟大，跟他记笔记这一点确实有关系。为了能让自己更加接近达·芬奇的伟大精神，我决定也要养成记笔记的习惯。"梅棹忠夫在笔记本上记录觉得有趣的现象及构思，他携带的笔记本被称为"记录发现的笔记本"。

笔记成为达·芬奇和梅棹忠夫记录灵感和创新的工具。**笔记本质是将灵感和思考转化，创造出全新的价值**，比如，新的思维认知、新的知识收获、新的工作方案、新的产品、新的行动目标。在以下3个方面多花点心思，就能从笔记上得到更多的灵感和创新。

☞ 培养与笔记相结合的 4 个习惯
- 用笔记收集灵感的种子。
- 培养 T 型知识结构。
- 注意灵感的存储、消化和清理。
- 打破做不到的信念阻碍。

☞ 帮助你累积灵感的 4 个笔记技巧
- 随时记录灵感，留意灵感产生的 3 大场景。
- 提问结合思维导图，以促进灵感闪现。
- 运用印象笔记，建立灵感账户和个人知识库。
- 运用卡片笔记或便签笔记，进行组合创新。

☞ 用灵感笔记创造个人的独特价值
- 成为问题的积极解决者。
- 从不同角度看问题。
- 保有孩子般的好奇和探索之心。

一、培养与笔记相结合的 4 个习惯

商业企划、产品设计、团队讨论……我们在许多场合都需要运用笔记，重要的是如何活用笔记，产出结果取决于日常做笔记的习惯。

1. 用笔记收集灵感的种子

被誉为"美国广告教父"的詹姆斯·韦伯·扬说："创意是已有要素的

重新组合。"工作和生活中充斥着各种的资讯，但常常被我们忽略。当我们注意到一件事物并从中获取资讯时，往往不会深入探究自己的思考、想法和感觉是什么，但这些心理变化可能会引发灵感，成为创造新组合的种子。

通过灵感笔记可以提升感知触角的敏锐度。灵感的种子就散落在生活当中，若用笔记仔细地将这些种子收藏起来，等你需要的时候就可以从中找到所需素材，创造新组合。如果平时有随时记笔记的习惯，那么灵感种子的储存量就会不断增加。

2. 培养 T 型知识结构

不同要素的组合能产生新的创意，不同领域的知识学习能激发新的灵感，但人类是一种活在习惯中的生物，只要没有刻意去改变，就会不断重复原有的思考和行为方式，很难脱离日常的思考框架。想要提升灵感，就要接触不同于"日常自己"的资讯。"日常自己"指的是例行公事般地生活，总是关注或重复类似的事物。从这种生活中走出来，吸收不同的资讯和知识，尝试从不同角度看事情，构建自己的 T 型知识结构。

传统的知识结构，即仅有某一专业知识的结构，这是唯一的知识结构，或称线性结构，这种知识结构已不能适应新形势对能力转换的要求。

T 型知识结构，其特点是既注重知识的深度，又注重知识的广度，即要求在某一专业上有较深造诣的同时，也应具备广博的知识面，用字母"T"来表示知识结构特点。

- "T"中的"|"：表示知识的深度，很多专业人士都具有精深知识和技能，比如设计师、建筑师、会计师和工程师。
- "T"中的"—"：代表有广博的知识面，包含了两方面的内容：第一是"换位思考"，能以他人视角，多方面思考问题；第二是多领域的跨学科学习。

畅销书《人类简史》的作者赫拉利，就是具有 T 型知识结构的人才。他的主要研究是历史，但横向涉猎极为广泛，从生物学到社会学，从物理到化学，从经济到金融，因而他在解读人类文明发展史时，展示出了多元视角，令人耳目一新，该书一出版即"爆红"，被翻译成 30 多种文字。

美国著名投资家查理·芒格就采用了多模型结构的工作方式，在面对一项业务时，他会从数学、经济学、工程学、心理学等多学科的角度进行审视。这和他平日里的阅读和学习习惯紧密相关，大量阅读多种学科书籍，使其获得了多学科的视角。

苹果公司的乔布斯在学习 IT 之外，还学习了书法。在他动手开发麦金托什电脑时，书法课上学习到的艺术理念派上了大用场，成为当时唯一提供此功能的电脑，为出版商和广告公司所青睐，从而站稳了脚跟。乔布斯后来总结经验时说："所谓创新，就是你在人生路上无意间布下很多点，当时看不出什么，等到你某日回头一看，这些点原来能串成一条线。"

很多人之所以缺乏灵感和创新，就在于他们的人生阅历中缺乏这些跨界点。拥有 T 型知识结构的人不仅在纵向上具有较深厚的专业能力，在横向上也具备多元知识和创新精神，能够进行跨界融合。

读书、听课、看电影、阅读、旅行，以及和不同领域的人交流讨论，这些都是重要的人生积累，也是帮助我们跳出"日常自己"的方式。当我们保持对世界的求知和好奇时，万事万物皆可以成为我们学习的对象，当我们用心体会和观察生活时，所思、所学、所想都可以用笔记记录下来。

3. 注意灵感的存储、消化和清理

卓有成效的创新者，除了跨领域学习不同学科的知识外，还能够有序地、分门别类地对资料进行存档。他们会定期查看过去的笔记，反思做过的事情，重新考虑曾经的想法，包括那些当时未能解决的问题。他们是在用新的眼光看待过去的记录，发现过去的情况与当前状况的联系，找出解决问题的新方案。**这个过程包含 3 个步骤：灵感的存储、消化和清理。**

（1）统一存储。

如果仅是把灵感记录下来，放着不管，效果就会减半。如果想在日后活用灵感，就必须与这些笔记"再会"，养成统一管理的习惯，这样就会大幅减少笔记散失的概率。在第 3 章的"知识笔记法"中，介绍了数据化笔记的管理方法。我们可以在印象笔记 App 中建立一个"灵感笔记"，同时运用印象笔记对相关的资料进行分类存储，方便日后的调用提取。

（2）消化吸收。

平时经常接触的资讯理解起来并不困难，如果是自己没接触过的内容，理解起来就有难度。比如，你不是技术领域的人，突然要去听一个科技课程，可能就没办法顺利处理资讯。如果无法理解，就很难碰撞出新的灵感。在这种情况下，单纯地接触资讯是不够的，还必须有意识地吸收资讯。那该怎么做？

现在只要通过网络就可以找到非常多的信息。如果要接触不了解的内容，我们可以预先查找相关的资料，将找到的资料和自己的思考结合起来，这时候笔记就很好用。做笔记的时候，要尽可能地收集相关的资讯或者写下自己的思考。过一段时间，再回看以前的笔记会对你很有帮助。

（3）定期清理。

尽量一个星期回看一次本周灵感笔记，如果实在没空，至少一个月回看一次，然后写上自己新的看法，这样一来，灵感的种子就会逐渐壮大，你会发现当时都没有注意到的联系。只要常去储藏库看一看，就会找到许多灵感的素材，不用再慌慌张张地四处寻找资料。不想让灵感笔记就此石沉大海，就一定要定期清理，对自己用不上的资料，要果断舍弃。否则，时间久了，储藏库里的东西越积越多，你会懒得看，以至于它渐渐失去功效。

4. 打破做不到的信念阻碍（运用历程笔记或调频笔记）

许多人认为外部力量决定着命运，把生活中的"事与愿违"都归为运气差或者自己没能力做到，就此放弃。殊不知很多失败的背后都有信念的影响。明明做足了准备，但你一到上场就紧张，大脑中控制不住地闪现失败的画面，最后没能发挥应有的实力。

在第 1 章的"认知笔记法"中，我们介绍了信念对人生的影响。在工作中，有好的灵感和想法，却不敢展示自己，错过了晋升机会，这背后潜藏着不信任自己的限制性信念。

在马戏团里最受欢迎的明星是大象，有位少年特别想近距离接触大象，就跑到马戏团后台去看。他惊讶地发现，几只大象既没有被关在笼子里，也没有拴着铁链,只是被普通的绳子拴在木桩上。少年好奇地问驯兽师:"为什么你们只用一根绳子就能驯服大象,难道不怕它们用力挣脱开吗?"

驯兽师听完,笑着说:"大象是我们从小养大的。当它们还是小象的时候,我们就用铁链拴着,每次只要一拉动,大象就会非常痛,越挣扎就越痛苦,无论大象如何用力,都挣脱不了铁链。久而久之,大象就认为挣扎是没有用的,慢慢地就放弃了。"

大象从小被植入两个信念:一是不可能挣脱,二是挣扎很痛苦,因而放弃挣脱。拴住大象的并不是绳子,而是它的信念。很多时候,我们和大象一样,不是没有灵感,不是没能力去实现,而是自己画地为牢,困在"不可能"的信念里。

如果你把精力和关注点都放在否定自己身上,不相信自己能有所创造,也就无法接收到灵感的信号,甚至即使有了新的发现,你也觉得不可能实现。如何打破限制灵感的信念?

(1)反思有哪些限制性信念。

我们可以运用第 1 章的"历程笔记",梳理过往经历,找到自己的限制性信念。每个人的现在都是由过去的经历形成的,找到什么限制了自己,为什么是今天的样子,找到自己的信念和设限。

(2)时刻提醒自己调频转念。

当限制性信念冒出来,阻碍自己的灵感和行动时,要学会转念,问问自己:现实情况真的不行,还是因为自己的胆怯?有没有什么办法?每当我们遇到困难,担忧紧张时,可以用第 1 章的"调频笔记",觉察自己的话语和情绪。当限制性信念出来时,立刻进行转念思考,客观分析问题,寻找出路。

(3)思考自己想要成为什么样的人。

大部分人都希望不断成长与发展,从内心去思考:我想要成为什么样的人?成为那样的人需要什么样的行动?运用第 2 章的"梦想笔记法"规划自己的行动,然后放到现在一点一点去做,这样就不会被困在原地无法挣脱。

打破不可能的信念,放下对自己的否定,灵感、机会、资源才会进来,才能创造人生更多的可能性。

二、帮助你累积灵感的 4 个笔记技巧

1. 随时记录灵感，留意灵感产生的 3 大场景

随时随地记录，是一种可以有效结合灵感与笔记的方法。这种方法很简单，只要有一支笔、一个笔记本、便签或手机软件就可以动手记录。当你坚持一段时间，就会看到灵感累积的成效。同时，留意个人容易产生灵感的 3 大场景。

（1）乘坐交通工具时。

英国作家 J.K. 罗琳是在火车上萌发灵感，构思出了《哈利·波特》。我们乘坐交通工具的时间较长、频率较高，再加上沿途的见闻，很容易产生新的灵感。如果你有带包包，可以用便签笔记将其记录下来；如果当时不方便手写，也可用语音笔记将其记录。

（2）洗澡、慢跑或散步时。

古希腊学者阿基米德，在浴缸泡澡时发现了浮力定律；日本当代作家村上春树，在跑步时构想写作。人在洗澡、慢跑或散步时处于放松状态，容易产生灵感，这个时候手写不方便，可以用语音笔记记录下瞬间灵感。

（3）睡前或睡醒时。

你是否有这样的经验，已经预备睡觉，可躺在床上翻来覆去，有很多想法涌现出来，与其继续躺着睡不着，不如爬起来把灵感写下来，释放头脑中的念头，轻松之后就可以安然入睡了。早晨睡醒时，人常常会有灵光一现的想法。在床头放一本便签笔记方便记录，这个时候尽量不要使用手机记录。手机开机后，会有各种的信息冒出来，你想着处理事情，灵感就被打断了。睡前使用手机影响睡眠，睡醒使用手机容易被各种信息分散注意力，用便签笔记记录，让自己回归宁静思考的时刻。

2. 提问结合思维导图，以促进灵感闪现

所谓灵感闪现，指的是好点子在不经意间诞生，常出现在与人交流或者处理不相关的事情时。在思考上投入的努力越多，你在长期记忆中留存的信息就越多。如果只有一个含糊的想法，对思考来说非常困难，也很难

促进灵感闪现。一旦提出了聚焦问题，思考方向就会朝着答案集中，反而能够集中注意力进行思考，大脑会在不知不觉中产生灵感，针对问题给出解答。

思考的事物太复杂或者资讯太多，就很难在脑袋中想清楚。当你要思考复杂事务或者思绪比较混乱的时候，可以用提问结合思维导图的方式，把心中所想一条条地梳理出来，以便于找到灵感，思维导图可以用软件制图或者手绘的形式绘制。

第一步，提出问题，确定中心主题。 提出要聚焦的问题，放在中心主题（对应思维导图的中心主题）。比如，你在构思"如何写好项目计划书"，那么就把这个问题放在思维导图的中心（见图4-16）。

第二步，发挥联想，确定分支主题。 围绕中心主题，发挥自己的联想和创意，将所想到的方法分组并关联起来，放在中心主题的周围。比如，你想到和中心主题"项目计划书"相关的模块包括：市场机遇、行业痛点、目标市场、产品推出、项目团队、战略规划、财务分析（对应思维导图的分支主题）。

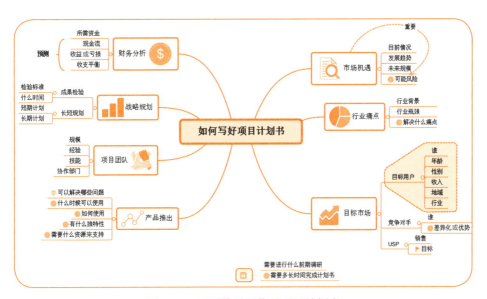

图 4-16　用思维导图构思项目计划书

第三步，扩张想法，扩展子主题的细节。 扩展重要想法可以使用子主题，并对其添加细节。比如，计划书中的分支主题"目标市场"，扩展想法后，延伸出 3 个子主题：目标用户、竞争对手、USP。其中，"目标用户"又可以进一步扩展 6 个细节：谁、年龄、性别、收入、地域、行业。

第四步，标注重点，进行信息关联。添加符号、备注等。比如，在分支主题"市场机遇"中，你突然想到"可能风险"是一项重要内容，你可以用关联线标出"重要"来提醒自己。又如，你又想到计划书内容之外的事项：需要进行什么前期调研，需要多长时间完成计划书，可以在思维导图的底部添加备注。

当你开始针对问题不断思考时，涌现出的想法太多太乱或是感到很迷茫，这都没有关系，重要的是促进思考，但一定要将想法写下来。你不需要去斟酌答案是否正确，只要想到的关联内容都可以写下来。在这个情形下，主要不是为了得到正确答案，而是让大脑知道我们想要搜寻的东西，促进大脑运转。

第五步，暂时放下，后续添加灵感。如果你苦苦思索问题却无新的思绪，就不要再强迫大脑继续高强度工作。调查显示，90% 的科学家认为，在一个事物上研究很久，忽然调转思维，做不相关的事情，反而更有助于萌发新的点子，这样做是给大脑释放压力，提供放松的思考环境。如果你是用软件绘制思维导图，可以打印出来；如果是手绘思维导图，可以将纸贴在平时容易看到的地方。

这时你可以先把问题放下，去做别的事情，因为大脑已经接受了提问，进入了后台构思创意阶段。后续，当你不经意间有新的灵感涌现出来时，可以把新的灵感、想法继续整理到思维导图上，注意用一种新的颜色记录新灵感，以便于区别之前的记录，一眼识别不同时期的思考。

3. 运用印象笔记，建立灵感账户和个人知识库

我们可以运用印象笔记建立自己的灵感账户，并按照以下 4 个步骤记录灵感（见图 4-17）。

（1）**场景**：什么时间、地点、事件触动了自己。

（2）**灵感**：产生了什么样的灵感火花。

图 4-17　灵感记录 4 步骤

（3）**实践**：可以用在什么地方。

（4）**回顾**：过一个阶段，再回看这个灵感记录，写下自己的实践或新思考。

同时，我们可通过印象笔记进行以下灵感记录：第一，交叉思考各种点子、技巧、概念模型；第二，从最近刚获得的新视角，重新审视过去放弃了的点子和灵感；第三，其他领域的人成功运用的新奇点子；第四，研究过去笔记中的灵感和联系。针对日常看到的素材，可以按照第 3 章的"数据化笔记"方法，根据应用场景和知识体系搭建笔记系统目录，进行素材的归类整理，方便日后随时调用。

4. 运用卡片笔记或便签笔记，进行组合创新

在写文章、构思策划想好的点子时，你也可以运用之前记录的卡片笔记或便签笔记重新排列组合，激发灵感，创造新的创意。它分成 3 个步骤：选取—重读—组合。

（1）**选取**。从卡片笔记或便签笔记库里，选取和主题相关的卡片、便签。比如，选取同一个模型主题：四维模型（见图 4-18）。

（2）**重读**。重读之前的笔记，记下新的感想，或者在重读过程中用标记法留一些痕迹。标记法就是做笔记时留下痕迹符号，比如，用区别之前记录的颜色笔，或者用直线、波浪线、画圆圈等不同的线条或符号。通过标记轻松区分重要、非常重要或新旧内容，提高思考效率。

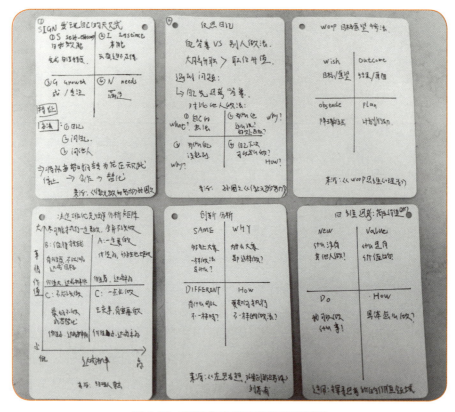

图 4-18　运用卡片笔记进行组合创新

（3）**组合**。带着不同的问题，将之前的卡片、便签随机组合，写出新的思考。回顾之前的卡片笔记、便签笔记，进行重新组合，提炼与标题有关的信息，随时补充信息。如果你在脑海中构思一个主题的写作，而记录的素材卡片有一定数量，就能随机组合卡片、便签，变换素材，创造不一的灵感。

三、用灵感笔记创造个人的独特价值

所有生意的本质都是在灵感的基础上进行创造性思考：如何解决顾客痛点，开发顾客需要的商品？如何将产品信息传达到目标群体，在众多广告中脱颖而出？如何用有效的方式，促进团队的沟通和运作？这些都是在解决问题，也就是说构思灵感的训练。虽然商业并非完全取决于构思灵感的能力，但这种能力无疑是不可或缺的要素。有办法解决问题的人在职场中都很受欢迎，也可以用自己的灵感和方法创业。

当一个人不仅能获得灵感，还可以将灵感用于解决市场中的实际问题时，就能够创造个人独特的价值。如果你的灵感方案应用非常广泛，甚至创造出前所未有的解决方法，这种方法就会是划时代的创举，你会成为新游戏规则的创造者。比如，Facebook 一开始凭着网页建立起校园内大学生交流的平台，后来这种方法扩大到了全世界，开始只是解决小问题，现在可以影响全世界。

我们可以从以下 3 个方面锻炼产生灵感和解决问题的能力。

1. 成为问题的积极解决者

前面我们介绍了培养灵感和做笔记的习惯，学会了基础方法，但如果这个技能放着不用，就会渐渐生疏，就像不进行任何热身要开始运动，到重要的时刻很难发挥作用。

首先，养成主动寻找问题的心态。不要被动地等问题来，而是时刻注意周围有没有什么可以当作问题的事物。不可思议的是，当你保持主动寻找问题的心态，各式各样的问题就会出现在眼前，从而逐渐提升自己的观察力。

其次，思考如何应对日常问题。从日常工作、生活的状况中寻找问题，或者观察他人遇到的状况，想想：如果自己遇到了这样的问题，会怎么应对？例如，平时去面包店、超市时就可以练习，以下是我观察面包店写下的灵感笔记：

2020.2.28　成功的运营藏在细节里，热点和趋势都要关注。

下班去买面包，M 面包店生意兴隆，旁边一店之隔的 JL 面包店却门庭冷落。从两个细节来看差距。

第一，防护到位。一进入 M 店，门口就有一个穿着防护服的店员为消费者量体温，喷酒精免洗洗手液，收银员和面包师都做了防护。当下是疫情紧张时期，大家最关心产品卫生，这家门店一下子就给人重视卫生防护的观感。经过旁边的 JL 面包店，却看到一个店员只戴了口罩，穿着便服。

第二，食材新鲜。M 面包店和 JL 面包店都是连锁店，之前都是工厂配货。原先 JL 面包店更占优势，面包种类多、分店多。M 面包店只有零星门店，但从去年开始进行门店改革，改成了"门店现场制作 + 部分工厂配送"的模式，款式和口味都有创新。门店设置了开放式厨房，消费者看得到面包的制作过程，而且还经常迭代新花样的糕点，M 面包店新鲜的食材和多样的口味更受当下消费者的喜爱。虽然 M 店产品的价格比原先高出 30%，但生意更好了。

卫生这个细节是当下消费者的关注点，食材新鲜则是一个趋势，运营在热点和趋势方面都要关注。

通过对 M 面包店和 JL 面包店的观察，我们可以找出需思考的问题：M 面包店有什么可以学习借鉴的地方？JL 面包店如何在细节上提升卫生防护，改善产品品质和门店运营方式？除了门店观察，我们会经常看到电梯、电视、地铁广告，可以想想看，有哪些新的创意产品在推出？这个广告的标语是否有力，展现的画面场景是否能够激发你的购买欲？

如果把视野放宽，我们就会发现任何状况中都存在问题，根本不用担心没有主动练习的材料，有了灵感就可以记下来。做生意就是在不断解决问题，不断训练自己成为解决问题的人，也等于在训练自己成为具有商业能力的人，创造独特的价值。

2. 从不同角度看问题

当我们想有一些新点子时，如果是用直线思考的方式，有时候会出现瓶颈，没办法进一步拓展想法，这时就要进行视角切换，先从自己的立场或角色中跳脱出来，转换成另一种立场或角色。

苏轼曾写："横看成岭侧成峰，远近高低各不同。不识庐山真面目，只缘身在此山中。"生活中，我们遇到一些复杂的情况时，容易被眼前的事物所蒙蔽，找不到解决问题的方法。这时，如果能从当前的环境中脱离出来，从一个新角度去解决问题，也许就会柳暗花明。如何练习看问题的不同视角？

（1）把自己想象成当事人。

2015年7月去世的任天堂岩田社长面对游戏行业变革，曾经实行了一系列"非常规"的决策，带领任天堂摘得年度游戏桂冠。一篇采访中记录了岩田社长成功的诀窍：用当事人的态度思考解决问题。

文章里，岩田社长是这样说的："当眼前出现某个问题时，我都一定会认真思考，如果是自己会怎么做，与其说是在想怎么帮助对方，不如说是用当事人的视角去思考。不是用事不关己的态度，而是设身处地当作自己的事情来思考，从头到尾做个彻底的思考，这种做法会增加自己解决问题的能力。"

（2）把自己想象成其他人。

英特尔传奇CEO安迪·格鲁夫曾经对公司的发展方向感到苦恼，因为英特尔创立之初是以制造动态随机访问内存（DRAM）为主。不久，东芝、日立、日本电气等陆续加入，制造商之间竞争日益激烈，英特尔在内存领域的业绩逐渐恶化。

安迪·格鲁夫在其著作《10倍速时代》一书中分享了如何帮助公司摆脱发展困境。当时格鲁夫很苦恼，犹豫退不退出DRAM市场，于是他换了一个角度思考："如果董事会把我赶出去，从外面请来新的CEO，这位CEO首先会做什么？"

格鲁夫用了"把自己想象成其他人"的思考方式，得出的结论：对方会退出DRAM市场。结果，格鲁夫决定：英特尔在1985年退出DRAM市场，并将公司资源集中到CPU的开发及生产上。之后，英特尔成为世界顶尖的半导体公司。

把自己想象成其他人，是让自己从固有的思考框架中解放出来，灵活思考。想象自己是另外一个人，可以用疑问句来触发思考：如果我是××会怎样想，怎么做？这个人可以是你认识的，也可以是某个著名人士，或者你喜欢的历史人物，或者你的竞争对手。以对方的视角，思考他们会如何看待、处理这个问题。比如，如果我是自己崇拜的××人士，怎么处理这个问题？

- 如果我是购买该商品的顾客，会怎样想？

- 如果我是使用者，会有什么体验？
- 如果我是下属，会对这种话产生怎样的感受？

商家有自己的观点，顾客有自己的体验，上司有自己的视角，员工也有自己的感受。如果不去思考的话，很容易变成一厢情愿地推销或者强迫他人做事。在商业中，如果能够切换成使用者的视角，对解决问题和产生灵感会有很大帮助。

不妨采用疑问的方式问自己，借此改变自己的观点，这些疑问句可以帮助你站在他人的角度思考问题。如果实在没有办法站在第三者的角度的话，也可以去问问局外人的意见，了解另一种视角的观点。

（3）把自己想象成故事的主角。

当我们看电影、电视剧、小说、故事时，可以把自己想象成主角：对里面的困难，思考自己会如何解决；面对两难抉择，思考自己会怎么分析和选择。具体思考方法可以回顾第3章的"观影笔记"。我们可以通过视角的转化，训练自己应对问题的能力。如果你看过上百部的电影、电视剧，读过上百篇小说、故事，等于体验了百次人生。

3. 保有孩子般的好奇和探索之心

发明家爱迪生在研究了8000多种不适合做灯丝的材料后，有人问他：你已经失败了8000多次，继续研究有什么用？爱迪生说：我从来没有失败过，相反，我发现了8000多种不适合的材料……

保有一颗好奇和探索之心，所处境界就会变得截然不同，失败也可以变成一种探索经验。

人生而好奇。小时候，每个人都对这个世界充满了好奇：花儿为什么这样红？云层为什么这样厚？快节奏的时代，我们的好奇心日益收窄，对周围的世界不再抱有太多期待，对事物的兴趣日趋匮乏。每天两点一线，日复一日，年复一年。

《好奇心》一书里介绍了下面的一个案例：

劳拉·麦金纳尼曾是一名在麦当劳打工的普通大学生，在每天早餐的工作时间里，她要经手 400 多个鸡蛋，不断重复把鸡蛋敲碎、打散、煎熟的过程，这是一项极其枯燥的工作。

她决定换一种心态面对工作。她开始对鸡蛋感兴趣，思考鸡蛋是怎么凝固的；她觉得眼前的每个鸡蛋都变成了一个小型游乐场，蛋白质和"热量"激烈奋战，她开始观察每个鸡蛋；因为鸡蛋，她有时候会想到历史课上老师讲到的德国鸡蛋的价格演变情况。

对于她来说，鸡蛋这个寻常的食品已经变成了巨大的问题库。受到鸡蛋的启发，劳拉·麦金纳尼进行了一系列研究，最终她不仅拿到了富布莱特奖学金，还攻读了教育学博士学位。

好奇心除了让我们更深入地学习和提问以外，还是推动社会进步和科技发展的重要力量，它驱动我们探索未知的世界，进行新的创造。我们应该保有孩子般的好奇和探索之心，不要用理所应当的心态去面对周围和每天的生活。像孩子一样，用新奇的眼光去看周围的事物，对身边的现象发问。从这个角度来讲，日常遇到的问题并不会成为我们思维方式的阻碍，以有趣的眼光看待世界，你会发现到处都有让你感兴趣的人和事。

日本作家奥野宣之在《如何有效整理信息》一书中，有一段非常生动的比喻："知识生产就像烹饪，信息获取就相当于采购食材，想做出特别的料理，需要特殊的食材，但就算再寻常不过的食材，在五星级厨师手中也能够物尽其用，烹饪出美味的食物。同理，再珍贵的食材，在有的人手中也会烧毁，让人无法下咽。在现实生活中，普通人获得特殊食材的概率很小，关键在于如何利用身边触手可及的食材做出美味佳肴。"笔记的使用，就是积累平时的灵感、创新点子，更好进行知识生产活动。

"听过很多道理，却还是过不好一生"的深层原因就是没有将拥有的知识转化为思考和行动。若想提升自己的灵感，就要用长跑的心态，日常注意用笔记累积素材、灵感和思考。当你将记录的信息通过思考转化为创意和行动时，笔记就能发挥真正的力量，创造独特价值。

本章要点回顾和行动练习

■ **要点回顾**

工作时间的长短并不能够决定一个人经验和能力的积累程度。笔记的本质是将灵感和思考转化，创造出全新的价值，比如新的思维认知、新的工作方案、新的作品产品、新的行动目标。如果懂得运用"工作笔记"方法，你将变得高效、专业，逐步形成自己的经验体系。

善用**经验笔记**，围绕"思维类、方法类、应用类、工具类"这4种经验进行思考、总结和记录，累积个人的职业能力宝典。

运用**沟通笔记**，使用 WWSH 笔记梳理信息沟通的关键环节，使用子弹型笔记的特点（条理化、价值化、场景化），提升信息传递的效率，运用 ABCS 笔记模板，进行简短、具有魅力的表达。

运用**日程笔记**，通过"月度、每日、年度"3种时间维度进行笔记的效率管理，规划高效的每一天。通过有效的记录和梳理，把浪费的时间转化为自我投资。

运用**会议笔记**，会前做足准备，掌握针对公司笔记和个人笔记的不同技巧，每次会议都是很好的学习和提升机会。

运用**复盘笔记**中的3大模块、9个步骤，进行个人和团队的经验复盘，延续成功方法，避免类似错误，改进工作方法。

运用**灵感笔记**，注意日常灵感的存储、消化和清理。运用提问结合思维导图的方式，促进灵感闪现。运用印象笔记，建立灵感笔记本和个人知识库。运用卡片笔记或便签笔记，进行组合创新。当你将记录的信息通过思考转化为创意和行动时，笔记就能发挥真正的力量，创造独特价值。

■ **行动练习**

（1）运用沟通笔记，梳理工作上需要沟通的每一个事项。

（2）运用日程笔记，尝试规划"月度、每日、年度"3种时间维度的安排。

（3）运用会议笔记，针对公司笔记和个人笔记的不同技巧，各记录一次会议笔记。

（4）运用复盘笔记，复盘近期的一次工作行动。

（5）运用印象笔记App建立"经验笔记本""灵感笔记本"，记录日常的经验总结、点子和思考。

第 5 章

让想法落地成真的行动笔记法

| 本章解决的问题 |

想法很多，做事拖延，不知道如何提升行动力。

成功行动的核心不是依靠强大的意志力，而是采用了科学的笔记规划。

每年，许多人在朋友圈晒出自己的许愿清单。年初，我们会对新一年抱有美好的期待，希望心愿一一实现。我们希望向世界展示自己独特的才华，希望获得成功的结果。很多人在寻找成功的秘诀，认为成功一定有不为人知的秘密通道。如果真存在什么秘诀的话，那就是消除低效，养成持续行动的习惯。成功的真正秘诀是坚持行动，直到最后。

如何让想法不只停留在纸上，高效行动？首先，我们要解决阻碍实现想法的两大顽疾：拖延症和无法坚持。本章将分享高效行动的方法：

- 想到又做到的 7 大关键。
- 行动路径图：科学拆分行动阶段。
- 阶梯规划笔记：张弛有度的目标管理。

5.1 想到又做到的 7 大关键

拖延是许多人会经历的情况，一个看似高效的人并不是在所有事情上都不会拖延，也许他在处理工作上特别迅速，但在家务上拖沓。一个做事慢的人并不是在所有事情上都没有效率，可能他做自己喜欢的事情时速度特别快。拖延症，我们或多或少都有，问题是如何更好地应对，以至于不影响正常的工作生活。

在本章的第一节从原因和解决方法入手，和大家分析一下。

☞ **拖延症和无法坚持的 5 种类型**

了解拖延症和无法坚持的 5 种类型及其特征表现。

☞ **导致拖延症和无法坚持的 5 大原因**

- 对自己的信心不足。
- 缺失做事的热情、决心。
- 目标太多或模糊，没办法聚焦。
- 缺乏有效的反馈机制。
- 错误地规划行动步骤。

☞ **想到又做到的 7 大关键**

- 找到最关键的目标,要事优先。
- 合理拆分阶段,制定行动步骤。
- 设定最易方法,考虑例外规则。
- 行动在前,允许差的开始。
- 增强吸引力,设定合适的奖励。
- 考虑可能的阻碍,设想解决或备用方案。
- 使用记录工具,养成持续行动的习惯。

一、拖延症和无法坚持的 5 种类型

1. 拖延症的 5 种类型

(1)**完美主义型**:追求尽善尽美,希望等到最佳状态或最好时机时再行动,行动一拖再拖。最典型的一句话是:"不要轻易行动,要爱惜自己的羽毛。"可别忘了羽毛是用来飞翔的,而不是禁锢自己的枷锁。如同学习飞行的雏鸟,哪怕一开始就知道会摔倒,但你不起身练习飞翔,就只能永远留在原地。

(2)**目标模糊型**:目标设定模糊不清,因为不能确定目标,下不了决心,又容易受到外界的影响,所以迟迟无法行动。同时,有的人所定目标并非真心想要,今天看到别人在学这个,自己生怕落后也想学,明天看见别人立下那个目标,觉得自己也要向其看齐,最终的结果是什么也做不好。

(3)**逃避型**:以拖延的方式来缓解压力,一旦压力来临或者面对自己不想做的事情,我们的潜意识就会默认拖延的"好处":通过拖延,可以暂时不用做自己头疼的事情;只要一再拖延,就能逃避随之而来的风险,避免失败。但逃避的人生代价是非常昂贵的,不知不觉消耗了宝贵的时间。逃避不去做选择也是一种选择,选择被动接受生活和他人的安排。

(4)**冲刺型**:喜欢最后完成的快感,过于自信,觉得自己能在短时间内完成一件事情,并为短时间完成一件事情沾沾自喜。当你迷恋上这种感觉,久而久之成为习惯时,做事情就会总是拖到最后一刻。

（5）**创伤型**：创伤事件造成限制性信念，不相信自己有解决事情的能力，或者之前因为某件事情伤害自己，默认如果当时事情拖延或自己不去做，伤害就能避免，潜意识中认为拖延是对自己的保护。

2. 无法坚持的 5 种类型

一开始很兴奋，但 3 分钟热度过后无法坚持，这也是阻碍我们实现人生梦想的一大问题。

（1）**完美主义型**：追求尽善尽美，觉得事情必须做得很好，稍有挫折就放弃。

（2）**高估能力型**：一开始目标定得过高或者在期限内不可实现。比如，一个月都没办法读完一本书的人，突然立下目标一天读一本书，这会造成理想与现实落差的挫败感，进而放弃。

（3）**目标过多型**：同时进行几项任务，精力过于分散。人的时间和精力是有限的，疲于奔命，结果什么都没坚持下来。

（4）**逃避型**：抗压能力小，以逃避来缓解压力，认为只要放弃就不必承担可能失败的风险。

（5）**创伤型**：因为过去受到重大的创伤或否定，再遇到相似的情景时，限制性信念会发出"我做不到，我不配拥有"的信号。明明知道坚持做一件事情对自己有好处，但不知不觉中又会转为负向的处理方式，想要放弃。

二、导致拖延症和无法坚持的 5 大原因

导致拖延症和无法坚持有以下 5 大原因。

第一，对自己的信心不足。可能源于完美主义情节或创伤事件造成的长期自我否定。

第二，缺失做事的热情、决心。不想去做或者实现的决心不足。

第三，目标太多或模糊，没办法聚焦。精力分散，疲于奔命。

第四，缺乏有效的反馈机制。其中包含两个方面：及时记录和合适奖励。人的天性是趋利避害，如果内在动力不足，你可以通过持续记录打卡，累积

眼见为实的成就感，会在很大程度上提升你做事的动力。同时，合适的奖励也会有推动作用。如果你没有记录自己的进展情况，没有设置有吸引力的奖励，或是设置的奖励太遥远了，都无法让你积极行动。

第五，错误地规划行动步骤。很多人觉得，把一件事坚持到底，得靠强大的意志力，自己之所以半途而废，是因为意志力不强。但事实上，人的意志力是有限的。美国行为科学领域的专家肖恩·扬指出：可以把目标拆解成一个个步骤，一步步地完成。就像我们爬山，直接到达山顶很难，但有了阶梯后就容易得多。人们理性上知道应该朝着目标小步迈进，却不知道每个步骤要小到什么程度，导致错误地规划行动步骤，高估自己的能力，以至于无法坚持下去。

大家可以好好想一下：自己在什么事情、什么情况下拖延或者无法坚持，这背后的原因有以上哪几种。

三、想到又做到的 7 大关键

1. 找到最关键的目标，要事优先

我们会理想化地认为，自己可以同时高效地应对很多事情，但一旦做不到就开始自我否定，沮丧放弃。人的时间和精力是有限的，贪多求全，什么都想做反而做不好。著名的帕累托法则（常说的"80/20 法则"）告诉我们：80% 的结果得益于 20% 的重要付出，不要为自己列了一大堆事情，却没有完成最重要的事情。

找到自己最关键的目标，优先完成当下的要事，是高效行动的关键。

2. 合理拆分阶段，制定行动步骤

科学研究表明，在制定梦想目标后，把焦点放在小的步骤上，会有更高的成功概率。对于如何科学分析自己的目标，差异化拆分步骤、目标与梦想，本章将分享两个有效的笔记工具。

- 行动路径图：科学拆分行动阶段。
- 阶梯规划笔记：张弛有度的目标管理。

3. 设定最易方法，考虑例外规则

从最简单的方法开始，越简单越容易坚持。面对复杂事物，我们容易放弃，人的天性是喜欢做容易的事情，逐步累积小的成就感。大家在选择各种工具或者创造产品时，千万别忽视简单持续的力量。同时，时间管理的本质是精力管理，我们不是超人，每个人都会有情绪不好、疲惫和犯懒的时候，在制订行动计划时，不要一开始就制订严苛的计划。游戏里面有复活和休息的机会，计划要考虑可能突发的状况，设定例外或者适当休息的规则。

比如，你制定的目标是每天坚持阅读，计划每晚阅读 1 小时。一周时间里，你难免遇到特殊情况，比如加班太晚或者朋友约你吃饭，你可以把当天的阅读时间由 1 小时改为 30 分钟，或者给自己每周两次休息的机会，一周只要坚持阅读 5 天就算达到目标，这样将避免你达不成目标的挫败感，进而放弃。

4. 行动在前，允许差的开始

行为会影响信念，从最小行动开始，允许差的开始。我们之前讲到信念对行为的影响，但行为也会影响信念。最典型的是对自信心的影响。过去的我也一样没有自信，不敢尝试，容易退缩和情绪化，对我的人生有重要影响的一次事件，发生在高一那年。学校举行校园主持人大赛，好友安安拉着我去报名。从小到大，我从未参加过大型比赛，没有上台的经验。我一开始是害怕的，但好友鼓励我说："两个人相互壮胆，试试又何妨，能参加就很厉害。"我被说动，报名参赛。还记得当时上台讲话时，我的双腿一直在颤抖，但最后我居然拿到了主持人大赛的三等奖。这个奖项给了我很大鼓励，让我开始相信自己是可以做到一些事情的，此后越来越愿意去尝试一些新的事物。

在第 1 章我们讲到用工具"历程笔记"，持续收集成功经验也是一种行动在前的方法。当你逐步认可自己时，通过一个个行动的累积将会改变不自信的信念。

5. 增强吸引力，设定合适的奖励

如果人们做某件事感觉到有趣或有收获，坚持这种行为就变得具有吸引力，也会继续做下去。把无聊的事情变得有趣、具有奖励性质，将有助于你的行动坚持。对于哪些事情有趣以及什么样的奖励具有吸引力，不同的人有不同的想法，奖励包括：

- 物质奖励：买东西犒赏自己。
- 社会奖励：社群归属感，他人的支持肯定。
- 心理奖励：内心宁静、喜悦。

在设置奖励方面要及时，注意小奖励和大奖励相结合，以免大奖励太遥远，没有想获得的动力。在完成一个小目标后，给予自己小奖励，比如吃顿美食、看个电影。在完成大目标后，设置一个有激励作用的大奖励，比如一次旅行、自己很想要的电子产品。

6. 考虑可能的阻碍，设想解决或备用方案

实现目标需要什么样的资源和帮助？实现的途径是什么？可能遇到的困难是什么，有没有解决方案或备用方案？

许多人制定目标时兴致勃勃，但一遇到阻碍就半途而废。所以，行动前要考虑一下可能遇到的阻碍，设想解决方案，并把方案融入计划当中。不利因素、危机或突如其来的变故，使得处理棘手的障碍愈发困难。你可以事先为可能遇到的难题、耗费时间的意外情况做些准备，A 方案不行，就用 B 方案，只要灵活应对，就能够坚持下去。

7. 使用记录工具，养成持续行动的习惯

推荐"小日常"App 或打印打卡表，作为行动提醒工具。为什么需要提醒工具？这里涉及习惯养成的规律。《习惯的力量》一书，结合神经学家、心理学家和社会学家的研究成果提出：要改变或坚持一件事，最重要的就是掌握**"习惯回路"**——一个习惯的形成有特定的"回路"，这个回路包括**暗示（提醒）、惯常行为和奖赏** 3 部分。科学家发现，习惯的形成是大脑神经回路不断强化的过程，当我们不断采取相同行为时，这一行为信息的神

经链就会速度越来越快,而"暗示(提醒)—惯常行为—奖赏"这条回路能够帮助我们更好地坚持一件事情。

通过打卡"小日常"App(见图5-1左)持续打卡记录。设立目标后,设置每日打卡提醒,或是用纸质打卡表连续记录,把打卡表打印出来,贴在明显的地方,每坚持一天就在表上打一个钩(见图5-1右)。

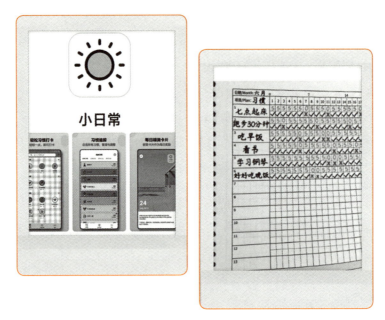

图5-1 "小日常"App和打卡表

大脑渴望高效运转,它的一个特点就是让人付出最少,做事更多。如果你反复看到、听到某些东西,大脑便会储存相关信息,等养成习惯后,你无须过多思考,便可以自动化地高效执行。

5.2 行动路径图:科学拆分行动阶段

成功的核心不是依靠强大的意志力,而是采用科学的拆分方法。我们要学会科学合理地拆分目标,从最小可执行的行动开始,一个一个阶段地完成。本节分享的3个工具——行动路径图、动能测评、SMART分析,将帮助你科学地拆分行动阶段。

☞ **行动路径图**

通过为步骤、目标、梦想的标准设定时间区间，同时结合阶段奖励，推进行动。

☞ **动能测评**

动能 = 热情 + 决心 + 时机 − 困难。

☞ **SMART 分析**

目标要明确具体、可衡量、可实现、有相关性、有时限。

一、行动路径图

如何科学拆分行动阶段？行为科学领域新一代权威人士，美国加州大学洛杉矶分校医学院教授肖恩·扬在《如何想到又做到》⊖一书中给出"阶梯模型"原理（见图 5-2）。

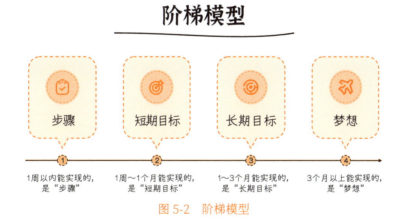

图 5-2　阶梯模型

3 个月以上能实现的，是**"梦想"**；1 周～ 3 个月能实现的，是**"目标"**（**短期目标**：1 周～ 1 个月；**长期目标**：1 ～ 3 个月）；1 周以内能实现的，是**"步骤"**。

我们可以运用阶梯模型的原理，规划自己的行动路径图，使用的关键

⊖　肖恩·扬. 如何想到又做到 [M]. 闫佳, 译. 杭州：浙江教育出版社，2018.

诀窍为：规划要 3 个月以上才能完成的梦想时，先从设定 1 周内能完成的步骤开始，通过短期目标和长期目标的实现，趋近梦想。没有设定期限的事情永远完不成，通过为步骤、目标、梦想设定具体的时间区间，同时结合大小奖励的方式，不断推进行动。

举个例子，之前有个学员说自己读书太慢，新一年的梦想是"通过主题阅读，提升认知"，并用行动路径图进行规划（见图 5-3）。

行动路径图示例

类别	梦想	步骤	短期目标	长期目标
内容	主题阅读 提升认知	确定研究主题 购买要读图书	读1本书 输出1篇阅读笔记	读3本书，输出3篇阅读笔记 初步建立定期阅读的规律
时间	1年	1周	1个月	3个月
阻碍	没有形成阅读习惯和方法	找不到合适的书目	容易被突发事情打断	无法坚持行动，容易半途放弃
方案	制定主题阅读书目和读书计划，加入读书社群	找寻排行榜书单或者请业内人士推荐图书	1. 根据书的页数，确定每周阅读页数 2. 1天阅读60分钟，遇到突发状况只读30分钟，1周允许休息3天	设置打卡提醒，或者加入读书社群，彼此约定监督
奖赏	一次旅行	看一场喜欢的电影	吃一顿大餐	购买喜欢的物品或课程

图 5-3 行动路径图示例

第一步：拆分成 4 个不同阶段，设置完成的具体时间

（1）**梦想**：通过主题阅读，提升认知，时间规划为 1 年。

（2）**最小步骤**：确定研究主题，购买要读的图书，时间规划为 1 周。

（3）**短期目标**：读 1 本书，输出 1 篇阅读笔记，时间规划在 1 个月内。

（4）**长期目标**：读 3 本书，输出 3 篇阅读笔记，初步建立定期阅读的规律，时间规划在 3 个月内。

第二步：考虑每个阶段可能遇到的阻碍

第一位进入太空的美国女宇航员萨莉·赖德曾说："直面失败的恐惧、

所有的冒险，特别是进入新的领域，都是令人害怕的。挑战新的目标，困难在所难免，但我们常常对实现目标过分乐观，没有考虑可能遇到的阻碍，一遇到难题就容易放弃。"

行动之路常常不会一帆风顺，所以我们要提前考虑每个阶段可能遇到的阻碍。

（1）**梦想阻碍**：没有形成阅读习惯和方法。

（2）**步骤阻碍**：找不到合适的书目。

（3）**短期目标阻碍**：日常工作事务较多，阅读容易被突发事情打断。

（4）**长期目标阻碍**：无法坚持行动，容易半途而废。

第三步：设想解决方案

为相应的阻碍设想解决方案或备选方案，避免半途放弃。

（1）**梦想的方案**：制定主题阅读书目和读书计划，加入读书社群，持续积累阅读习惯和方法。

（2）**步骤的方案**：找寻排行榜书单或者请业内人士推荐图书。

（3）**短期目标的方案**：一是根据书的页数，确定每周阅读页数；二是1天阅读60分钟，遇到突发状况只读30分钟，1周允许休息3天。

（4）**长期目标的方案**：设置打卡提醒，或者加入读书社群，彼此约定监督。

第四步：设定阶段奖赏

完成阶段性任务后，可以奖励一下自己，鼓励自己持续行动。每个人完成事情的节奏和喜欢的奖赏不同，大家可以根据自己的情况设定。

（1）**完成梦想**：奖赏自己一次旅行。

（2）**完成最小步骤**：在周末，奖赏自己到电影院看一场喜欢的电影。

（3）**完成短期目标**：在月末奖赏自己吃一顿大餐。

（4）**完成长期目标**：奖赏自己购买喜欢的物品或课程。

再详细说说如何应对可能的阻碍，包括以下3种类型。

（1）**时间阻碍：没有充足的时间行动。**

没有时间，这是阻碍行动的最大难关。比如，工作越忙思考越少，越推进不了行动。那么如何破解时间难题？

第一，了解自己的时间结构，找出可以利用的时间。 可使用表格记录一天时间的利用情况，看有多少时间是高效利用的，有多少时间是被浪费的，从中找出可以高效利用的时间。一天之内是真的没有可以利用的时间吗，还是我们没注意到？比如，早起的半小时，或者午休留出的半小时，或者孩子睡着后的半小时，别小看这些短小的时间，累积起来是不可思议的力量。以我自己为例，我容易腰酸、肩膀酸，想安排时间锻炼身体，但日常比较忙，怎么办？我中午有空，我就利用午间时间，学习针对腰部和肩膀锻炼的简单运动，其实非常简单的 3 个小动作，整套动作只需要 20 分钟，坚持下来之后，有效缓解了酸疼。

第二，拆解目标，充分利用碎片化时间。 日常有很多的时间间隙，大多数情况下，我们觉得这些短小的时间不可能完成什么，所以干脆什么都不做，或者在刷朋友圈、刷抖音中度过了，这样的浪费着实可惜。回到家打开电视，看一会儿新闻联播，半小时过去了；打开淘宝浏览一下，半小时又过去了；看看朋友圈，刷刷视频，不知不觉就到了晚上 12 点……很多时候我们是有整块的时间的，但往往被自己碎片化了，然后我们又将碎片化时间浪费了。

如何有效利用碎片化时间？

一是目标填充，让碎片化时间不溜走。 没有一个具体的目标，碎片化时间很难充分利用。当有十来分钟的碎片化时间时，想想要去看点什么或者做点什么，光想这个问题，可能两三分钟就过去了。先计划好用碎片化时间做什么事情，提前准备好，当碎片化时间出现时，就可以充分利用起来了。

二是任务分解，利用碎片化时间完成小事。 当面对一个整体任务时，我们可以将任务进行分解，然后利用碎片化时间去完成轻量的小任务，这样到执行大任务的时候就会更加轻松。

以写一篇微信公众号文章为例。10 分钟的会议间隙时间，写不了多少内容，但利用这 10 分钟先把文章的大纲理出来，等开始写文章时，就可以花更少的时间。10 分钟的时间，往往很容易被浪费，甚至会有这样的想法：等我有完整的一个小时时，再来想文章题目、构思大纲、写内容。如果一直想要在拥有整段时间时才开始行动，事情会一直被拖延。

学会利用碎片化时间完成轻量的任务。比如，早上出门上班的路上思考文章主题，会议间隙用 10 分钟列出大纲，午休时用 10 分钟写下文章的开头。把大任务分解成小任务后，小任务就可以在碎片化时间里完成。

三是发挥时间复利，提高使用价值。思考有什么事情可以同时进行，又不会相互影响，从而提高单位时间的利用价值。比如，每天上下班通勤 2 小时，吃饭排队半小时，加上一些零碎的时间半小时，这样一合计，我们每天的碎片化时间至少有 3 小时。我们可不可以利用上下班通勤时间，听一个音频课程，或者用排队等待的时间看几页电子书、看几页考试资料、背几个单词？无论是手机还是包里都可以存放一些资料，一有空闲时间就拿出来学习。

当我们意识到自己的碎片化时间后，如果能将它们使用到位，每天就相当于比别人多出了更多精进的时间。这样一年累积下来，非常惊人。

（2）环境阻碍：**缺乏有利环境。**

许多人由于环境、家庭的原因，没办法集中精力学习（比如家中有小孩，或者宿舍、家里的分心干扰太多），效率不高，怎么解决？为自己寻找能够专注的环境，或者请家人和朋友协助。

以我自己为例，我选择晚下班半个小时，在办公室或者找一家咖啡馆，集中精力完成一件事情，没有其他人打扰，效率往往很高。周末有整段时间时，选择半天去有桌椅的书店看书或写文章，为自己创造专心的环境。学生可以选择去图书馆或自习教室。如果家中事情太多，你又要准备考试或者完成某件事情，你可以和家人沟通，请家人支持，帮忙分担家务，协商在某段时间不打扰你。

（3）知识阻碍：**缺乏实现目标的相应知识技能。**

如果你缺乏实现目标的某种知识技能，怎么办？可以从资源和人力两方面着手。比如，我有写书的目标，但是我从来没有写书的经验，一开始不知道怎么进行。我的做法是：**在资源方面**，我进行资料搜索，找一些关于出书的资料，快速学习，对方法有一个初步的了解；**在人力方面**，我咨询身边在出版社工作和出过书的朋友，以得到一些相应的建议。

你想学习某种技能，同样可以在市场上找寻相应的资料，比如相关的课程、图书，还可以请教有这方面经验的朋友。同时，在制定目标时还要考虑两个方面的因素：动能测评和SMART分析。

二、动能测评

动能是指做一件事情持续行动的能量，会受热情、决心、时机以及困难程度的影响。

$$动能 = 热情 + 决心 + 时机 - 困难$$

举个例子，近期你有两种想法：应朋友邀约一起参加马拉松，以及进行主题阅读。但近期工作繁忙，时间和精力有限，你想集中精力完成其中的一个，如何做出选择？可以通过一张动能测评表来进行分析（见图5-4）。

动能测评（满分10分）

目标	热情	+	决心	+	时机	-	困难	=	动能值
参加马拉松	8		7		5		8		12
主题阅读	6		5		8		5		14

图 5-4 动能测评示例

（1）**热情**。以10分来计算，马拉松是新的尝试，你觉得好奇，当下对参加马拉松的热情有8分，但对主题阅读是6分。

（2）**决心**。你打算挑战一下自己的潜能，参加马拉松的决定是7分，但对主题阅读是5分。

（3）**时机**。时机指的是做一件事情的有利时间。在参加马拉松方面，你需要在下班后以及周末安排时间练习跑步，由于平时会加班，计划容易被打断，时机比较不利，是5分，较难坚持。对于主题阅读，你可以利用上下班乘坐地铁的 1 小时阅读，每天睡前可以安排 30 分钟～1 小时阅读，时机有利，是 8 分。

（4）**困难**。在困难程度上，挑战马拉松的困难度是 8 分，阅读的困难度是 5 分。

我们运用"动能 = 热情 + 决心 + 时机 - 困难"公式，计算后发现你进行主题阅读的动能更高，可以考虑选择主题阅读。

三、SMART 分析

管理学大师彼得·德鲁克提出目标管理的"SMART 原则"，被广泛地运用于企业管理和个人目标考量中。

（1）目标要**明确具体**（specific，S）：目标是可以被具体描述的，避免笼统抽象。

（2）目标要**可衡量**（measurable，M）：目标要能被量化，符合可衡量的标准。

（3）目标要**可实现**（attainable，A）：付出努力就可以实现，目标太高不仅难以实现，还会让人产生挫败感，打击信心。

（4）目标要**有相关性**（relevant，R）：目标与其他目标之间是相关联的，相互促进。

（5）目标要**有时限**（time-based，T）：时间的紧迫感往往能催生效率，没有时限，事情常常会被无限期拖延。

依据 SMART 原则，具体分析参加马拉松和主题阅读这两个梦想（见图 5-5）。

第一，明确具体。参加马拉松，你希望得到什么结果，要得到名次，还是只为了体验参与过程？比如，你只希望体验参与过程，不要求取得名次，但力争跑完全程。主题阅读，你希望读完多少本书？3 个月计划读完 3 本书。

第二，可衡量。参加马拉松，赛前准备是怎样的？比如，1 月每天跑 1000 米，2 月每天跑 2000 米，3 月每天跑 3000 米。主题阅读的进度是怎样的？比如，每月读 1 本书，每周读 1/4，3 个月就能读 3 本书。

SMART分析

🎯 目标	S: 明确具体	M: 可衡量	A: 可实现	R: 有相关性	T: 有时限
参加马拉松	不求取得名次，力争跑完全程	1月每天跑1000米，2月每天跑2000米，3月每天跑3000米	受限于跑步耐力和锻炼时间	临时起意	1～3月
主题阅读	3个月读完3本书	每月读1本书每周读1/4	可实现性较高	梦想九宫格：学习提升	1～3月

图 5-5　SMART 分析示例

第三，可实现。每个人的条件和情况不同，分析目标是否依靠个人努力就可以实现，还是需要其他条件和资源。比如，参加马拉松受限于练习的时间，如果工作特别忙就没有空儿锻炼。按照自己现在的跑步耐力，不练习，跑完马拉松全程很难。主题阅读，读3本书，可以利用碎片化时间完成，可实现性较高。

第四，有相关性。联系第2章中的"梦想九宫格"，是与年度梦想规划相契合，还是偏离了当初的梦想？比如，你用"梦想九宫格"规划的学习提升，与主题阅读的目标具有相关性。参加马拉松是因朋友邀约，属于临时起意。

第五，有时限。考虑合适的时间，设下起止日期，不让自己拖延实现的时间。

当你面对生活中大大小小的选择和无穷无尽的琐事，对未来感到茫然无措时，只有坚守自己的人生目标，找到当前要完成的最重要的事情，才能一步步实现梦想。

5.3　阶梯规划笔记：张弛有度的目标管理

对于长跑来说，力量、自律和耐力决定比赛能获得怎样的成绩。我们完成某个重大目标，如同长跑一样，设定好前进的速度，增强行动的韧性，步步为营，就能提升目标完成的概率。上节的行动路径图中介绍了步骤、目标、梦想的时间划分方法，本节将介绍如何进行具体的目标规划管理。

☞ **阶梯规划笔记，三阶段目标管理策略**

进行"阶段、月、周"3种类型的管理。

☞ **3种策略助推目标高效达成**

- 制订阶梯分段计划，步步推进。
- 最小行动起步，做好活动热身。
- 记录成功，注入持续动力。

一、阶梯规划笔记，三阶段目标管理策略

我们可以运用阶梯规划笔记，进行三阶段目标管理：

- 里程碑笔记（根据目标，划分不同的检验标准）。
- 月度排期（月度任务分解，行动一目了然）。
- 每周计划（安排每周计划，找到黄金时间）。

1. 里程碑笔记

里程碑指为了达成目标，需要完成一系列标志性的活动。运用里程碑笔记来检验各个阶段的进展情况，调整行动进度，最终可实现总目标。

如果目标需要花费较长的时间，而在漫长的过程中看不到具体的成果，就容易让人沮丧。如果计划不合理，或者有突发事件需要处理，导致目标进度落后，那么你就容易情绪低落，从而影响效率，进度更加落后，最终导致半途而废。因此，设立里程碑，提高目标实现过程的可测性非常重要。

设立里程碑的关键是有效分解总目标，而不是简单地分割时间表，要保证分解后的任务是一个个完整的小项目，有明确的检验标准或交付内容，时间间隔最好是1～3个月。比如，我在写新书时就运用了里程碑笔记目标策略：首先是制定总目标：在2020年6月8日～2021年1月30日完成新书，交稿给出版社。接着，我根据写书的不同阶段，将总目标分成了3个里程碑（见图5-6）。

里程碑笔记

阶段	目标	期限	奖励
总目标	新书初稿	2020.6.8～2021.1.30	旅行
第一个里程碑	完成文字初稿	2020.6.8～9.30	蓝牙耳机
第二个里程碑	修订、配图	2020.9.30～12.30	盲盒
第三个里程碑	整理审订	2020.12.30～2021.1.30	吃饭庆祝

图 5-6　里程碑笔记

- 第一个里程碑（2020 年 6 月 8 日～9 月 30 日）：完成文字初稿，奖励自己一副蓝牙耳机。
- 第二个里程碑（2020 年 9 月 30 日～12 月 30 日）：进行内容修订、配图，奖励自己盲盒。
- 第三个里程碑（2020 年 12 月 30 日～2021 年 1 月 30 日）：内容整理审订、润色，完成后吃饭庆祝。

你可以把目标里程碑打印出来，贴在可以经常看到的地方。通过努力，每到达一个里程碑，你都能切实感觉到目标的进展，从而提升自己的成就感和行动热情，最终实现整体目标。

2. 月度排期

制定好里程碑后，要进行每个阶段目标的落地执行，将其分配到每月的时间规划中，让本月的行动一目了然。如果你想在一个月内完成一个目标，那么将步骤、任务分解到 4 周内完成。如果你在第一周完成了原定任务，进入了良好状态，那么你极有可能完成剩余的任务（见图 5-7）。

里程碑结合月度排期的方法，让我写书时有了更多的灵活性。举例来说，如果我没有完成预先的计划，在第一个里程碑阶段没有写完那么多的章节，可以在第二个里程碑加快进度，这一策略让我在项目收尾时有精力处理细节，对书做最终润色。

月度排期

6月									
本月重点	1. 目标训练营21天带营；2. 写作行动笔记3节								
细化目标	其他事项	一	二	三	四	五	六	日	成果总结	奖励
行动笔记第一节	训练营开营，运营+第一、二课讲课	8	9	10	11	12	13	14	完成第一节初稿	
行动笔记第二节	训练营第三课讲课，学习导师分享	15	16	17	18	19	20	21	完成第二节初稿	故宫盲盒
行动笔记第三节	健康导师分享，理财导师分享，闭营	22	23	24	25	26	27	28	完成第三节初稿	
行动笔记总结回顾		29	30						完成行动笔记总结	

图 5-7　月度排期

3. 每周计划

有了月度排期后，我们要把目标细化到每天的执行当中。用周计划视图规划一周中每天的进度安排（见图5-8）。在制订每周计划时，注意以下3点。

（1）**建立每日相对规律的作息**。如果你能找到连续时间和固定地点，将自己投入一系列的小任务当中，那么你就会看到成果，完成不受干扰的行动后再自我奖励。一旦克服"做不到"的思维定式，你就能稳步地提高效率。

（2）**寻找黄金时间完成任务**。要发现你在何时、何地做得最好，每天安排一段"黄金时间"展开行动。什么是"黄金时间"？一般来说，职场人士常会被打扰，这种打扰可能来自电话、电子邮件、同事、领导，也可能来自亲友，这成了一种生活的常态。当下电子产品成为一种主要干扰源，以至于很多人最多只能专注10分钟。这样一来，正常情况下只需要1小时完成的事情，现在却需要花一整天的时间。

周计划表

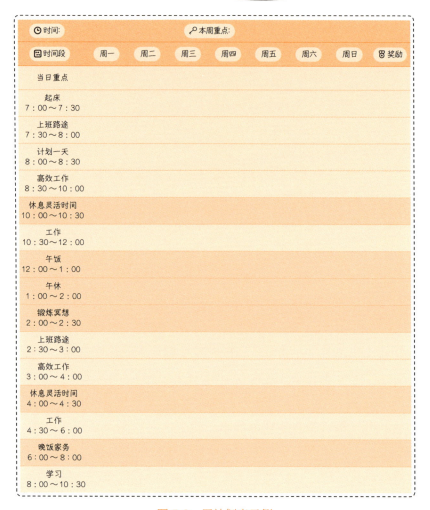

图 5-8 周计划表示例

问问自己：白天或晚上，什么时间自己最为高效，最不容易被干扰，最能专注？你需要对此进行记录观察，找到自己的黄金时间，这样会提升效率，完成更多任务。在黄金时间内完成任务后，可以适当奖励一下自己。

（3）**注意劳逸结合**。开始项目后不要从头到尾连续工作数小时，要进行短暂、限时的休息，连续工作容易疲劳。你可以中途休息，但只休息特定长度的时间，比如 5～10 分钟。

二、3 种策略助推目标高效达成

1. 制订阶梯分段计划，步步推进

不贪多求全，专注于你的最重要目标，通过制订"里程碑笔记—月度排期—每周计划"（见图 5-9），坚持行动，步步靠近目标。

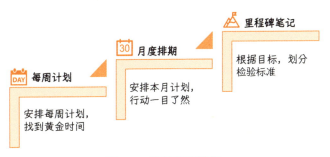

图 5-9 阶梯规划笔记

2. 最小行动起步，做好活动热身

开始一项困难的任务前，先做好热身活动。如果你在开始时，先选择一个简单的任务来完成，或者从一个短小而有趣的活动开始，通常会让原本困难的任务变得简单很多。比如，写文章，先写一个大纲；准备考试，先制订学习计划。选一个与目标相关的小活动作为热身，投入进去，逐渐打破懒惰、畏难情绪。

3. 记录成功，注入持续动力

为了在赛跑前增进士气，选手们通常会记录练习的时间，如此一来他们就能知道赛跑成绩是不是又进步了。你可以用同样的策略，运用笔记记录你的进步，为自己增强动力。保持新行动、取得成果的最简单方法是把它们变成习惯，这样你就不用与自己的意志搏斗。持续记录能激励你完成一个又一个任务。

本章要点回顾和行动练习

■ 要点回顾

成功的真正秘诀是坚持行动直到最后。怎样让想法不只是停留在纸上，而是高效行动？首先，我们要解决阻碍实现想法的两大顽疾：拖延症和无法坚持。本章分享了解决这两大阻碍，想到又做到的 7 大关键：

- 找到最关键的目标，要事优先。
- 合理拆分阶段，制定行动步骤。
- 设定最易方法，考虑例外规则。
- 行动在前，允许差的开始。
- 增强吸引力，设定合适的奖励。
- 考虑可能的阻碍，设想解决或备用方案。
- 使用记录工具，养成持续行动的习惯。

科学研究表明，在制定梦想目标后，把焦点放在小的步骤上，成功的概率更高。对于如何科学分析自己的目标，差异化拆分步骤、目标与梦想，本章分享了两个有效笔记工具。

- 运用**行动路径图**，通过为步骤、目标、梦想设定时间区间，并结合大小奖励，推进行动。同时，进行"动能测评"（动能 = 热情 + 决心 + 时机 – 困难），考虑热情、决心、时机以及困难程度的影响。进行 SMART 分析，分析目标的具体情况，是不是明确具体、可衡量、可实现、有相关性、有时限的。
- 运用**阶梯规划笔记**，通过"里程碑笔记—月度排期—每周计划"设定好前进速度。保持行动、取得成果的最简单方法是把它们变成习惯，不与自己的意志搏斗。笔记能帮助你增强动力，持续记录将激励你完成一个又一个任务。

■ **行动练习**

（1）运用行动路径图，针对一个想要达成的事项规划自己的梦想、目标、步骤，并进行动能测评、SMART分析。

（2）运用阶梯规划笔记，制订自己的"里程碑笔记—月度排期—每周计划"，推进行动。

第 6 章

实现个人增值的价值笔记法

| 本 章 解 决 的 问 题 |

没有财富和资源,不知道怎样才能实现梦想。

内在价值创造了金钱,当开发你和别人的内在价值时,你的外在金钱和财富也会随之增加。

请大家先思考以下几个问题。

（1）想到钱，你的感觉是什么？你认为赚钱、理财容易吗？

（2）你觉得自己可以变成有钱人吗？如果不能，阻碍是什么？

（3）你认为有钱的好处是什么，有钱的坏处是什么？如果你变得有钱可能会遇到什么问题？

（4）你认为没钱的坏处是什么，没钱的好处是什么？

（5）你有多少钱才会觉得安心？如果在财富上感觉安全时，你想过怎样的人生？

（6）你相信自己可以通过个人的价值创造财富吗？

这6道思考题是为帮助大家探寻关于金钱的真实想法。**如何用个人的价值创造财富，为自己的生活构建基石，这是我们一生绕不开的话题。它涉及3个方面的内容：你的财富信念、科学的理财方法，以及如何开创多元的价值变现路径。**

假设我们的生命是一棵大树，大部分人把更多心思放在了果实上面，觉得果实数量不够，果子太小或者不好吃，这就好比我们创造的价值。种什么因就结什么果，真正创造果实的是什么？是种子。地上的东西是由地下的种子创造出来，你对金钱的信念就是种子。

在第1章的"认知笔记法"中，我们提到限制性信念，每个人的信念会直接影响人生。信念产生行动，行动创造结果，金钱是一种结果，财富也是一个结果，我们活在一个有因有果的世界。缺钱是一种外在的结果，它显现了表面之下的内在信念。

你对金钱的真实想法和信念，制约了你的价值创造。

知道你的信念从何而来，看到带来什么样的影响。李欣频在《人类木马程序》[一]一书中介绍了金钱木马信念的特征和影响，以及快速找到金钱木马信念的两个关键问题：

- "你认为有钱的好处是什么，有钱的坏处是什么，自己如果变得很有钱会遇到什么问题？"
- "你认为没钱的坏处是什么，没钱对自己的好处是什么？"

[一] 李欣频. 人类木马程序[M]. 北京：北京联合出版公司，2019.

大家在思考时是否会浮现以下想法？这几项都是典型的金钱限制性信念。

1. 付出辛苦才能赚到钱

这种信念许多人都有，认为"要非常辛苦或者付出大量牺牲才能赚到钱"。如果你认同这句话，代表你认为赚钱是非常有压力的，经常感到疲于奔命。这也是我们限制自己的一种方式，如同为自己戴上了眼罩，屏蔽了对于机会的觉察，即使财富来到你面前，遇到赚钱的机会，你也会犹豫不决，并最终让机会跑掉。

2. 金钱是危险的东西

比较典型的限制性信念是金钱使人变坏，财富造就人的贪婪，充满偏见地认为一个人非常有钱是因为来自不义之财。如果你认同金钱是危险的东西，你就不会允许自己赚很多钱，会不自觉破坏自己，还不知道为什么。比如，这种信念会让自己的目标变得渺小，不自觉地害怕、远离有前景的行业，即使凑巧有了钱，也会赶紧把钱花出去。

3. 有钱就要牢牢抓住

这也是一种对金钱没有安全感的限制性信念，害怕失去钱，害怕钱不够用，每次花钱都觉得很难受。不愿意花钱提升自己或是进行投资，容易对钱产生焦虑。要懂得花钱和投资才能让财富增值，如果你对钱持有小心翼翼、焦虑的态度，会限制你的创造。

4. 有钱才能证明自己

认为有钱才能证明自己的价值，这也是一种不自信和自我存在感低的表现，认为只有钱才会让别人喜欢或尊敬自己，不相信自己具备独一无二的价值，不相信自己是值得被爱的。很多人因为没有安全感，拼命赚钱，把获得金钱作为证明自己足够好的方式，可再多钱也不可能让你对自己满意，因为你心中有个"必须证明自己"的循环课题。这已经变成潜移默化的习惯，你根本没有察觉这种信念在折磨着自己。

5. 有钱要赶紧花掉

有些人则相反，一有钱就毫不犹豫地将其花掉，虽然我们能够运用自己的价值不断创造财富，但你不积累，不理财，只是花钱，就很容易失去金钱，而且没有抗风险能力。要想一下自己为什么一有钱就花出去，都花在哪里了？之前有一个学员和我聊起了金钱的话题，她一有钱就购买大量服饰及用品，每个月都所剩无几，她觉得穿得漂亮会让自己自信和开心，不然会让人看不起。

除了外在物品，在第 3 章 "知识笔记法" 中我们提到：对于知识产品，有的人总是买大量课程，却没有听，这背后可能有不自信的信念，担心自己不买就会落后。内在价值感和自信力是一种金钱的限高。财富储存好比一个蓄水的木桶，当你的内在价值感和自信力这块木板较低时，财富就会不断流出来。

6. 自己没能力赚到钱

不相信自己有才华和能力创造价值，这也是一种不自信的限制性信念，即使在工作和生活中遇到好机会也会逃开。之前有个学员一直想换一个工作，觉得自己怀才不遇，有一天机会真的来临了，是当下热门的新兴行业，薪水和工作内容都很吸引人，这时他迟疑了：我有能力做好这份工作吗？进入新公司之后，会不会不能适应环境，被开除？

当你秉持着自己不够好的信念时，即使机会就在眼前你也会推开，你觉得逃开比较安全，无须面对可能失败的风险。当你重复相同的信念时，只会创造更多同类型的困境。如果你持续运用与目前处境相同的方式去思考，在相近的情境和现实中只会不断重蹈覆辙。 本章将分享 4 个工具，帮助你梳理个人的价值信念和财务计划。

- 觉察笔记：找到制约价值创造的根源。
- 财务笔记：为人生拟订财务计划。
- 职业发展笔记：找到潜在的优势和价值。
- 个人商业模式笔记：做自己人生的 CEO。

6.1 觉察笔记：找到制约价值创造的根源

关于价值创造的信念是如何被制约的，本节将带你找到根源。

☞ **什么制约你创造价值和财富**

从小到大，我们的信念受到语言设定、特殊经历、模仿他人这 3 个方面的影响。

☞ **觉察笔记，4 步梳理漏财的原因**

觉察人生，分析利害，划清界限，设定宣言。

☞ **如何才能变成"吸金体质"**

- 调整信念，洞察发展机会。
- 提升认知，持续对外分享。
- 持续储蓄，学习投资理财。

一、什么制约你创造价值和财富

从小到大，我们的金钱观、价值信念受到以下 3 个方面的影响。

1. 语言设定（小时候或成长中经常听到什么，自己常说什么）

回想一下你的成长过程，你听过哪些关于财富、金钱的话，听到过前面提到的 6 种限制性信念吗？从小到大，我们被植入很多信念，看似正面话语也可能隐含着限制性信念，比如"吃得苦中苦，方为人上人"，这句话背后的潜台词是付出辛苦才能赚到很多钱，这会创造什么状态？你会不断选择辛苦的方向走，当有多种可能性放在你面前时，你会选择最难的，因为你认为简单的不能到达目的地。我们在年幼时听到关于金钱的话，都会留在我们的潜意识里，成为影响金钱信念的一股力量。

2. 特殊经历（生命历程经历过什么，带给你怎样的信念）

小时候对于金钱、财富、有钱人的经历和体会，会成为你一生的信念乃至制约。身边亲人和朋友的负面经历（比如亲友生意惨败），成长过程被长辈批评（怎么这么没用），或是不小心做错事，强烈地自我谴责，都可能让你形成"金钱是危险的"或者"自己没能力赚钱"的信念。

3. 模仿他人（过去看到了什么，你学会了什么样的处理方式）

在成长过程中，你的父母或长辈对于金钱的态度是什么？把财富管理得很好还是很失败？爱花钱还是很节俭？善于投资还是根本不会理财？钱是家里快乐的源泉还是带来痛苦？从小我们几乎靠模仿来学习大部分事物，你的理财习惯与父母对金钱的态度密切相关。

二、觉察笔记：四步梳理漏财的原因

认识金钱本质。金钱代表了什么？金钱是市场交换价值的一种度量，也是内在价值的一种外在体现。内在价值创造了金钱，当开发你和他人的内在价值时，你的外在金钱和财富也会随之增加。

金钱与内在价值、信念、理财习惯密切相关，很多人漏财的原因，一部分来自信念，另一部分来自日常的理财习惯。在信念上，要深挖自己，是否不相信自己能够创造价值，或者对金钱有错误的信念，从源头来觉察改变。觉察笔记的四个步骤（见图6-1），能帮助你梳理漏财的内在原因，重新设立自己的价值信念。

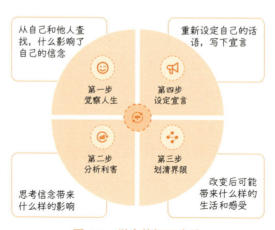

图6-1 觉察笔记四步骤

第一步，觉察人生

要先知道某件事情存在，找到源头，才能改变。我们可以从语言设定、特殊经历、模仿他人这 3 个方面，查找他人和自己的日常话语、过往经历、用钱习惯，看看是什么影响了自己。

第二步，分析利害

知道你的信念从何而来，看看它带来什么样的影响。就像一开始让大家思考的问题：你认为有钱的好处是什么，有钱的坏处是什么？你如果变得很有钱，可能会遇到什么问题？你认为没钱的坏处是什么，没钱的好处是什么？

一件事如果对你没有好处，你是不会去做的。虽然你理性上想要变得有钱，但你的信念默认了有钱是危险的，没钱是安全的，那你会一直不自觉地持续没钱的状态，推开创造财富的机会，或者一有钱就花光。你要分析：如果不放弃某种信念，最终会给自己的财务、人生、家人带来什么样的影响，付出什么样的代价。当你分析利害后，很多事情就清晰了。

第三步，划清界限

知道这种信念并不等于你的价值本身，你可以选择挣脱。关于金钱的想法，只代表你所认知的东西，并不是真实的自己，也不代表未来的你。你能不能看出来，现在的选择可以改变，想一想：如果改变这种信念，生活会得到怎样的改善，那种感觉是什么样的？

第四步，设定宣言

重新设定自己的话语、习惯和信念，写下自己的决心和宣言，并在生活中时常回想自己的宣言。觉察笔记具体示例如图 6-2 所示。

现在的状况是过去所思所想形成的，要看到现状是由哪些源头引发的，清理完这些阻碍才能到达更高的地方。我们要保持自我觉察，观察自己的想法和行动，做出真心想要的选择，而不是被过去的设定所限制和操控。

觉察笔记示例

类别	金钱话语	经历信念	金钱习惯
第一步,觉察人生(从自己和他人方面查找)	父亲:赚那么多也没用,到头来还是失败的	父亲:生意失败,觉得自己没法赚大钱	父亲:不擅长理财,只做定存
	自己:理财好麻烦,赚钱是危险和辛苦的	自己:不自信,自己不能创造价值	自己:过去不进行理财
第二步,分析利害(思考对人生的影响)	错误语言加重不喜欢理财的想法	持续这种信念,将无法实现财富自由,无法给自己和家人保障	错误习惯,不理财则无法进行财富累积
第三步,划清界限(改变后可能的生活和感受)	拥有积极的态度和话语	发现自己的独特价值并创造财富,持续学习,投资自己	开始记账和进行理财投资,不断积累财富
第四步,设定宣言(重新设定话语,写下宣言)	我和金钱是好朋友,我会越来越丰足	相信自己能够创造价值,实现富足的人生	我富有智慧,我将持续理财和记账,我的财富将不断增加

图 6-2　觉察笔记示例

三、如何才能变成"吸金体质"

许多人花了很多精力和时间追逐金钱,却忘了金钱也许不是自己真正想要的目标,渴望的是通过金钱换取自由、时间、安全感、自我价值等。很多人认为自己一无是处,意识不到自己的价值,成了守着金矿还在外面到处乞讨的乞丐。怎样才能充分开发自己的宝库?

1. 调整信念,洞察发展机会

英国心理学家理查德·怀斯曼曾经组织过一次"5美元钞票"的实验:实验人员故意在店门口遗落一张5美元钞票,通过A、B两组进行测试。

(1) A组被测试者。

测试前,实验人员调查了解A组成员的情况:他们说自己中过彩票或逃脱过千钧一发的危险,他们认为"自己的运气非常好"……

结果,A组成员发现了店门口遗落的5美元钞票,捡起钞票后,他们还会走进店里看一看,没想到在店里还能遇到成功的企业家,有机会和他们面对面交流。

（2）B组被测试者。

同样，通过事前调查，实验人员了解到B组成员的情况：他们说自己经常遭遇意外，恋爱也不怎么顺利，他们认为"自己的运气非常糟糕"……

结果，B组成员中很少有人发现店门口遗落的5美元钞票，更是错过了走进店里和成功企业家面对面交流的机会。

A、B两组被测试者代表了对事情、对自我的两种信念，眼前所发生的事情本身并不存在幸运与不幸的区别，关键是如何看待这件事，如何看待自己。

认可自己的人，认为"自己运气好"，其实是信任自己，相信自己可以创造价值，不管在工作中还是生活中，这类人都容易发现新机会。

比如，遇到一件糟糕的事情，如果你认为是一件糟糕的事情或是自己没能力应对，你可能会选择放弃或逃避；如果你相信"好事多磨"，认为这是通向美好路上的一颗小小绊脚石，事情随后的发展就会大不一样；如果你能把眼前的"坏事"当作"上天给予的一个小考验，是让人生转变的机会"，那么你就会开动脑筋，细心观察周围的世界，想办法改变当下不利的局面，你多半会有新的收获或成长。

2. 提升认知，持续对外分享

有句话，"人永远赚不到超出自己认知范围的钱"。认知包含两个方面：一方面是对自己的认知，另一方面是对事物的认知。人生下来都是一张白纸，但随着成长、教育、努力、机遇的不同，若干年后，人和人之间的认知会形成差异。判断风险和机遇的差别，很大程度源于人们认知的不同。因为认知的不同，对未来的判断就不同，进而对一个事件有不同的决策和行动。

一方面，我们可以通过学习，提升自己的认知，不断思考和实践，学习洞察周边的机会和趋势；另一方面，在互联网时代，共享经济已成为主流，愿意分享能让你发挥更大的价值，让更多人受益，从而进一步促进个人知识、技能、价值的循环增长。**开发你的内在价值，你外在的金钱也会随之增加。**

3. 持续储蓄，学习投资理财

储蓄意味着支付薪水给自己。生活中你一直付钱给别人，什么时候才付钱给自己？现在铺天盖地的宣传，说服你买买买。如果日常没有记录和觉知，没有整理金钱的出入情况，逐步通过理财进行积累，那赚再多的钱都会不知不觉地流走。

使自己的金钱增值的人会逐渐变得富裕，而无视金钱规律的人会不断失去财富。越早开始储蓄，越早开始学习投资理财，越能积累财富。下一节的"财务笔记"，将和大家一起聊聊如何为人生拟订财务计划，学习以投资的眼光处理收支，用今日的花费和积累打造想要的明天。

6.2 财务笔记：为人生拟订财务计划

上一节我们提到了对金钱的焦虑，它很大程度上是源于对金钱的信念，比如认为拥有金钱才能有爱、尊严、梦想，过度放大了对金钱的定义。爱、尊严、安全感、梦想，不完全与金钱有关。金钱像是一个放大镜，折射出你的信念和状态，金钱无好坏之分，但你看待金钱的方式，影响了你和金钱的关系。

除了解除对金钱的负面信念外，我们可以通过财务笔记拟订财务计划，为人生持续发展奠定保障。每个月的收入你是如何支配的？现在很多人都是月光族，不断陷入"月光—焦虑"的循环。如果想要提升财富安全感，就必须做好财务保障。

☞ 建立 3 个财务账户，有效规划资金

每月收入分为 3 个部分——日常之用、保障之用、投资，并分别存入 3 个独立银行账户。

☞ 理财黄金方程式，从零也可以轻松积累

理财收入 =（收入 − 支出）+（资产 × 投资回报率），想要创造财富就必须持续积累：

- 养成随手记账的意识和习惯，了解自己的收支情况。
- 清理金钱的通道（日常的收支用途），避免无意识的浪费。
- 储蓄理财、支付薪水给自己。

一、建立 3 个财务账户，有效规划资金

我们可以将每月的收入分为 3 个部分——日常之用、保障之用、投资（见图 6-3），并分别存入 3 个独立的银行账户。

财务 3 账户对比

类别	日常账户	保障账户	投资账户
用途	基本生活费用+品质灵活金	梦想基金+应急备用金	理财增值
特点	满足灵活、方便随时支取又安全	在保本的前提下，稳健增值，选择风险较低的理财产品	用来进行收益较高但有一定风险的投资，为个人创造收益
理财类型	活期存款、余额宝、零钱通、货币基金	银行固定储蓄、国债、理财基金，或者配置意外伤害险、重疾险、分红型保险产品	股票、指数基金、权益基金、可转债等投资品。在配置个人投资账户时，注意分散投资风险

图 6-3　财务 3 账户对比

1. 日常账户

日常账户主要满足平时的开销支出，包含两个部分。

（1）**基本生活费用（食、住、行）**：确保基础的食、住、行费用，包括房屋费（房租或房贷）、水电费、交通费、食品费用等。要为自己储蓄最少一年的基本生活费用，这样即使离职或被裁员，你的基本生活也有保障，将减轻对金钱的焦虑。

（2）**品质灵活金（学习、休闲、物品）**：提升生活品质的零星费用，包括学习课程、吃饭看电影、休闲娱乐、购置喜欢的服饰物品等。当你有了基本生活保障之后，可以适当拿出一些钱作为生活的提升。

日常账户要满足灵活、方便支取又安全的特点，可以选择活期存款、

余额宝、零钱通、货币基金等。

2. 保障账户

保障账户主要是为实现梦想和紧急情况提供资金保障，包含两个部分。

（1）**梦想基金（花费较高的目标）**：个人或家庭想要实现的梦想，比如一次旅行、自己或孩子的教育基金、购房款或者购置一件很想要但较贵的东西。

（2）**应急备用金（应对紧急情况）**：主要用于应对突发事件或疾病，存储紧急情况需要的资金。当你有了这个账户的储备，不仅会提升你应对突发状况的能力，也会减轻对金钱的不安全感。

保障账户要在安全保本的前提下，稳健增值，可以选择风险较低的理财产品，比如银行固定储蓄、国债、理财基金，或者配置意外伤害险、重疾险、分红型保险产品。

3. 投资账户

用来进行收益较高但有一定风险的投资，为个人创造收益，比如股票、指数基金、权益基金、可转债等投资品。在配置个人投资账户时，注意不要把鸡蛋都放到一个篮子里，以分散投资风险。在恰当的时候配置恰当的资产，就好比选对趋势风口，要注意经济周期和运用投资规律。

> ★ **知识点：美林"投资时钟"理论**
>
> 美林"投资时钟"理论由著名的美林证券提出，主要原理是根据经济增长趋势和通货膨胀（简称"通胀"）趋势，将经济周期划分为 4 个阶段：**复苏、过热、滞胀、衰退**（见图 6-4）。对应经济周期，分别配置**债券、股票、大宗商品和现金**。
>
> **经济周期的 4 个阶段**
>
> "经济上行，通胀下行"，构成**复苏阶段**。在复苏阶段，由于股票对经济的弹性更大，其相对于债券和现金具备明显的超额收益。
>
> "经济上行，通胀上行"，构成**过热阶段**。在过热阶段，通胀上升增加

了持有现金的机会成本，可能出台的加息政策降低了债券的吸引力，股票的配置价值相对较强。

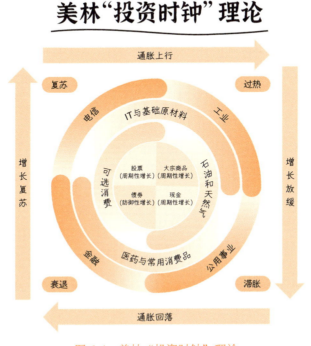

图 6-4　美林"投资时钟"理论

"经济下行，通胀上行"，构成**滞胀阶段**。在滞胀阶段，现金收益率提高，持有现金最明智，经济下行对企业盈利的冲击将对股票构成负面影响，债券相对股票的收益率较高。

"经济下行，通胀下行"，构成**衰退阶段**。在衰退阶段，通胀压力下降，货币政策趋松，债券表现最为突出，随着经济即将见底的预期逐步形成，股票的吸引力逐步增强。

4 个阶段的收益情况

衰退阶段：债券 > 现金 > 股票 > 大宗商品。

复苏阶段：股票 > 大宗商品 > 债券 > 现金。

过热阶段：大宗商品 > 股票 > 现金 / 债券。

滞胀阶段：现金 > 大宗商品 / 债券 > 股票。

除了"日常账户、保障账户、投资账户"分类之外，还要注意配置比例。如同美林"投资时钟"理论提到的周期，当我们处于不同人生阶段时，拥有的可用资金和风险承受力是不一样的。比如，"刚入社会、收入增加、成家、退休"四个阶段的账户配置比例就不一样。

如果你刚入社会，起步收入和工资较低，可支配的现金较少，收入扣除日常开支后所剩不多，所以你可以选择以保障为主的配置策略：日常账户 80%，保障账户 10%，投资账户 10%。

过了一个阶段，随着你的能力和经验的提升，工资、奖金、额外收益等收入得到增长，扣除支出，每月能有一定资金存量，所以你可以选择保障兼顾风险的策略：日常账户 50%，保障账户 20%，投资账户 30%。

成家以后，你有了一定资产，但家庭日常开销较多，需要养活多位家庭成员，不适合太大风险的资产配置，所以你可以考虑以保障为主、稳健理财的策略：日常账户 60%，保障账户 20%，投资账户 20%。

如果你处于退休阶段，日常开销少，但收入维持在一个较低的固定水平，而且没有新的收入来源，要偏向防守型的配置策略，提升保障型资金的占比。所以你可以考虑：日常账户 30%，保障账户 60%，投资账户 10%。

资产配置的方式是十分个性化的，一千个人可以有一千种不同的配置方式，我们需要根据自己的投资需求、风险偏好等构建投资组合。

二、理财黄金方程式，从零也可以轻松积累

理财收入 =（收入 – 支出）+（资产 × 投资回报率），这个公式也是财富的构成公式，想要创造财富就必须了解自己的收支情况，持续积累（见图 6-5）。

1. 养成随手记账的意识和习惯，了解自己的收支情况

现在铺天盖地的宣传说服你买买买，如果日常没有记录的习惯，没有搞清楚金钱的出入情况并进行资金积累，赚再多的钱也会在不知不觉间流走。

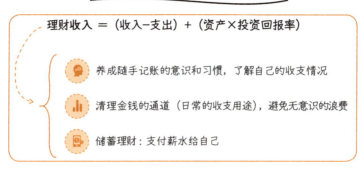

图 6-5 理财黄金方程式

我日常习惯使用手机记账 App"挖财记账"记录自己的财务情况,当完成一个开支,我会随手记录下来,App 会自动生成财务报表,通过记录你会了解收支明细,对钱花在哪里有察觉。有的人说没法坚持记账,有的人说记账了也没什么用处,那是因为没有用对方法。有 3 个诀窍可以提升记账的成效。

(1)诀窍一:设立 3 个账本。

前面提到每个月的收入分为 3 个部分——日常之用、保障之用、投资,并分别存入 3 个独立银行账户,我们可以通过"挖财记账"App 设立 3 个账本(见图 6-6),记录资金使用的情况分别为:日常账本(基本生活费用+品质灵活金)、保障账本(梦想基金+应急备用金)、投资账本(理财增值)。

(2)诀窍二:在 App 设立自己常用支出类别。

记账 App 里设立的收支类别繁多,类别选择太麻烦,麻烦事情不容易坚持。"挖财记账"App 可以进行收支类别的

图 6-6 "挖财记账"App 设立 3 个账本

自定义命名，我们可以在 App 设立常用的几种支出类别，记账选择时就简单快捷，容易分析支出情况。

比如，在频繁记录开销的"日常账本"，支出和收入可以分别设置 3 大类。

第一，设置日常支出大类。在日常支出上，可以设置以下 4 类。

- **固定支出**：每月必须支出的确定开销，比如水电费、房贷、电话费、路程通勤费等。
- **消费支出**：除固定支出外，每月的变量开支，比如医药用品、水果饮料零食、护肤化妆品、服饰用品、外出吃饭等（见图 6-6 左）。
- **品质支出**：用于提升生活质量或自我进修方面的支出，比如文娱用品、数码电子产品、旅行开支、休闲娱乐、知识产品课程等（见图 6-7 右）。
- **浪费支出**：购买后没有使用，或者事后觉得属于铺张浪费的开支。

图 6-7 "挖财记账" App 设立常用支出类别示例

第二，根据日常消费习惯，设计常用支出小类。比如，我在"挖财记账" App 支出设定为：消费支出这个大类下面（见图 6-7 左），设置购置医药用品、买菜食材、交通等小类；品质支出这个大类下面（见图 6-7 右），设置购买知识课程、休闲娱乐、数码电子产品等小类。

第三，设置收入大类。在收入上，可以设置以下 3 类。

- 固定收入：每月固定拿到的工资、收益。
- 额外收入：奖金、副业上的收入。
- 投资收益：投资理财方面获得的收益。

记账软件上还可以为每月设定支出限额，超出限额进行提醒。

（3）诀窍三：习惯打卡结合奖励。

大家可以通过手机打卡"小日常"App（或者使用打卡记录表），设立"持续记账"的打卡小目标（见图 6-8），并为持续记账设定一个小的奖赏，坚持一段时间，随手记账会成为你默认的行为习惯。你会对日常的消费越来越有意识，而不是不停地买买买。

图 6-8 "小日常"App 设立日常习惯打卡

2. 清理金钱的通道（日常的收支用途），避免无意识的浪费

在生活中，如果家里杂乱无章，不仅不容易找到想要的东西，久而久之你还会失去打扫的力气，乱七八糟成为生活的常态。金钱是一样的道理，它有流入和流出的通道，如果不清理这些通道，无谓的花费就会不断出现（见图 6-9）。

清理金钱的通道

图 6-9　清理金钱的通道

第一个通道：存款负债。

有人有多张信用卡，常常忘了还款期，白白损失了利息和个人信用；或者有多本存折账户，有的账户可能只存了几百元或是几十元，久而久之就忘了自己还有散落的钱财。同时，不同银行的贷款利息不一样，选择适合的借款方式会省下一笔钱。大家可以把信用卡、存款、钱包、借款方式梳理一下，最好把钱归集到我们上面提到的日常账户、保障账户、投资账户 3 个账户，方便掌握钱的流动情况。

第二个通道：知识学习。

日常购买的课程、图书是否有用到？是否购买了一堆课却没有听？最好一个阶段只买最想听的一门课程，学完之后再进行下一个。我们在第 3 章的"知识笔记法"里，建议大家为自己制作一个个人知识产品手册，每买一个知识付费产品（课程）就做一下记录分析。因为许多人都是冲动性购买，买完时间久了或买太多了，自己忘了学习。

第三个通道：服饰用品。

有人总觉得衣柜里少了一件衣服，不断买买买，但经常穿的都是相同类型的衣服，或者总是穿觉得舒服的那几件。清理衣柜、服饰、护肤用品，不重复购买同类型产品。有一个杜绝衣服买买买的办法：每买一件新衣服，就要求自己丢弃一件同类型的旧衣服，这样你在买衣服时，会更审慎思考自己的衣服购置需求，如果有相同类型的就不再购买了。

第四个通道：居家消耗。

为了不时之需，我们会提前在冰箱放大量食物，结果囤积的食物太多吃不完，坏了又得丢掉，造成食物和金钱的浪费。食物也是金钱流出的通道，清理冰箱，做好购买规划，不囤积食物，只买当下需要的。同时，留意日常的居家水电情况。如果你现在有负债，入不敷出，或者你现在没有存够一年的基本生活费用，务必减少不必要的开销。

请检查一下自己的金钱通道，想想大部分时间、金钱都花在了哪里，无论是衣物、各式各样的电子产品，还是课程、图书，这背后可能有需要重新审视的问题。

3. 储蓄理财：支付薪水给自己

先抛出一个问题，两个年轻人做理财投资：

第一位年轻人，从25岁开始，每月投资1000元，到45岁时，投资期限为20年，每年按照复利10%的收益增长。

第二位年轻人，35岁才开始投资，每月投资2000元，到45岁时，投资期限为10年，同样按照10%的收益复利计算。

当两人45岁时，你认为谁的钱更多？答案是：25岁开始投资的人。

我们可以用复利在线计算器计算一下：

第一位年轻人，从25岁到45岁，通过20年复利可以获得约76.57万元（见图6-10）。

第二位年轻人，35岁才开始投资，虽然每月的投资金额是25岁年轻人的两倍，但他只能获得约41.31万元，是第一位年轻人的54%（见图6-11）。

越早储蓄和投资，越容易创造财富。如果我们的初始资本不变，影响复利的结果有两个因素：一是投资增长率；二是投资时间。投资增长率越大，投资周期越长，财富的积累越多。

现在很多人都是月光族，觉得存钱很难。这里分享一个月光族也有用的简单理财法。

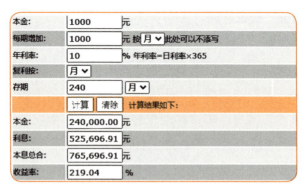

图 6-10　25 岁的年轻人到 45 岁时的投资收益

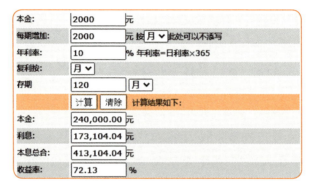

图 6-11　35 岁的年轻人到 45 岁的投资收益

（1）**最易的理财储蓄**。许多银行的保本理财产品或定投基金都有月扣功能，你可以根据自己在日常账户、保障账户、投资账户 3 个账户的配置比例，选择相应的理财产品，设置每月自动扣款存入。

（2）**不易的支出方式**。对于希望储蓄的部分，要遵循不易支出的原则，使用时可以设置得比较麻烦，不要将保障账户和投资账户与微信、淘宝等方便消费的平台绑定，否则受到广告推销，头脑一冲动，手机一操作，钱就又流失了。

回到一开始提到的理财黄金方程式：理财收入 =（收入 – 支出）+（资产 × 投资回报率），使自己金钱增值的人，会逐渐变得富裕，无视金钱规律的人财富会不断流失。观察一下复利法则就会发现，越早开始储蓄理财，减少无意识的浪费，就越能积累财富。学习以投资的眼光处理收支，用今日的花费和积累，打造想要的明天。

6.3　职业发展笔记：找到潜在的优势和价值

当被问道：想做自己喜欢的事情，过喜欢的人生吗？几乎所有人都会说：当然想。但脑子里随之会出现一个声音：如果有时间，如果有钱的话……没有人希望一辈子无法做喜欢的事情，但决定具体行动时间的人不多。你是否隐约设想过，自己何时可以开始喜欢的事情，比如等孩子长大，等多攒一点钱或中大奖之后？为何我们会不断把实现时间往后延长？大家有想过是什么阻碍自己做喜欢的事情吗？

☞ **做喜欢做的事情的 5 大阻碍**

不允许自己实现，不知道自己真正喜欢什么，觉得自己没有才能，觉得自己没有时间，认为做喜欢的事情无法谋生。

☞ **改变人生的 4 大契机**

遇到人生重大挫折，走到人生的某个阶段，与某个人或某种新生活方式相遇，关系纠纷的影响。

☞ **从 6 大方面了解自己喜欢的事情**

- 做事情本身让你感到快乐。
- 过往的成就和经历（儿时天赋）。
- 能给周围的人带来帮助和快乐。
- 自然而然就会想做的事情。
- 总被夸奖或建议多做的事情。
- 通过知识学习或者在市场资讯中找到。

☞ **职业发展甜蜜点：探寻潜藏的热爱和优势**

梳理 5 个方面：你喜欢的事情、擅长的能力、有经验的领域、个人市场价值、人生发展志向，找到 5 个方面的交集。

一、做喜欢做的事情的 5 大阻碍

（1）**不允许自己实现**。这和第 1 章的"认知笔记法"中提到的限制性信念有关，你心里是否想过：不信任自己，不相信自己能够做到，觉得自

己不配得到。很多人的最大障碍是来自内心的恐惧，觉得自己不行、不够好，这常常来自小时候被灌输的观念或受到的创伤，这需要你把限制性信念打破。

（2）**不知道自己真正喜欢什么**。一个常见理由是：如果我找到自己喜欢的事情，也会全力以赴。就像我们小时候常说的，"如果我要是努力，成绩会很不一样"，可事后依然不用功。梦想人生不应只停留在口头上，要行动起来，寻找自己真正热爱的事。如果你身边只有一个选项，这个选项你又不喜欢，当然无从得知自己喜欢什么，要勇敢地去探索和尝试新的可能，不断拓展人生的视野，不要限于眼前的世界。

（3）**觉得自己没有才能**。"如果我有商业头脑，应该会成功，但是……""反正我没有才华，所以只能继续这样"，你是否认为做喜欢的事情、过梦想的生活只是少数人的权利，普通人没那个命？我们每个人都拥有实现梦想人生的能力，只是很多时候没有去发现。

（4）**觉得自己没有时间**。很多人会说："如果有时间的话会去做，但日常的工作和家事太忙了，根本没时间做喜欢的事情。"解决没时间问题：一是找到自己生命的重心，集中力量做自己喜欢和最重要的事情，自定规则将时间价值最大化；二是通过有效的记录和规则，运用第 5 章 "行动笔记法" 里面的效率管理工具，把浪费性质的时间转化为自我投资。

（5）**认为做喜欢的事情无法谋生**。我们大部分人在毕业后懵懵懂懂进入某个行业，后来发现不喜欢这个工作，但考虑到现实生活又害怕新的尝试，只能继续现状。对于自己喜欢的事，最耐人寻味的地方在于：很多人觉得，反正这件事无法成为自己谋生的职业，还是就此放弃。

2019 年 8 月，"乡村超模陆仙人"的名字在网上广为流传，许多国外网友看完都惊呆了，连入围全球男模"Top50"的模特都称赞他："绝对气质。"

事实上，陆仙人从未接受过模特训练，没有走上过一次正式的 T 台。陆仙人出生在广西南宁横县的一个农村家庭，是被爷爷奶奶带大的留守儿童。他的梦想是做一名模特，从小就看电视模仿走台步。初中毕业后，陆仙人开始了打工生涯，第一个走秀视频，就是他在工厂打工时拍摄的。

陆仙人没有受过专业训练，但无论是崎岖不平的山间小路，还是废弃工厂、烂尾楼，哪里都是他的 T 台，乡间小路他也能走出世界之巅的感觉。陆仙人不只会走台步，走秀视频里面的衣服配饰也是自己设计的。用编织袋做成连衣裙，用塑料袋做成礼服，所有不起眼的东西，他都能设计出时尚感。看他自己拍摄的走秀视频，让你有种巴黎时装周的既视感。

视频爆火之后，随之而来的是各种非议。他的父母对此也难以理解：儿子怎么会喜欢这种"根本看不到出路"的东西？面对质疑，陆仙人放弃了吗？没有。他反而更加坚定了实现梦想的决心。现在，他不仅冲出了国门，还登上了真正的 T 台，参加时装周。目前，他在国内外共有 7 个社交媒体账号，"粉丝"超过 300 万。

互联网打破了地域和时间的限制，为我们创造价值带来了新的机会。当你放弃自己成为画家的想法时，就不再画画了；当你放弃成为作家的想法时，就不再动笔写文章了。恰恰相反，若你希望通过喜欢的事情创造财富和人生，就更需要持续练习，通过积累成为该领域的行家，不断为他人解决问题，展示自己的独特能力，最终你将创造自己的价值。

二、改变人生的 4 大契机

当我们回望人生历程时，往往会看到人生的改变蕴含在某些时机中。

（1）**遇到人生重大挫折**：遭遇工作、家庭、健康的重大挫折，比如失业、生病、家庭危机、破产负债等。若不是因为这些挫折的发生，我们常常还停留在舒适圈里，根本不会兴起尝试新事物的念头，危机中蕴含着改变人生的转机。

（2）**走到人生的某个阶段**：走到工作、家庭的某个阶段。比如，工作 10 年后寻求突破；孩子能够独立，你开始思索新的人生规划和时间安排。

（3）**与某个人或某种新生活方式相遇**：与某个优秀朋友或圈子相遇，也是改变人生的契机。比如，遇到给你带来启发的人生导师或者你佩服的榜样，当你与活出精彩的人士相遇时，你会真实地感受到：做自己喜欢的事情，活出真实自己，是如此美好。接触从未见过的生活方式，比如通过互联网、视频、线上社群、训练营等平台，了解世界，也会给自己人生带来影响。

（4）**关系纠纷的影响**：人际关系的纠纷或是男女情感的破裂，也是重新开始人生的转机。电影《28岁未成年》中，女主角正是因为遭遇了情感危机，才开始重拾过去的梦想，找回自信和自己想要的人生。如果你正在经历人际关系或情感的困扰，换个方向思考，这可能是改变人生的契机。

三、从6大方面了解自己喜欢的事情

我们如何找到自己喜欢的事情？建议从以下6个方面入手。

（1）**做事情本身让你感到快乐**。只要画画就停不下来，只要动笔写写就让人很快乐。只要单纯做这件事，就能让你开心，和是否赚到钱、是否取悦别人无关，在做的过程中，你会越来越自信和笃定，灵感和创造力也会不断涌现出来。

（2）**过往的成就和经历（儿时天赋）**。梳理过往的人生历程，你做得很好、带给你成就感的事情，或者你儿时就展现的天赋和能力。

（3）**能给周围的人带来帮助和快乐**。如果你做的事情能够帮助他人，那么不只是你本人，周围的人也会感到愉快和幸福。比如，课程中学员洋溢着收获的喜悦。音乐前，听众流露出的喜爱。

（4）**自然而然就会想做的事情**。我认识的演讲、培训师或社群运营官，工作之余，他们很喜欢和人沟通交流。对他们而言，与人交流本身就很有乐趣。阅读、写作、笔记、演讲、画画，什么是自然而然想做的事情，就是你喜欢的事情。

（5）**总被夸奖或建议多做的事情**。你是否有这样的经验，随手画的画或写的文章或者习惯做的事情，却被别人称赞："很不错，你要不要坚持做做看？"也许这件事已成为生活的一部分，你视为理所当然，但有可能是你喜欢的事情。你要留意旁人对你的反馈和建议，有哪些事情是被频繁提到的。

（6）**通过知识学习或者在市场资讯中找到**。通过知识学习或在市场资讯中了解，你可以思考什么事情是契合时代和市场的需求，又是自己喜欢和感兴趣的事情，多观察，多尝试。

四、职业发展甜蜜点：探寻潜藏的热爱和优势

想要创造个人价值就必须找到职业发展方向，我们可以通过"职业发展甜蜜点"这个工具，来探寻潜藏的热爱和优势，创造自己独一无二的价值和财富。

如果把人生比作一朵花，你喜欢的事情、擅长的能力、有经验的领域、个人市场价值、人生发展志向是 5 个不同的花瓣。你是否愿意让自己如花般绽放？你打算怎样展现自己生命的层次和样貌？

大家可以拿出一张纸，在纸上画 5 个圆圈，这 5 个圆圈要相互有交集，并写下 5 个圆圈所代表的维度（见图 6-12）。

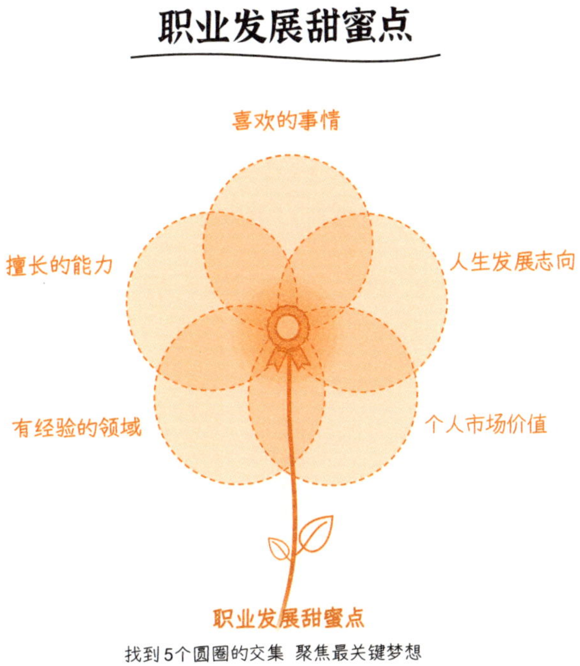

职业发展甜蜜点

- 喜欢的事情
- 擅长的能力
- 人生发展志向
- 有经验的领域
- 个人市场价值

职业发展甜蜜点
找到5个圆圈的交集 聚焦最关键梦想

图 6-12　职业发展甜蜜点

（1）喜欢的事情：做什么事情，你一投入进去就很开心，忘记时间和辛苦，乐在其中。

（2）擅长的能力：在什么事情上，你做得又快又好，经常因此获得夸奖。

（3）有经验的领域：在什么领域，你有一定的实践和累积，拥有较好的经验。

（4）个人市场价值：在什么方面，你能帮助别人解决问题，有市场需求。

（5）人生发展志向：这个方面听上去比较大，简单说，就是你希望实现什么样的发展方向，创造什么样的人生意义。确立什么样的志向，直接关系到你希望度过什么样的人生。

当你找到 5 个方面相互交集的地方，那就是个人职业发展的甜蜜点，是聚焦的关键。我说说自己的例子，我是如何找自己的职业发展甜蜜点的（见图 6-13）。

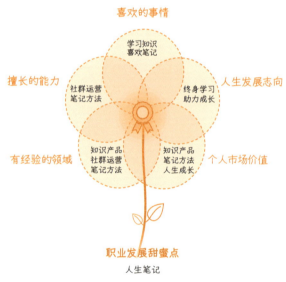

图 6-13　职业发展甜蜜点示例

- 在喜欢的事情方面：我喜欢知识学习，爱做笔记。
- 在擅长的领域：社群运营和笔记方法是我的优势，常获得行业人士的好评。
- 在有经验的领域：过去 10 年，我不断积累知识产品、社群运营和系统笔记方法。

- 在个人市场价值上：我观察了解市场，大家希望学习笔记方法，提升人生成长。
- 在人生发展志向上：我希望终身学习成长，并陪伴和帮助有同样想法的伙伴。

当把 5 个方面串联起来，我找到了自己的一个发展方向——人生笔记：陪伴大家一起"创造笔记 + 人生的无限精彩"。

当你坚持做喜欢的事情时，人生就会有变化。以前的我有着自己的人生框架和不自信，对未来也很迷茫。当我找到自己喜欢的事情，并为之投入热情和努力时，生活开始发生变化，开启了我人生的不同可能，尝试成为笔记导师、社群运营官、知识产品项目经理、课程讲师、作家等。

你所做过的事、所走过的路都不会白费功夫，关键是你要将这一切串联起来。如果人生是一张拼图，找到职业发展甜蜜点就是完成拼图最重要的一步。你的天赋远远超过你的想象，就看你能有多大的行动力。

6.4 个人商业模式笔记：做自己人生的 CEO

上一节，通过"职业发展甜蜜点"这个工具，我们探寻了潜藏的热爱和优势，接下来我们可以围绕"甜蜜点"这个核心，创造多元价值路径。原则上，我们获得的收入来自我们为市场创造的价值，具体价值形式有以下 4 种类型（见图 6-14）。

（1）**产品价值**：指创造市场需要的产品。
（2）**知识价值**：通过各种形式的知识传授，提升他人能力。
（3）**创意价值**：创造市场的独特性和稀缺性。
（4）**服务价值**：提供专业的价值服务。

大家可以从这 4 个方面思考自己希望提供哪方面的产品，在哪个领域创造价值。下面以我的人生笔记产品为例。

- 产品价值：课程、训练营、文创产品、书籍。
- 知识价值：运用系统笔记方法，提升个人成长。

图 6-14　创造多元价值路径

- 创意价值：全网首个系统的人生笔记方法。
- 服务价值：社群陪伴、个案咨询。

除了找到价值所在，我们还需要商业性的策划，这当中有个非常好用的工具——个人商业模式笔记。对于个体而言，我们可以把自己当作一家公司来运营，每个人都是自己人生公司的 CEO。

☞ **个人商业模式笔记**

系统梳理 9 个方面，进行个人商业模式探索。

☞ **如何创造立身于世界的独特价值**

秉持相信自己的信念，用心做好喜欢的事。

一、个人商业模式笔记

商业模式画布⊖是一种用来描述、分析、设计商业模式的工具，每家

⊖ 亚历山大·奥斯特瓦德，伊夫·皮尼厄.商业模式新生代[M].王帅，毛心宇，严威，译.北京：机械工业出版社，2017.

公司都有自己的商业模式，个人的价值创造也应有独特的商业模式。通过系统梳理以下 9 个方面（见图 6-15），可以更好地适应市场需求和时代变化。

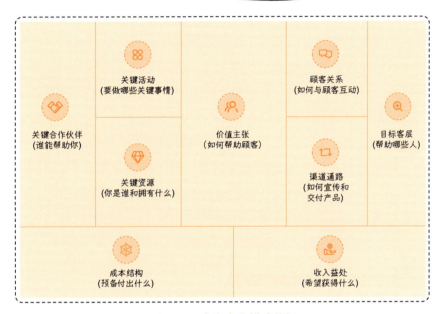

图 6-15　个人商业模式笔记

1. 关键资源（你是谁和拥有什么）

关键资源可以是金钱、物资等有形资产，也可以是无形资产，如知识（智力水平、教育程度）、技能、性格品质（高情商、善于沟通、深思熟虑、精力充沛、关注细节等）、人际关系、声誉、行业经验等。比如你的人脉资源广泛，行业经验丰富，职业声誉良好，担任过××职务，出版过作品，拥有写作能力、高超的演讲技能等。

针对不同的顾客群体，我们可以从价值的角度进行梳理，看看拥有哪些技能、品质对于顾客来说是有价值的。思考关键资源时，还要思考什么是自己暂时未拥有，但对自己是价值和有帮助的，我们可以通过学习努力获得。

2. 关键活动（要做哪些关键事情）

为了创造价值、赢得市场必须做的活动有哪些？针对不同的顾客，我们要做的事情是不同的，做的时候不要为了做而做，而要思考所做的事情对于顾客来说是否有价值，是不是他想要的。

3. 价值主张（如何帮助顾客）

对于价值主张，可以是在物质上提供帮助，也可以是通过自己拥有的能力、技能和知识提供服务。顾客为什么选择你而不是别人，你能为顾客提供什么价值，创造的是产品价值（创造市场需要的产品），还是知识价值（为他人赋能）或创意价值（市场的独特性）？

在提供价值服务时，一方面，要注意你提供的价值服务是不是顾客想要的，如果对方不需要，自己觉得再好，对于顾客来说也是没有意义的；另一方面，不是一味地满足任意要求，而是在理解沟通的基础上，真正了解顾客的需要，也让他们清楚你提供的服务具有什么样的价值。你的服务再好，如果顾客看不见、不理解、体验不到，最终会变得无价值。

4. 关键合作伙伴（谁能帮助你）

谁可以助你一臂之力？合作伙伴是指那些支持你的工作、帮助你顺利完成任务的人，比如团队同事、协作部门、供应商等。你必须联合所有能帮助你的人，实现共赢，一起达成目标。

5. 目标客层（帮助哪些人）

目标客层是指你想要服务的人群或组织，一种商业模式可以服务一个或多个客户群。你帮助的是哪些人，谁愿意为你的价值付费？谁是最重要的客户？比如，你准备教别人写作，哪些人需要学习写作且愿意付费学习？

6. 顾客关系（如何与顾客互动）

找到了你的目标客层，还要想一想：以什么方式与顾客进行互动和关系维护？是面对面还是通过网络，是一对一还是一对多？顾客期望从互动中得到什么，你期望得到什么？针对不同的顾客群，想要维持的关系目标不一样。对于不同的顾客群，我们与他们沟通的方式、方法也是不一样的。想要拥有良好的顾客关系，就必须站在顾客的角度思考问题。

7. 渠道通路（如何宣传和交付产品）

渠道是你同顾客群进行沟通联系、交付产品或服务的方式。顾客或潜在顾客如何知道你能帮助他们？怎样才能让他们愿意购买或使用你的产品或服务？你准备用什么形式进行宣传？你怎样交付产品或服务？比如，你做的是知识产品，怎么开展宣传？你可以选择通过朋友圈、电视广告、报纸、社群、公众号等方式推广。做好了宣传，你准备在线上开展活动，还是在线下进行服务？线上选择哪个平台？比如，你可选择在线学习平台千聊、得到、喜马拉雅、小鹅通等。

8. 成本结构（预备付出什么）

你预备付出什么，付出多少？成本不仅包括有形成本，比如平台费、场地费、宣传费、人力成本、学习费用、交通费等，即使有的平台没有收取费用，你投入的时间、精力和机会也是重要的无形成本。你的出发点与目标不同，付出的东西也是不一样的。

9. 收入益处（希望获得什么）

收入益处主要指提供价值服务所获得的收益，包括物质和精神两个层面，可以是获得金钱，也可以是精神层面的，包括个人感受（如满足感、成就感、快乐幸福感等）、社会名誉（如个人品牌），以及提升自己的经验和影响力等。

个人商业模式笔记的示例如图 6-16 所示。

一开始看到个人商业模式笔记，有的人会觉得茫然，不知道从何入手，因为过往没有系统思考过，不知道内心真正渴望什么，可以努力获得什么。通过个人商业模式笔记，你可以清楚分析你是谁，与职业发展有关联的是哪些事情，以及如何帮助他人，如何创造价值。创业和全职工作并非只能选择一个，核心在于是否找到了个人的独特价值。在不断变动的人生环境，快速迭代的商业时代，学习用商业模式创造多元的价值路径，做自己人生的 CEO。

个人商业模式笔记示例

关键合作伙伴 (谁能帮助你) 笔记达人、笔记侠、平台渠道方	关键活动 (要做哪些关键事情) 线上笔记课程、书籍、线下活动、文创产品	价值主张 (如何帮助顾客) 全网首个人生笔记方法，带你构建人生成长系统	顾客关系 (如何与顾客互动) 社群、线上线下活动	目标客层 (帮助哪些人) 希望学习笔记方法，提升个人成长的群体
	关键资源 (你是谁和拥有什么) 笔记达人导师/运营笔记社群/知识经济社群		渠道通路 (如何宣传和交付产品) 通过微信公众号/视频进行宣传，通过知识产品进行服务	
成本结构 (预备付出什么) 付出时间研发内容，投入精力运营产品			收入益处 (希望获得什么) 提升个人成长，创造个人价值，积累品牌资源	

图 6-16　个人商业模式笔记示例

二、如何创造立身于世界的独特价值

电影《狂野不羁》是根据真人真事改编的，女主角玛丽从小就喜欢大自然，并从中获得灵感进行园林设计，她希望让全世界知道自己的设计理念。园林设计界有个重要的比赛"雀儿喜花展"，好比园林界的"奥斯卡"，她梦想参加这个比赛。

一开始，玛丽拿着自己设计的园林作品找工作，一位业内大师看到她的作品，觉得作品很惊艳，假意聘用了她。这位大师盗用了玛丽的设计方案，自己报名参加"雀儿喜花展"，并把她解雇了。玛丽没有因此气馁。玛丽在申请参加比赛时，因为资历太浅遭到拒绝，几经周折后终于拿到参赛资格，却又没有钱参赛。她在实现梦想的过程中，经历了一系列考验。

"相信它会发生，它就会发生"这个信念让玛丽在困顿时依然坚持自己的价值追求。她设想自己获得奖项时的情形，并在笔记本上写下获奖感言："谢谢你，帮我赢得'雀儿喜花展'的金牌。"她时时拿出来看，鼓励自己。园林设计是她热爱的，经过努力，玛丽最终获得"雀儿喜花展"的设计金奖。玛丽既是首位获得金奖的爱尔兰人，也是该奖项最年轻的获奖者（28岁）。之后，她又被评为"10大世界最伟大的景观设计师"之一。在热爱的事情中，她创造了独特的个人价值，设计出了享誉世界的庭院。

我们在设定核心梦想时，注意不要只设定金钱目标，金钱只是价值创造的一种附加值，要从真正的热爱出发。与电影《狂野不羁》形成鲜明对比的是另一部电影《无双》，男主角李问拥有绘画技能，但因为画作缺乏独特性和创造力，一直没有闯出天地。但他拥有高超的名画模仿技术，为了赚钱，他从仿制名画转为仿制假钞。

他观察力惊人，能够觉察别人没有注意到的细节，洞察艺术作品的真伪，如果他不是选择仿制假钞，而是选择成为艺术品鉴定师或伪钞鉴定专家，也许能闯出自己的一片天地。他一开始将自己的才华锁定在一个路径，之后又用错了地方。电影《狂野不羁》和《无双》展示的是人对价值追求的两种选择。什么是成功，你到底要过什么样的生活，真正需要的是什么？不是因为别人有这个东西，你也想要。

如果你仅仅将赚钱作为主要目标，那可能会被锁在金钱底下，看不到其他机会和可能性。《哈利·波特》作者罗琳是单亲妈妈，在作品大卖之前靠救济金维持生活，经济拮据。如果她当时许愿嫁个有钱人以解脱困境，就不会有现在的人生。她运用独特的视角创造了一个魔法世界，由此带来新书、电影、衍生品的大卖，瞬间突破了金钱带来的限制。你对金钱的反应，决定着你与金钱的关系。

你为别人提供价值，就会得到相应的回报。金钱只是一个结果，重要的是你要去做的事情创造什么样的价值。用心做好自己喜欢做的事情，做到极致，做到能见度最高，资源自然会流向你。每个人都有独一无二的潜能，我们可以通过个人的努力，创造独特的个人价值，让生命之花绽放。

本章要点回顾和行动练习

■ 要点回顾

金钱是市场的交换价值,也是内在价值的一个缩影。内在价值创造了金钱,当开发你和别人的内在价值时,你的外在金钱和财富也会随之增加。当你秉持着自己不够好的信念时,即使机会就在眼前,你也会推开,你觉得逃开比较安全,无须面对可能失败的风险。当你重复相同的信念,只会创造更多同类型的困境。如果你持续利用相同的方式思考、行动,只会不断在相近的情境和现实中重蹈覆辙。本章分享了 4 个工具,帮助你梳理个人的价值信念和财务计划。

运用**觉察笔记**的 4 个步骤:觉察人生,分析利害,划清界限,设定宣言。深挖自己是否有不相信自己能够创造价值的信念,或者对金钱有错误的信念,从源头觉察和改变,重新设定价值信念。

运用**财务笔记**,将每月收入分为 3 个部分:日常之用(基本生活费用 + 品质灵活金)、保障之用(梦想基金 + 应急备用金)、投资(理财增值),并分别存入 3 个独立财务账户。同时通过记账 App,设立日常账本、保障账本、投资账本 3 个账本,记录资金的使用情况,建立持续理财的习惯。

如果把人生比作一朵花,你喜欢的事情、擅长的能力、有经验的领域、个人市场价值、人生发展志向是 5 个不同的花瓣。你是否愿意让自己如花般绽放?运用**职业发展笔记**,梳理以上 5 个方面的交集,找到职业发展甜蜜点,探寻自己潜藏的热爱和优势。

对于个体而言,我们可以把自己当作一家公司来运营的,运用**个人商业模式笔记**,系统梳理以下 9 个方面:关键资源、关键活动、价值主张、关键合作伙伴、目标客层、顾客关系、渠道通路、成本结构、收入益处,进行个人商业模式探索,以便更好地适应市场需求和时代变化,做自己人生的 CEO。

■ **行动练习**

（1）运用觉察笔记，从语言设定、特殊经验、模仿他人这3个方面，查看日常话语、过往经历、金钱习惯，看看是什么影响了你。

（2）运用财务笔记，设立日常账户、保障账户、投资账户3个财务账户，并通过记账App设立三个账本和常用支出类别，记录理财情况。

（3）运用职业发展笔记，梳理你的职业发展甜蜜点。

（4）运用个人商业模式笔记，系统规划你的个人商业模式。

全书实践路径图

结 语

创造笔记 + 人生的无限精彩

经过本书的介绍，你应该了解了不少笔记方法和笔记工具，除了本书提到的，市面上还有各式各样的笔记工具，比如有道云笔记、滴答清单、探记等。面对这么多笔记工具，该如何选择？

从实际需求出发，选定适合自己的工具

有的人喜欢纸质笔记，有的人喜欢电子笔记；有的人希望用笔记存储资料，有的人想用笔记整理思路。每个人的需求不同，没有一种笔记工具适用所有人。任何笔记工具都有优缺点和适用场景，没有一种笔记工具是完美无缺的，关键是符合个人的实际需求。

你需要从个人的实际情况和需求出发，选定主次工具。明确需求时可以思考以下 3 个问题：

- 你对笔记有什么功能需求？
- 一般在什么场景下使用笔记？
- 哪些需求是高频发生的，哪些需求较少？

第一步，思考你对笔记有什么功能需求。比如，你日常需要用笔记汇总资料和管理日程，偶尔进行笔记的传播和分享。

第二步，思考一般在什么场景下使用笔记。比如，上班时你用笔记管理日程，下班后你用笔记进行各种资料的学习整理。

第三步，分析哪些需求是高频发生的，哪些需求较少。比如，你主要用笔记汇总各种资料、进行日程管理，这两项是高频需求，特别要用到日程提醒功能，但进行笔记传播和分享的需求较少。印象笔记可以同时满足日程管理、提醒以及资料汇总的需求，所以选择印象笔记作为主要工具。石墨文档和腾讯文档，则作为笔记传播和分享的特定场景工具。

许多人在选择笔记工具的时候，往往是听别人推荐这个工具很好用，或者某公众号说那个 App 功能很强大，便不加思考就马上使用，其实它有可能并不适合你。先明确自己对笔记的需求是什么，当有多个需求时，确定哪个是你的主要需求，就是你使用的时间最多、频率最高的情景，然后再根据需求选择相应的笔记方法和笔记工具。

刻意练习，持续提升笔记能力

如何才能提升自己的笔记能力？开始笔记的使用，不在方法层面，而在心态和认知。

1. 接受差的开始

你要从心底相信持续的笔记积累能够提升个人的知识和能力，并接受一开始可能做不好的情况。每个人都忙于自己的生活，没有人会笑话你的笔记做得不好，反而会因为你的持续行动而佩服你，千万不要等到完全准备好才开始，要边行动边迭代。

2. 公开分享

建议持续对外分享你的笔记，或者开启你的每日笔记分享打卡，在自己的公众号、朋友圈、微信群进行都可以。为什么要公开分享？当你公开分享时，一方面，因为展示给别人，你会更认真地对待做笔记这件事，从而提升内容的价值；另一方面，你可以收到外界的反馈，给自己坚持的动力。同时，分享笔记是展现思考力、学习力的一种方式，有利于个人品牌的建立。

3. 最小行动

笔记进阶需要一个刻意练习的过程。

- 初级阶段：记下关键内容，以便事后读得明白。
- 中级阶段：逻辑清晰、分类合理、重点突出，并能将知识点串联起来。
- 高级阶段：运用笔记建立自己的成长体系，输出应用。

这需要一个长时间的积累，就像锻炼肌肉时会去健身房，练就思维能力、构建成长力的"健身房"之一就是笔记。每天坚持做笔记，反复进行"大量记录、大量思考"。如果你想要掌握某种能力，重复练习就是终极诀窍。

"学习是一件反人性的事情"，你要克服内心的懒惰和胆怯，从最简单的行动开始，把做笔记当成一种习惯，就像每天要吃饭、睡觉一样，融入日常生活，不做就会感到少了什么，觉得不舒服。每日都用笔记记录点什么，一开始做不好也没关系。**只要行动起来，你就成功了一半，从点滴记录开始，持续练习。迈出步伐才能前进，人生道路需由自己开拓。**

如果你看完本书还意犹未尽，欢迎关注我的**微信公众号"乐写人生"**和**"笔记侠"微信公众号**，共同交流成长！在微信公众号"乐写人生"回复关键词"高效笔记"，你可领取本书的知识地图电子版。

相信自己做得到，你就可以轻松以对

虽然我在本书中和大家侃侃而谈，说了这么多笔记方法，但我并不是在一开始就自信到能够公开分享的人。

记得第一次为大咖老师做课程笔记的时候，花了七八个小时……

加入笔记侠后，从第一次受邀担任笔记侠华南大区负责人，到后面担任笔记学苑苑长，第一次统筹组织全国笔记达人"七城峰会"，内心一直很不安，有那么多优秀笔记达人，自己能做好吗？

第一次担任知识产品经理，与知识专家合作推出业内第一个知识经济训练营，当时压力很大，自己能够运营好这个项目吗？

第一次到线上大学做有关笔记的知识分享，我紧张准备了一周……

第一次推出个人笔记课程，我筹备了3个月，在推出训练营的前一周总是睡不踏实……

经过一个个第一次的挑战，面对一次次压力，我发现其中涉及3个关键词：笔记、相信、尝试。

在面对新挑战时，内心会有一个质疑自己的声音冒出来：你能做得到吗，会不会失败呢？我还是坚持做了下来，努力向前迈进。每当遇到压力时，用笔记进行梳理，能让我纷乱的情绪得以平复和整理。

每个看似难以企及的第一次，当你愿意去尝试时，你都会迈向新的阶段，迎来加速的成长。

我们相信的事情，往往能变成最后真正的结果。不相信自己才是阻碍我们成长的最大障碍，成长体现在每一个小的进步当中，而不是与他人的比较。

不追寻更好的自己，你会永远觉得自己不够好。完成目标的最好状态，就是你真正相信自己能做得到，你可以轻松以对。

每个人都是本自具足的，所有的困扰和彷徨，我们都可以从自己身上探寻答案。每个人都是独一无二的，这个世界渴望你绽放独特的光芒。人只有这一生，不要等到时间流逝才后悔。今天就是最好的时间，从现在开始行动，永远都不会晚。让自己发光的同时，你也能点亮别人心中的光芒。

愿我们都能成为自己的光，创造笔记+人生的无限精彩！

致　　谢

谢谢你的信任，愿意花时间耐心阅读本书。本书得以出版，要感谢许多人的帮助。

感谢成长中遇到的良师，谢谢方军老师、李欣频老师、秋叶老师、谢剑老师、Lin 老师，他们的智慧与指点，为我打开了人生的新视野。

感谢我的先生俊哥，他总是鼓励我勇敢地尝试和创造，在工作和生活、学习和成长等各个方面，给了我最大的支持和力量。

感谢笔记侠团队，特别是柯洲、小师妹、云绅的大力帮助，感谢优秀笔记达人慕哲、初见、雅鑫、安骐君、竹本、明霞、灵珊、清野、小酷、李云、剑飞、小麦、周汉陵、鹅妹子、谢春艺、Rikki、小小 sha、小猫妮、小菜花、行走、李力力、任筱米、周悦、青蓝、菜心、云阳。感谢来自全球各地的笔记达人，他们都是我成长的老师和助力。

感谢欧俊老师，他在和我的一次交流中提议我出书，并在写作过程中给予了重要意见。感谢编辑岳晓月、秦诗、张竞余、宋学文老师在本书出版过程中专业、用心的指导。感谢配图设计师芃苇、徐铸芸、裴霞的协助，感谢好友兰溪的细致建议。

感恩爸妈多年来对我无私的爱和培养。感谢安安、元翎、斯妮、梓燚、杨斌、裴霞、孙小红、杨薇、珊珊、宽大同、清秋佳日、凌佳、舒婷、普惠、老凯、芳心、语千、徐青、梅子、文龙、吕优等一众朋友，在不同阶段给予我的帮助。

感恩人生路上的每一位亲人、老师和朋友，正是有他们的陪伴，我才可以不断前行探索！

最新版

"日本经营之圣"稻盛和夫经营学系列

任正非、张瑞敏、孙正义、俞敏洪、陈春花、杨国安 联袂推荐

序号	书号	书名	作者
1	9787111635574	干法	【日】稻盛和夫
2	9787111590095	干法（口袋版）	【日】稻盛和夫
3	9787111599531	干法（图解版）	【日】稻盛和夫
4	9787111498247	干法（精装）	【日】稻盛和夫
5	9787111470250	领导者的资质	【日】稻盛和夫
6	9787111634386	领导者的资质（口袋版）	【日】稻盛和夫
7	9787111502197	阿米巴经营（实战篇）	【日】森田直行
8	9787111489146	调动员工积极性的七个关键	【日】稻盛和夫
9	9787111546382	敬天爱人：从零开始的挑战	【日】稻盛和夫
10	9787111542964	匠人匠心：愚直的坚持	【日】稻盛和夫 山中伸弥
11	9787111572121	稻盛和夫谈经营：创造高收益与商业拓展	【日】稻盛和夫
12	9787111572138	稻盛和夫谈经营：人才培养与企业传承	【日】稻盛和夫
13	9787111590934	稻盛和夫经营学	【日】稻盛和夫
14	9787111631576	稻盛和夫经营学（口袋版）	【日】稻盛和夫
15	9787111596363	稻盛和夫哲学精要	【日】稻盛和夫
16	9787111593034	稻盛哲学为什么激励人：擅用脑科学，带出好团队	【日】岩崎一郎
17	9787111510215	拯救人类的哲学	【日】稻盛和夫 梅原猛
18	9787111642619	六项精进实践	【日】村田忠嗣
19	9787111616856	经营十二条实践	【日】村田忠嗣
20	9787111679622	会计七原则实践	【日】村田忠嗣
21	9787111666547	信任员工：用爱经营，构筑信赖的伙伴关系	【日】宫田博文
22	9787111639992	与万物共生：低碳社会的发展观	【日】稻盛和夫
23	9787111660767	与自然和谐：低碳社会的环境观	【日】稻盛和夫
24	9787111705710	稻盛和夫如是说	【日】稻盛和夫